关键信息基础设施安全保护丛书

关键信息基础设施
安全保护方法与应用

郝志强　郭娴　编著

电子工业出版社·

Publishing House of Electronics Industry

北京·BEIJING

未经许可，不得以任何方式复制或抄袭本书之部分或全部内容。

版权所有，侵权必究。

图书在版编目（CIP）数据

关键信息基础设施安全保护方法与应用 / 郝志强，郭娴编著. — 北京：电子工业出版社，2022.6
（关键信息基础设施安全保护丛书）

ISBN 978-7-121-43672-7

Ⅰ. ①关⋯　Ⅱ. ①郝⋯　②郭⋯　Ⅲ. ①信息技术－基础设施－安全管理　Ⅳ. ①G202

中国版本图书馆 CIP 数据核字（2022）第 097668 号

责任编辑：缪晓红　　　　　　特约编辑：张思博
印　　刷：天津画中画印刷有限公司
装　　订：天津画中画印刷有限公司
出版发行：电子工业出版社
　　　　　北京市海淀区万寿路 173 信箱　　邮编：100036
开　　本：720×1 000　1/16　印张：19.75　字数：344 千字
版　　次：2022 年 6 月第 1 版
印　　次：2024 年 1 月第 2 次印刷
定　　价：120.00 元

凡所购买电子工业出版社图书有缺损问题，请向购买书店调换。若书店售缺，请与本社
发行部联系，联系及邮购电话：（010）88254888，88258888。

质量投诉请发邮件至 zlts@phei.com.cn，盗版侵权举报请发邮件至 dbqq@phei.com.cn。

本书咨询联系方式：（010）88254760。

编 委 会

主 任：郝志强

副主任：郭 娴　　汪礼俊

委 员：陈柯宇　　朱丽娜　　张慧敏　　孙立立　　鞠 远

　　　　李 莹　　杨佳宁　　黄 丹　　黄海波　　曹 锋

　　　　杨 安　　张晓帆　　刚占慧　　陈大宇　　高彦恺

　　　　叶晓虎　　赵 峰　　姚 卓

参编单位：

　　　　国家工业信息安全发展研究中心

　　　　天融信科技集团股份有限公司

　　　　绿盟科技集团股份有限公司

　　　　杭州立思辰安科科技有限公司

　　　　启明星辰信息技术集团股份有限公司

序

习近平总书记指出："数字技术正以新理念、新业态、新模式全面融入人类经济、政治、文化、社会、生态文明建设各领域和全过程，给人类生产生活带来广泛而深刻的影响。"当前，云计算、大数据、物联网、区块链、人工智能等新技术在重要行业和领域广泛应用，支撑经济增长路径和发展方式加快转变，同时也让关键信息基础设施的全局性、基础性地位愈加突显。关键信息基础设施的安全稳定运行关系国计民生、公共利益和国家安全，是重要的战略资源。

在万物互联的时代，机遇与风险并存。世界百年未有之大变局正在加速演变，单边主义、保护主义、霸权主义、强权政治威胁上升，恐怖主义袭击，新冠肺炎疫情在全球肆虐，我国新发展阶段与世界动荡变革期相互碰撞，新技术、新应用的"双刃剑"效应日益凸显，多重不稳定性、不确定性因素在虚拟网络空间泛化叠加、错综交织。关键信息基础设施成为网络空间博弈的前沿战场，全球范围内针对能源、交通、水利、金融等领域的网络攻击活动肆虐，勒索病毒、安全漏洞等网络安全威胁日益凸显，对国民经济和社会生活造成了严重危害。加快提升关键信息基础设施安全保护能力已成为新形势下维护国家网络安全的迫切需要。

没有网络安全就没有国家安全。党中央国务院顺应维护国家安全新形势、站在时代最前沿进行战略谋划和重大部署，要求以总体国家安全观为指引，开创网络安全工作新局面。习近平总书记指出："金融、能源、电力、通信、交通等领域的关键信息基础设施是经济社会运行的神经中枢，是网络安全的重中之重，也是可能遭到重点攻击的目标。"党的十八大以来，在习近平总书记关于网络强国的重要思想和关于网络安全工作的重要指示精神的指引下，我国网络安全工作顶层设计和总体布局持续完善，对关键信息基础设施的网络安全保护制度不断健全。2017年施行的《中华人民共和国网络安全法》正式界定了关键信息基础设施范围，以及对攻击、破坏我国关键信息基础设施的境外组织和个人的相应惩治措施。2021年9月开始实施的《关键信息基础设施安全保护条例》，进一步确立了关键信息基础设施保护范围、原则和目标，厘清了监管及认定机制，明确了各方责任与义务，为推进关键信息基础设施网络安全保护工作提供了强有力的法治保障，具有划时代的里程碑意义。

道阻且长，行则将至。我们还应该清醒地认识到，我国关键信息基础设施保护工作仍存在产业链、供应链自主水平不高，技术产业支撑能力不够，安全要求落实不到位等薄弱环节。面对严峻的网络安全形势，既要打好防范和抵御关键信息基础设施安全风险的有准备之战，也要打好化险为夷、转危为机的战略主动战。如何加快推进法律法规落地实施、促进安全保护解决方案研发应用、织牢织密关键信息基础设施保护屏障，是当前亟待解决的重要问题。

本书以国家总体安全观为指引，结合《关键信息基础设施安全保护条例》，以及编著者机构国家工业信息安全发展研究中心长期支撑国家相关部委开展网络安全保障工作的业务经验，深入分析关键信息基础设施网络安全形势，总结归纳世界各国保护政策与方法，从技术手段和管理措施等维度进行梳理，为关键信息基础设施运营单位统筹发展与安全提供参考，为构建"更安全"的新发展格局提供助力，可谓恰逢其时、意义重大。

衷心期盼本书的出版，能让关键信息基础设施运营单位从中获益，促进我国关键信息基础设施保护能力迈入新的阶段。

中国工程院院士

沈昌祥

前　言

关键信息基础设施是国家经济社会运行的神经中枢，是网络安全的重中之重。保障关键信息基础设施的安全，对于维护国家网络安全、网络空间主权和国家安全、保障经济社会健康发展、维护公共利益和公民合法权益都具有十分重大的意义。

一直以来，世界各国高度重视关键信息基础设施安全保护问题，美国、俄罗斯、日本相继出台《提升关键信息基础设施网络安全框架》《关键基础设施信息安全措施行动计划》《关键信息基础设施安全法案》等相关文件，以加大对关键信息基础设施的保护力度。2021 年 9 月，我国《关键信息基础设施安全保护条例》正式生效，这是我国首部专门针对关键信息基础设施安全保护工作的行政法规，为开展关键信息基础设施安全保护工作提供了基本遵循，对维护国家安全、保障经济社会健康发展、维护公共利益和公民合法权益具有重大意义。

为了更好地支撑关键信息基础设施安全保护工作的开展实施，我们编著了《关键信息基础设施安全保护方法与应用》一书。本书从"势""术""法"及行业案例四个层面入手，对关键信息基础设施的概念范畴与安全保护形势、安全保护关键技术、安全管理方法策略及重要行业应用实践做出系统论述。从监测预警、安全防御、应急处置、数据安全保护等技术手段和制度建设，以及信息共享、供应链安全、人才培养等管理措施两个维度全面梳理关键信息基础设施保护方法。同时，本书针对各行业面临的安全风险不尽相同、安全保护需求各有侧重等特点，围绕电力、交通、金融、国防科技工业、电子政务等重要行业领域，运用实际案例阐释安全保护解决方案。

本书编著者在关键信息基础设施技术研究、标准制定和业务推广等方面具有丰富的经验，他们是：郝志强（负责编写本书第 1～3 章和 13～19 章），郭娴（负责编写本书第 4～12 章）。在本书撰写过程中，还得到了国家工业信息安全发展研究中心各级领导和同事的大力支持，以及天融信、绿盟、立思辰安科、启明星辰、长扬科技、智网安云、威努特、百讯智汇、珞安科技、木链科技、青藤云等企业提供的宝贵建议，在此衷心地表示感谢。同时，感谢电子工业出版社相关编辑的高效工作，使得本书能够尽早与读者见面。

实践在发展，理论在更新。随着关键信息基础设施新技术的发展和安全形势的变化，本书内容将适时更新和完善。恳请广大读者提出宝贵意见。

本书编写组

2021 年 12 月

目　录

上篇　关键信息基础设施安全保护之势

第一章　概述：关键信息基础设施的定义与特点 ………………… 002

　一、关键信息基础设施的定义 ………………………………… 002

　二、关键信息基础设施的特点 ………………………………… 011

第二章　形势：安全保护刻不容缓 ……………………………… 013

　一、针对关键信息基础设施的网络攻击呈增长趋势 ………… 013

　二、关键信息基础设施日益成为国家间对抗主战场 ………… 014

　三、关键信息基础设施自身脆弱性致安全风险隐患 ………… 015

　四、新技术、新应用层出不穷带来更多新型安全挑战 ……… 016

第三章　规制：世界各国谋篇布局 ……………………………… 018

　一、美国 ………………………………………………………… 018

　二、欧盟 ………………………………………………………… 021

　三、日本 ………………………………………………………… 025

第四章　展望：《关键信息基础设施安全保护条例》开启安全保护新时代 … 030

　一、安全保护责任将不断落实 ………………………………… 030

　二、安全防护工作将创新开展 ………………………………… 037

　三、技术产业发展将加速推进 ………………………………… 039

中篇　关键信息基础设施安全保护之术

第五章　监测预警技术：打造安全之眼 …………………………………… 042

一、监测预警的基本概念与发展 …………………………………… 042

二、监测预警系统体系架构 …………………………………… 047

三、监测预警关键技术 …………………………………… 057

第六章　安全防御技术：构筑防护之盾 …………………………………… 059

一、安全防御技术体系 …………………………………… 059

二、防火墙技术 …………………………………… 062

三、物理隔离技术 …………………………………… 079

四、工业主机防护技术 …………………………………… 086

第七章　应急处置技术：阻断燎原之火 …………………………………… 097

一、应急处置技术概述 …………………………………… 097

二、应急决策分析技术 …………………………………… 098

三、攻击溯源技术和威胁取证技术 …………………………………… 099

四、应急响应技术 …………………………………… 102

五、挂图作战技术 …………………………………… 106

第八章　数据安全保护技术：维护价值之源 …………………………………… 111

一、数据安全保护思路概述 …………………………………… 111

二、数据分类分级防护要求 …………………………………… 114

三、数据安全保护体系建设 …………………………………… 125

四、数据安全保护技术展望 …………………………………… 139

下篇　关键信息基础设施安全保护之法

第九章　制度建设：打造可防可控安全之域 ………………… 144

一、管理风险分析 ……………………………………… 144

二、管理机构与人员管理制度 ………………………… 146

三、网络与资产管理制度 ……………………………… 149

四、安全管理制度 ……………………………………… 152

五、应急管理制度 ……………………………………… 154

第十章　信息共享：打破威胁情报信息孤岛 ………………… 160

一、威胁情报概述 ……………………………………… 160

二、威胁情报共享的重要性 …………………………… 162

三、威胁情报共享流程 ………………………………… 164

四、威胁情报共享策略 ………………………………… 164

五、威胁情报共享标准化研究 ………………………… 178

第十一章　供应链安全：夯实安全可靠发展底板 …………… 182

一、供应链安全形势 …………………………………… 182

二、国内外供应链安全政策概况 ……………………… 188

三、供应链安全应对措施 ……………………………… 192

第十二章　人才培养：共同构筑安全保护之基 ……………… 198

一、网络安全人才培养对关键信息基础设施建设至关重要 …… 198

二、关键信息基础设施网络安全人才现状难以满足现实需求 … 199

三、关键信息基础设施网络安全人才培养经验 ………… 204

四、关键信息基础设施网络安全人才培养体系建设思路探索 … 208

行业篇

第十三章　电力行业：发电企业网络安全防护技术应用案例..................224

　　一、概述 ·· 224

　　二、案例分析 ·· 226

　　三、效益分析 ·· 234

第十四章　电力行业：高仿真虚拟化融合工控安全实验室..................236

　　一、行业特点 ·· 236

　　二、案例分析 ·· 237

　　三、效益分析 ·· 247

第十五章　交通行业：城市轨道交通行业网络安全案例..................252

　　一、行业概况 ·· 252

　　二、行业网络安全现状 ·································· 253

　　三、行业网络安全案例 ·································· 254

第十六章　金融行业：安全主机自适应安全解决方案..................260

　　一、金融行业网络与信息安全现状 ······················ 260

　　二、安全解决方案系统架构 ····························· 262

　　三、安全解决方案核心功能 ····························· 264

　　四、安全解决方案应用效果 ····························· 266

第十七章　国防科技工业行业：国防科技工业工控安全防护解决方案....268

　　一、概述 ·· 268

　　二、行业防护需求分析 ·································· 268

　　三、工控安全防护解决方案 ····························· 272

　　四、客户价值 ·· 277

第十八章　电子政务行业："兵团政务云"安全建设案例.........................278

　　一、电子政务行业概况 ·· 278

　　二、电子政务行业安全建设案例 ····························· 285

第十九章　电子政务行业：网络安全协调指挥平台 291

　　一、概述 ··· 291

　　二、案例分析 ··· 292

关键信息基础设施安全保护之势

第一章

概述：关键信息基础设施的定义与特点

一、关键信息基础设施的定义

（一）关键基础设施的相关概念及其关系

1. 国家信息基础设施

信息基础设施主要指光缆、微波、卫星、移动通信等网络设备设施，既是国家和军队信息化建设的基础支撑，也是保障社会生产和人民生活基本设施的重要组成部分。

"国家信息基础设施"一词是由美国最先提出的。1993 年 9 月 15 日，美国政府发布《国家信息基础设施行动议程》（*The National Information Infrastructure Action Agenda*），其中首次提出"国家信息基础设施"（National Information Infrastructure，NII）的概念，并同时提出"信息高速公路"（Information Highway）作为"信息基础设施"的同义词。美国指出，NII 是一个高水准的目标，要求在全美建成通达全国各地的信息高速公路，即由通信网、计算机、信息资源、用户信息设备与人构成互联互通、无所不在的信息网络，为每个人及其所用的信息设备提供接入 NII 的能力，将人、家庭、学校、图书馆、医院、政府与企业关联。NII 的具体内容包括以下五个方面：一是一系列不断扩展的仪器设备，如摄像机、扫描仪、键盘、电话、传真机、计算机、交换机、高密度磁盘和光盘、声像带、电缆、电线、通信卫星、光纤传输线路、微波通信网、电视、监视器、打印机等，NII 将这些物理设备集成并互连起来，为信息时代的各种技术进步奠定基础；二是信息本身，这些信息可以通过电视节目、科学或商业数据库、影像、录音、图书馆档案及其他媒体等形式体现；三是各类应用程序和软件，用户能借助于这些应用程序和软件来访问、处理、组织和提炼那些由国家信息基础设施所提供的、随时可用的大量信息；四是各种网络标准和传输编码，依靠它们能够实现网络间的互联和互操作，确保个人信息和网络的安全与可靠；五是人，其工作是挖掘信息、开发应用程序和服务、组建设备、开展培训等。

2. 关键国家基础设施

国家基础设施（National Infrastructure，NI）是指为一国社会生产和居民生活提供公共服务的物质、工程、设施，是用于保障国家社会经济活动正常进行的公共服务系统，是社会赖以生存发展的一般物质条件。国家基础设施不仅包括公路、铁路、机场、通信、水电煤气等公共设施，即"物理基础设施"（Physical Infrastructure），也包括教育、科技、医疗卫生、体育、文化等社会事业，即"社会基础设施"（Social Infrastructure）。

关键国家基础设施（Critical National Infrastructure，CNI）是国家基础设施的最重要的组成部分。英国将关键国家基础设施界定为"从不间断地向国家提供基本服务来说，不可或缺的关键元素组成的国家基础设施"，没有这些元素，就不能提供基本服务，国家将遭受严重的经济损害、巨大的社会破坏，乃至严重的安全威胁。从定义可以看出，关键国家基础设施横跨诸多经济部门和重要政府服务，一旦遭到破坏或丧失功能，就会危害国家安全、经济发展及公共利益。

一些国家和地区使用"关键基础设施"（Critical Infrastructure，CI）这一概念，其内涵与"关键国家基础设施"是一致的。美国于 2001 年出台的《美国爱国者法案》（USA Patriot Act）认为，CI 是指关系到美国生死存亡的，无论是物理的还是虚拟的系统和资产，这些系统和资产的功能一旦遭到破坏或丧失，就会对国家安全、经济稳定及国家公众健康与安全或这些要素的结合产生严重影响。

欧洲委员会于 2004 年 10 月 20 日发布《打击恐怖主义活动，加强关键基础设施保护》公告，其中针对 CI 做出了定义：关键基础设施是指如遭破坏或摧毁，就会对公民的健康、安全、稳定或经济福祉或成员国政府的有效运转造成严重影响的物理和信息技术设施、网络、服务和资产。

德国对关键基础设施的保护理念是确保政府和社会严重依赖的基础设施的安全运转，认为关键基础设施是指其故障会导致供应短缺或给大部分人口造成灾难性后果的所有基础设施的总和。荷兰对关键基础设施做出明确规定：对于社会不可或缺的，其损坏速度造成全国性紧急状态，或者会在更长时间内对社会产生不良影响的基础设施，均为关键基础设施。

3. 关键信息基础设施

关于关键信息基础设施（Critical Information Infrastructure，CII）的定义，多个国际组织和国家都有明确界定。

1）经济合作与发展组织对 CII 的定义

经济合作与发展组织（Organization for Economic Co-operation and Development，OECD）在 2008 年发布的《关于保护关键信息基础设施委员会的建议》中指出：应将关键信息基础设施（CII）理解为那些相互关联的信息系统和网络，其损坏或破坏将对公民的健康、安全、保障或经济福祉及政府、经济的有效运作造成严重影响。

2）全球网络专业论坛对 CII 的定义

全球网络专业论坛（Global Forum on Cyber Expertise，GFCE）在 2016 年11 月发布的《政府决策者关键信息基础设施保护良好实践指南》中指出：关键信息基础设施（CII）是那些相互关联的信息和通信基础设施，对于维持重要的社会功能（健康、安全、经济或社会福祉）至关重要，其损坏或破坏将造成严重的后果。

3）美国对 CII 的定义

美国国土安全部（DHS）在 2011 年 11 月发布的《安全网络未来蓝图》（*Blueprint for a Secure Cyber Future*）中对关键信息基础设施做出了明确定义：关键信息基础设施（CII）是控制、处理、传输、接收或存储包括数据、语音或视频在内的任何形式的电子信息的任何物理或虚拟信息系统；对关键基础设施的运行至关重要；对美国如此重要，以至于此类系统的失效或遭到破坏将对国家安全、国家经济安全或国家公共健康或安全产生削弱性影响；由州、地方、部落或领地政府实体拥有或经营，或代表州、地方、部落或领地政府实体经营。

4）奥地利对 CII 的定义

奥地利在 2013 年出台的《奥地利网络安全战略》中对关键信息基础设施做出了界定：关键信息基础设施是指对保障重要社会功能具有重要意义的基础设施或其组成部分，其遭到破坏或失效将对奥地利民众的健康、安全、经济和社会福祉或政府机构的运作产生严重影响。

5）芬兰对 CII 的定义

芬兰在《芬兰网络安全战略》（*Finland's Cyber Security Strategy*）中对关键信息基础设施的定义是：关键信息基础设施是指以电子方式传输、接收、存储或以其他方式处理信息（数据）的社会重要功能的信息系统背后的结构和功能。

6）爱沙尼亚对 CII 的定义

爱沙尼亚在《关键信息基础设施保护》（*Critical Information Infrastructure Protection Estonia*）中对关键信息基础设施的定义是：关键信息基础设施（CII）是指信息和通信系统，其维护、可靠性和安全性对于国家的正常运作至关重要。关键信息基础设施是关键基础设施的一部分。

7）俄罗斯联邦对 CII 的定义

俄罗斯在 2012 年 2 月发布的国家安全文件（第 803 号）中对关键信息基础设施的定义是：关键信息基础设施是一套自动化控制系统及其与信息和电信网络的相互作用，旨在应对国防、安全、法律和秩序方面的挑战，其违规（或终止）运营可能导致严重后果。

8）智利对 CII 的定义

智利在 2017 年发布的《智利国家网络安全政策》中对关键信息基础设施

做出如下定义：关键信息基础设施（CII）包括网络、服务及物理和信息技术设备，这些设备的损坏、退化、中断或遭到破坏可能对民众的安全、健康和福祉及国家系统的有效运行产生重要影响。

9）新加坡对 CII 的定义

新加坡在 2018 年 2 月 5 日发布的《网络安全法》中明确指出：关键信息基础设施是指持续提供新加坡所依赖的基本服务所必需的计算机或计算机系统，其丢失或受损将影响国家安全、国防、外交关系、经济，影响新加坡的公共卫生、公共安全或公共秩序。

10）日本对 CII 的定义

日本在 2015 年发布《关键信息基础设施保护基本方针》（第 3 版），其中对关键信息基础设施的界定为：关键信息基础设施（CII）是由企业提供且极其难以替代的服务而形成的国民生活和经济活动的支柱。如果服务功能中止、恶化或无法使用，可能对国民生活和经济活动产生重大影响。

11）菲律宾对 CII 的定义

菲律宾在 2012 年发布第 10175 号共和国法案，其中对关键信息基础设施做了如下定义：关键信息基础设施是指计算机系统和网络，无论是物理的，还是虚拟的，计算机程序、计算机数据和交通数据等基础设施对国家非常重要，其系统和资产的失效、遭受破坏或干扰会对国家或经济安全、国家公共卫生，以及这些问题的任何组合产生破坏性影响。菲律宾在 2017 年 5 月发布的《2022 年国家网络安全计划》中，对关键信息基础设施的定义进一步进行了完善：关键信息基础设施是指能够执行逻辑、算术、路由或存储功能的电子、磁、光、电化学或数据处理或通信设备或此类设备的组合，其中包括任何存储设施或与此类设备直接相关或与此类设备一起运行的设备或通信设施。它涵盖任何类型的计算机设备，包括具有数据处理能力的设备，如智能手机、计算机网络和其他连接到互联网的设备。

12）印度对 CII 的定义

印度在 2008 年发布的《信息技术法案修正案》第 70（1）条指出：关键

信息基础设施（CII）是指其失效或遭到破坏将对一个国家的国家安全、治理、经济和社会福祉造成不利影响的那些设施、系统或功能。

13）孟加拉国对 CII 的定义

孟加拉国在 2018 年发布的《数字安全法》中指出：关键信息基础设施是指政府宣布的能够控制、处理、流通或保存任何信息、数据或电子信息的任何物理的或虚拟的信息基础设施，并且如果这些信息基础设施遭到破坏或受到损害可能会影响公共安全、财务安全或公共卫生，以及国家安全或国家领土完整或主权。

虽然上述国家对关键信息基础设施的定义有不同的表述，但均将关键信息基础设施视为对国家至关重要的网络、系统和设备，均强调其失灵或遭到破坏会对国家安全、经济发展、公共健康产生重要影响。可以预见，随着关键基础设施的普遍信息化、网络化、数字化和智能化，关键基础设施（CI）与关键信息基础设施（CII）的概念将逐步统一起来。世界各国的国家关键基础设施普遍覆盖国家关键信息基础设施，从这一点上看，关键基础设施与关键信息基础设施的边界正日渐消退。

（二）国外关键信息基础设施的范围界定

各国对于关键基础设施的范围界定不尽相同，如美国提出 16 类关键基础设施领域，日本提出 13 类关键信息基础设施领域，而澳大利亚则将关键基础设施划分为 10 大类及相关的小类。但从总体上看，各国无不将事关国计民生的重要行业领域的系统、资产等纳入关键信息基础设施范畴。事实上，明确关键信息基础设施的具体范围是一个复杂且在实践中不断完善、不断调整的过程。

1. 美国

美国作为信息网络技术的发起国，也是关键基础设施/关键信息基础设施保护起步最早的国家。美国关键基础设施安全保障的战略思路和法律政策，从一开始就与国家安全挂钩，相比其他国家，站位更高，布局更广。

美国在《提升关键基础设施的安全性和恢复力》总统令中，确定了 16 类关键基础设施行业部门及相应的联邦政府责任部门/机构，与关键信息基础设施直接相关的包括关键基础设施通信部门（通信 CI）和关键基础设施 IT 部门（IT CI），涉及的具体范围如下。

关键基础设施通信部门（通信 CI）的保护范围包括有线基础设施、无线基础设施、卫星基础设施、电缆基础设施、广播基础设施五大类物理层面资产，以及为关键基础设施稳定运行提供各类服务的逻辑层面资产。

关键基础设施 IT 部门（IT CI）的保护范围包括提供以下六类服务或能力的设施和资产：提供 IT 产品和服务；提供事故管理能力；提供域名解决方案；提供身份验证管理和其他信用支持相关服务；提供基于互联网的内容、信息通信服务；提供互联网路由、接入和连接服务。

2. 德国

2015 年 7 月 10 日，德国议会通过《德国网络安全法》，将加强关键信息基础设施保护力度作为重要内容，明确了关键基础设施运营者的责任，确定了关键信息基础设施网络安全报告制度。该法明确凡是涉及水资源、能源、通信、医疗、交通、金融、保险等与德国民众日常生活紧密相关的行业或企业均属于关键基础设施的保护范围。

3. 日本

2005 年，日本发布《关键信息基础设施信息安全措施行动计划》，指导政府、关键信息基础设施运营单位及其他利益相关方，开展关键信息基础设施保护工作。2009 年，在该计划的修订版（第二版）中，日本确定了关键信息基础设施保护基本措施和建立公私信息共享的框架。2015 年 5 月 25 日，日本网络安全战略总部将该计划更名为《关键信息基础设施保护基本政策》（第三版），确定的关键信息基础设施领域共 13 个，即信息和通信服务、金融服务、航空服务、铁路服务、电力供应服务、供气服务、政府和行政服务、医疗服务、供水服务、物流服务、化学工业、信用卡服务、石油工业。日本在 2018 年修订的《关键基础设施保护网络安全政策》（第四版）延续了第三版中对关键信息基础设施保护范围的界定。

4. 新加坡

新加坡在 2018 年发布的《网络安全法》中建立了关键信息基础设施保护框架，明确 10 个关键信息基础设施部门，包括能源、水务、银行和金融、医疗保健、运输（包括陆地、海事和航空）、信息通信、媒体、安全、应急服务及政府部门。

5. 澳大利亚

澳大利亚将关键信息基础设施划分为 10 大类及相关的若干子类。

（1）通信类，包括电信（电话、传真、互联网、有线电视、卫星）和电子传媒通信系统。

（2）能源类，包括天然气、汽油燃料、炼油厂、输油管道、发电和供电、水利枢纽、核研究反应堆等工业控制系统。

（3）生产制造类，包括航空航天、先进制造、国防工业、重工业和化学工业的信息系统及生产控制系统。

（4）国家标志类，包括重要建筑物、文化、体育、旅游涉及的数据和信息系统。

（5）金融类，包括银行、保险和证券交易系统。

（6）食品供应类，包括批量生产、储藏和配送信息系统。

（7）医疗卫生类，包括医院、公共卫生业务系统、研发实验室数据和管理信息系统。

（8）交通类，包括空中交通管制、公路、海洋、铁路和内陆运输（货运中心）信息系统。

（9）政府服务类，包括国防和情报设施、政府领导机关、应急服务（警察、消防、急救）的重要应用系统。

（10）公用事业类，如城市设施中的废水和废料管理等控制系统。

（三）我国关键信息基础设施的范围界定

我国在《中华人民共和国网络安全法》（以下简称《网络安全法》）中正式确立了关键信息基础设施保护制度；在《国家网络空间安全战略》中对关键信息基础设施的范围做出了初步细化；2021年发布的《关键信息基础设施安全保护条例》进一步明确了关键信息基础设施的保护领域和范围。

1. 在《网络安全法》中的界定

《网络安全法》涉及大量关键信息基础设施保护的相关内容，包括界定了关键信息基础设施的范围，以及对攻击、破坏我国关键信息基础设施的境外组织和个人的相应惩治措施，等等。

《网络安全法》对关键信息基础设施的界定是：公共通信和信息服务、能源、交通、水利、金融、公共服务、电子政务等重要行业和领域，以及其他一旦遭到破坏、丧失功能或者数据泄露，可能严重危害国家安全、国计民生、公共利益的设施。其中，公共通信和信息服务主要包括广电网、电信网、互联网，以及用户数量众多的网络服务商系统，如腾讯、百度、阿里巴巴等IT巨头运营的特定网络和系统。公共服务主要是指重要行业和公共服务领域的重要信息系统，如城市供暖系统、智能交通系统、供水管网管理信息系统、社会保障信息系统等。电子政务主要针对政府和事业单位，如电子政务系统、事业单位门户网站。

2. 在《国家网络空间安全战略》中的界定

我国在2016年12月发布的《国家网络空间安全战略》中将保护关键信息基础设施作为一项战略任务，明确指出：国家关键信息基础设施是指关系国家安全、国计民生，一旦数据泄露、遭到破坏或者丧失功能可能严重危害国家安全、公共利益的信息设施，包括但不限于提供公共通信、广播电视传输等服务的基础信息网络，能源、金融、交通、教育、科研、水利、工业制造、医疗卫生、社会保障、公用事业等领域和国家机关的重要信息系统，重要互联网应用系统，等等。

与《网络安全法》相比，《国家网络空间安全战略》对基础网络进行了细化，指出提供公共通信、广播电视传输等服务的为基础信息网络，并将《网络安全法》所界定的重要信息系统从 4 个扩展到 11 个，其中，能源、金融、交通和水利没有变化，新增了教育、科研和工业制造，并将公共服务细分为医疗卫生和社会保障，将电子政务细分为公用事业和国家机关，同时补充了互联网应用系统。

3. 在《关键信息基础设施安全保护条例》中的界定

我国于 2021 年 9 月 1 日起正式实施的《关键信息基础设施安全保护条例》进一步明确了关键信息基础设施的范围，指出关键信息基础设施是指公共通信和信息服务、能源、交通、水利、金融、公共服务、电子政务、国防科技工业等重要行业和领域的，以及其他一旦遭到破坏、丧失功能或者数据泄露，可能严重危害国家安全、国计民生、公共利益的重要网络设施、信息系统等。这与《网络安全法》中规定的关键信息基础设施的范围基本一致，两者对关键信息基础设施覆盖范围的界定均遵循一个核心原则，即覆盖影响国家安全、经济发展和公共利益的重要行业和领域。

二、关键信息基础设施的特点

国家关键信息基础设施互相关联，构成一个复杂、庞大的动态体系，为国家安全、经济运行、公众生活提供不可替代的物理要素和服务能力。国家关键信息基础设施具有以下特点。

（一）核心功能性

国家关键信息基础设施是包括国家关键基础设施在内的其他基础设施的正常运行并发挥功能的基础性和支撑性要素，直接影响国民经济的稳定运行和社会生活的正常运转。在信息技术浪潮下，制造、能源、交通、金融等传统行业的升级改造，以及电子政务、互联网、人工智能、大数据等新兴行业快速发展都有赖于信息技术基础设施，国民经济各个部门对关键信息基础设施的依赖性日益提高，国家经济正常运行、政府部门正常运作、社会生活正常运转均有赖于国家关键信息基础设施核心功能的持续、有效发挥作用。

（二）泛在融合性

国家关键信息基础设施是国家网络资产和逻辑资产的融合，这体现在多个方面。例如：在物理资产层面，包括有线、无线、卫星、电缆、广播等设备设施；在业务提供层面，包括网络接入、互联网信息业务、电缆电视等多种业务类型；在资产归属性层面，涵盖公共部门和私营部门。从整体上看，关键信息基础设施不仅在行业内部呈现融合之势，而且与其他关键基础设施行业部门也正逐步融合。未来，随着云计算、大数据等新兴技术的快速发展和普遍应用，更多关键信息基础设施行业部门的网络、系统、数据资产会接入云端、存于云端，不同行业领域、不同业务类型的关键信息基础设施呈现更加广泛互联、融合互通的趋势。

（三）影响连锁性

某个基础设施或某个组件之所以关键，是由它在整个基础设施系统中的结构性地位决定的，尤其是当它在其他基础设施或部门之间起着连接渠道的作用时，其正常运转与否会对其他部门或行业核心业务带来较大关联性影响，如能源运输系统无法正常运转，则会对依赖该能源输送渠道进行生产制造的行业企业造成直接或间接后果，甚至会造成破坏性后果，并向与该行业企业关联的行业领域逐渐传递，造成连锁连片的严重后果。同时，化工、核电站等行业的关键信息基础设施与生俱来具有高危性，当遭到破坏后，可造成环境污染、人员伤亡等连带后果，这些关键信息基础设施的非正常运转极易引发本行业和相关行业的强连锁反应。

（四）跨国、跨境性

一方面，关键信息基础设施所依赖的信息通信技术及其承载的业务本身具有跨国属性。另一方面，关键信息基础设施所有者、经营者本身也具有来自不同国家、不同背景的多主体共同运营的跨境属性。比如，一些关键信息基础设施在建设之初会在全球或多国范围内进行招标，并最终形成多国股东、多国利益相关方共同拥有、运营该关键信息基础设施的局面。这种跨国、跨境特征增加了关键信息基础设施在运行、管理和保护方面的复杂性。

第二章

形势：安全保护刻不容缓

一、针对关键信息基础设施的网络攻击呈增长趋势

（一）事件数量快速增长

根据美国工业控制系统网络应急响应小组（ICS-CERT）披露的数据，美国国家关键基础设施部门在 2009 年报告并确定的涉及控制系统设备的网络安全事件仅 9 起，到 2010 年这一数字上升为 41 起，此后逐年快速增长，到 2012 年这一数字达到 198 起。而在 2015 年，美国国家关键基础设施部门报告的涉及控制系统和设备的网络安全事件已达 295 起，其中关键制造部门 97 起、能源部门 46 起、水和废水系统部门 25 起。从攻击手法上看，针对关键基础设施控制系统和设备的网络攻击中以鱼叉式网络钓鱼占比最多，达 37%，网络扫描和探测占比居次，为 11%。关键基础设施领域的控制系统是关键信息基础设施的核心组成要素，急剧上升的网络攻击次数严重威胁着关键信息基础设施的正常运转。

（二）危害破坏日益加深

2010 年，伊朗核设施遭"震网"蠕虫病毒破坏，导致分解同位素的离心机出现故障，使得伊朗核计划至少推迟了两年。2012 年，"火焰"病毒造成伊朗石油部、国家石油公司内网及其关联官方网站无法运行，部分用户数据泄露。2015 年年底，乌克兰至少三个区域的电力系统遭到网络攻击，部分变电站控制系统被严重破坏，导致乌克兰西部地区 140 余万个家庭停电数小时。2016 年 1 月，以色列电力局遭到重大网络攻击，导致电力系统部分计算机系统瘫痪。同年，由物联网僵尸网络引发的大规模 DDoS 攻击直接导致美国大

部分互联网网络瘫痪，Twitter、Netflix、GitHub、Reddit 等主要网站均受到不同程度的影响。2017 年 5 月，全球爆发大规模勒索病毒 WannaCry 攻击事件，超过 30 万台计算机遭到攻击，波及英国、俄罗斯、中国、美国等 150 个国家和地区，涉及能源、电力、交通、医疗、教育等多个重点行业领域。2018 年 2 月，韩国平昌冬季奥运会开幕式当天遭遇黑客攻击，造成网络中断，广播系统和奥运会官网均无法正常运作，许多观众无法打印开幕式门票，最终未能正常入场。上述事件无不表明，以关键信息基础设施为目标的网络攻击危害逐渐扩大，破坏性日益加深。

关键信息基础设施是经济社会运行的神经中枢，涉及国家安全、国计民生及公共利益，对于国家网络安全和信息化建设意义重大。近年来，我国关键信息基础设施网络安全形势不断恶化，来自境内外的网络安全攻击持续活跃，关键信息基础设施漏洞隐患频发。与此同时，针对关键信息基础设施的有组织、高强度的新型网络安全攻击愈演愈烈，关键信息基础设施安全运行面临着巨大挑战。

二、关键信息基础设施日益成为国家间对抗主战场

（一）组织化网络攻击日益猖獗

近年来，以政治利益为导向、具有国家背景的黑客组织攻击行为日益猖獗，攻击目标逐步转向特定国家的关键信息基础设施。例如：震网、Duqu 等一系列针对关键信息基础设施木马病毒的幕后充斥着美国和以色列情报部门的身影。组织化的网络攻击日益成为关键信息基础设施安全的严重威胁。

（二）国家间网络威慑战略部署和手段布局不断升级

"火焰"病毒等威力强大，足以用来攻击任何一个国家。这使人们相信，未来针对一个国家发动网络攻击以瘫痪该国关键信息基础设施已成为可能。为强化关键信息基础设施防御能力，部分国家加快战略布局，推进网军建设，加快网络战备，强化攻击手段，促使国家间的网络威慑战略部署和手段布局的不断升级，引发各国日益担忧针对本国关键信息基础设施的精准打击。

（三）大国间网络攻防对抗显现

针对国家关键信息基础设施的网络攻防研究日益成为各国政府乃至恐怖组织的关注焦点，大国间的攻防对抗已经开始上演。美俄两个主要大国均已具备很强的针对关键基础设施的网络攻击能力，并仍在持续加码强化攻击力。从攻击效果、攻击成本、攻击隐蔽性乃至攻击可控性等维度看，针对国家关键基础设施的网络攻击极有可能逐步取代传统的军事战争，成为大国间对抗的优选手段和方式。

三、关键信息基础设施自身脆弱性致安全风险隐患

（一）网络攻击路径显著增多

随着互联网快速应用到能源、制造、交通等关键信息基础设施领域，原有相对封闭的系统运行环境逐渐被打破。IT 和 OT 的加速融合，进一步促进了关键信息基础设施各层次、各环节的系统和设备互联互通。管理网和生产控制网的双向信息交互，使得生产控制权限不断上移，工业控制系统、企业内网和互联网等成为关键信息基础设施的潜在攻击发起点，客观上大大增加了攻击点和攻击面。与此同时，互联互通也为病毒、木马等传统网络安全威胁向关键信息基础设施加速渗透创造了条件，攻击者有可能利用现有 IT 产品的漏洞实现入侵攻击。这一切都在客观上加剧了关键信息基础设施的网络安全风险。

（二）安全防护能力水平不足

美国 ICS-CERT 曾在 2016 年的年度报告中将美国关键基础设施部门普遍存在的网络安全问题归结为对虚拟机（VM）访问安全控制不足、远程访问缺乏安全机制、虚拟局域网（VLAN）使用不当、关键 ICS 功能的云服务安全性不足、未充分采用基于网络监控的深度防御策略等方面。我国关键信息基础设施安全也处于防护能力不足、水平不高的现状，存在资产底数不清、责任意识薄弱、监测预警机制不健全等诸多问题，整体上难以抵御大规模、有组织的网络攻击。

四、新技术、新应用层出不穷带来更多新型安全挑战

（一）云计算带来应用安全挑战

云计算的本质是在联网环境下，将散落在各台计算机上的存储、计算等资源通过"虚拟池"的方式进行收集汇总、统一调度、按需分配，从而最大限度地提高利用效率，减少能源消耗。随着云计算和云服务的广泛应用，不同领域、各种类型的关键信息基础设施日趋广泛相连，一旦云计算系统遭受攻击，发生服务中断等情况将会给依赖其服务的关键信息基础设施造成诸多后果。特别是最关键的大型 IaaS 和 PaaS，它们为多个 IT 服务商提供服务，而这些 IT 服务商又会为数以百万计关键信息基础设施所有者和运营方提供服务。大型 IaaS 和 PaaS 一旦遭受攻击，将有多个关键信息基础设施行业的数万家运营方受到影响。当前，我国金融、能源、交通、制造等多个关键信息基础设施领域的系统和设备正加快接入云端，云安全对关键信息基础设施的影响持续加大，安全挑战不容小觑。

（二）大数据增加失窃泄露风险

随着大数据技术的广泛应用，多维度数据收集、多层次数据分析、多样化数据处理无处不在，海量数据突破时空限制，向行业、企业数据中心汇集。能源、交通、金融、公共服务、国防科技工业等关键信息基础设施领域日益运用大数据技术手段来分析、汇聚、整合自身核心业务系统，以及行业重要基础设施、城市智慧基础设施的各项关键信息，并将大数据监测、挖掘、研究成果应用于完善对公服务、改进重要业务、研发核心产品等诸多领域。在运用大数据技术的过程中，大量数据的集中存储大大增加了数据失窃、泄露的风险，加之关键信息基础设施领域的重要数据往往是与国家安全、国计民生、公共利益相关的，敏感且极具价值，一旦被恶意分子窃取和利用，可能会影响关键信息基础设施运营方的业务运行，造成关键信息基础设施运营方核心业务运行、支撑关键信息基础设施行业运转、支撑地区或城市稳定运行的重要敏感数据被恶意攻击者所掌握，甚至遭篡改和利用，引发公共服务瘫痪，使民众生活受扰、企业生产中断，安全风险和威胁十分严峻。

（三）物联网放大攻击范围空间

国际电信联盟（ITU）在 2021 年发布的《2020 年全球网络安全指数》报告中指出：到 2030 年，预计世界人口的 90%即 75 亿人接入互联网，接入互联网的物联网设备将达到 241 亿～1 250 亿台。物联网是以互联网为载体的，通过各种感知终端设备，如智能传感器、智能视频监控系统等实现万物互联和信息交换的网络。2016 年 10 月 21 日，美国动态 DNS 服务商 Dyn 遭到大规模 DDoS 攻击，导致美国东海岸网络处于大面积瘫痪状态，Amazon、Twitter等几十个网站访问受阻。在此次攻击中，数量众多、分布广泛的联网摄像头、DVR 等智能设备成为主要感染对象，约有 10 万台物联网设备感染了 Mirai 病毒，成为僵尸网络中的主要角色，而攻击峰值也达到创纪录的 1.1 Tbps。可以预见，随着物联网技术和智能感知设备在关乎社会运行、工业生产和公众生活的关键信息基础设施领域的逐渐普及，利用物联网终端针对关键信息基础设施实施网络攻击的风险将持续加大，攻击空间将不断拓展，影响范围将更加广阔。

第三章

规制：世界各国谋篇布局

近年来，关键信息基础设施网络安全形势日益严峻，能源、交通、金融、医疗卫生等领域成为重灾区。为应对日益增长的网络安全威胁，美国、德国、英国、日本等国家从法律法规、战略政策、技术标准、管理体系等方面入手，采取了一系列措施以加强国家关键信息基础设施保护，不断提升信息产品和服务的安全性，积累了大量关键信息基础设施安全保护经验。

一、美国

近年来，美国关键基础设施安全威胁不断加剧，勒索攻击日益猖獗，并不断向关键信息基础设施蔓延。特别是 2021 年 5 月，美国最大输油管道遭遇网络攻击，燃油输送管线遭遇网络攻击后被迫关停。美国政府随即宣布 17 个州和华盛顿特区进入紧急状态，此次事件导致东海岸 45%的汽油、柴油等燃料供应受到影响。为应对日益严峻的关键信息基础设施安全威胁，美国政府已将关键基础设施的网络安全问题视为美国目前所面临的最重要和最严峻的问题，并不断提升关键基础设施安全保护水平。

（一）管理体系日趋完善

通过不断优化调整，美国形成了自上而下、兼顾各方的关键信息基础设施管理体系。相关政府机构设置及其职能划分明确，逐步建立了以国土安全部为主导，其他政府机构、基础设施特定领域机构在各自职责范围内，具体负责本领域关键信息基础设施保护工作的格局，各部门之间职能分工明确、相互协调。同时，美国政府认识到关键信息基础设施保护是政府部门与私营部门的共同责任，不仅强调政府相关部门在关键信息基础设施保护方面的重要作用，还鼓励和倡导私营部门与政府相关部门加强合作与交流，在关键信息基础设施保护的计划、协调、实施和运行方面协同努力。

早在 2002 年，美国就依据《国土安全法》成立了国土安全部，负责协调政府的关键基础设施保护工作。2003 年，美国又发布第 7 号国土安全总统令（HSPD-7）《关键基础设施识别、优先排序和保护》，确定了美国关键信息基础设施保护框架的基础性政策，明确由国土安全部部长负责关键信息基础设施整体工作，领导、协调联邦政府、州和地方政府、私营部门共同推动关键基础设施安全保护工作。该总统令还明确了关键基础设施保护行业主管部门，包括农业部、健康和公共服务部、环境保护局、能源部、财政部、国防部，并将关系到关键基础设施和重要资源保护的各联邦部门，以及总统行政办公室纳入保护框架之内，包括国务院、司法部、商务部、关键基础设施保护政策协调委员会、管理和预算办公室、首席信息官委员会等。2013 年，第 21 号总统令虽然取代了 HSPD-7，但依然沿用了其确定的保护框架。同时，国土安全部的职责得到强化，其他部门关键基础设施保护的角色和职责也得到细化。

私营部门掌握了美国超八成的基础设施。为加强联邦政府同私营部门的协作，协同应对关键基础设施安全，美国成立了关键基础设施特定部门机构（SSA），为不同领域关键基础设施安全保护工作指定特定的联邦机构，同私营部门一同解决关键基础设施保护问题。此外，美国还成立了政府协调委员会（GCC），开展关键基础设施政企合作，加强跨部门、跨地区关键基础设施安全保护工作。

（二）识别认定机制持续优化

为打牢关键基础设施安全保护工作的基础，美国经过不断探索，形成了一套关键基础设施识别认定机制，并且识别认定能力不断提升。

1. 基础设施行业范围

第 63 号总统令《关键基础设施保护政策》、第 7 号国土安全总统令《关键基础设施排序识别、优先排序和防护》、第 13636 号总统令《改进关键基础设施网络安全》和第 21 号总统令《关键基础设施安全和可恢复性》对关键基础设施行业范围进行了优化。目前，美国将关键基础设施划分为 16 类，主要包括化学制品、商业设施、通信、关键制造业、大坝、国防工业基础、应急服务、能源、金融服务、食品和农业、政府设施、公共健康和医疗、信息技术、核反应堆及核材料与废弃物、运输、水和废水处理。同时，由于所有关键基础设施部门都需要能源和通信系统，因此将能源和通信系统确定为特别关键系统。

2. 国家关键基础设施数据库

美国为加强关键基础设施数据采集和使用，提升关键基础设施安全管理能力，先后通过国家资产数据库（NADB）、关键基础设施信息收集系统（IICS）、基础设施保护网关（IP Gateway）开展关键基础设施数据采集、关联分析、态势感知、管理和可视化展示，为关键基础设施管理提供基础性、实时性、关联性、整体性数据。同时，关键基础设施数据的安全性和保密性也不断提升。

3. 形成关键基础设施优先清单

为提升关键基础设施风险承受能力及可恢复性，美国政府将制定关键基础设施优先清单，作为关键基础设施保护工作的重中之重，先后发布《911 委员会法案实施建议》、第 13636 号总统令《改进关键基础设施网络安全》，明确由国土安全部牵头，根据关键基础设施易受攻击程度，制定并不断更新关键基础设施优先清单，以通过政府拨款、优先保护等方式为优先清单中的关键基础设施提供更多支持。

（三）标准体系不断健全

为规范关键基础设施安全保护工作，美国政府一直致力于推动关键基础设施网络安全相关标准的研究制定。根据《改善关键基础设施的网络安全行政令》，美国国家标准和技术研究院（NIST）制定了自愿性网络安全框架。该框架通过基于风险的方法，使用现有的 NIST 80053、ISO/IEC 27001、COBIT、COSO、ISA 等标准和最佳实践，帮助关键基础设施的运营使用单位应对网络空间的风险。该框架构建了包括识别、保护、监测、响应、恢复及评价在内的关键基础设施网络安全框架，提出关键基础设施的安全基线要求，明确了关键基础设施安全风险是企业风险管理的重要内容和关键环节，为关键基础设施部门提供通用参考。

二、欧盟

（一）从欧盟层面明确防护要求

作为由多个独立国家组成的联合体，欧盟内部的组织结构更加复杂，各成员国之间关键基础设施关联性强，安全威胁复杂多变。与美国不同，欧盟在关键基础设施安全保护方面聚焦在对成员国会造成关联影响的，以及存在跨境依赖关系的关键基础设施。自2004年起，欧盟不断完善关键基础设施保护相关法律法规，先后发布《欧洲关键基础设施保护计划》《欧盟关键基础设施认定和安全评估指令》《加强欧盟关键基础设施保护指令》等政策、指令，在欧盟层面明确关键基础设施的概念及关键基础设施保护部门，确定关键基础设施保护目标与要求，构建关键基础设施信息共享机制，提出关键基础设施评估方法，以及促进网络安全产业和技术发展的措施，逐步形成了较为系统、完整的关键基础设施政策体系，并号召成员国采取适当的协调机制与必要的保护措施，确保关键基础设施稳定运行。

1. 明确机构职责

为加强欧盟层面网络安全和关键基础设施安全，欧盟于2004年成立欧盟网络安全局（ENISA）。除了以欧盟层级网络安全职能部门的角色，为欧盟及其成员国提供增强信息与网络安全相关的建议和协助，欧盟网络安全局在保护关键基础设施方面的核心职责还有保护能源、交通、金融、银行、医疗卫生及数字资产等欧盟关键基础设施安全。欧盟网络安全局下设六大机构，分别是管理委员会、执行董事、执行局、国家联络官、咨询委员会和特设工作组。

2. 欧盟关键基础设施识别认定方法

欧盟于2005年和2008年先后发布了《欧盟关键基础设施保护计划绿皮书》和《识别和认定欧盟关键基础设施及提高其保护水平的指南》等政策文

件，明确了欧盟关键基础设施范围，确定了关键基础设施识别和认定方法，持续推动了欧盟关键基础设施的识别和认定工作。

《欧盟关键基础设施保护计划绿皮书》明确了欧盟关键基础设施范围，主要包括能源、信息通信技术、水、食物等11个关键行业，并允许各成员国根据各自情况调整关键基础设施范围，确定本国的关键行业清单。在此基础上，欧盟各成员国各自开展关键基础设施的识别工作，识别工作主要分为以下几方面：首先，各成员国按行业逐个开展关键基础设施摸底和初筛；其次，在充分考虑关键基础设施对其他成员国的依赖关系及跨境影响因素的基础上，初步识别出关键基础设施；最后，与受影响的其他欧盟成员国，就初步识别出的关键基础设施进行充分讨论，并最终确认关键基础设施清单。

（二）德国安全保护工作情况

德国高度重视关键基础设施安全保护工作，先后发布《国家信息设施保护计划》（2005年）、《关键基础设施保护国家战略》（2009年）、《德国网络安全战略》（2011年）和《联邦信息技术安全法》（2015年），将关键基础设施保护上升到国家战略高度，作为德国十大战略领域之一，明确关键基础设施保护战略规划。《德国网络安全战略》明确了关键基础设施的概念，认为关键基础设施是各类非常重要的公共设施或资源相关的组织或机构，一旦遭受攻击或破坏，将导致供应紧缺或中断，严重危害公共安全利益或产生其他严重影响。《联邦信息技术安全法》要求对能源、信息与通信、交通运输、卫生保健、供水、食品及金融保险等行业中被认定为关键基础设施的运营者进行重点保护。

1. 明确管理机构及其职责

德国明确联邦信息技术安全局（BSI）作为国家信息安全主管机构，负责关键基础设施安全保护工作，以应对关键基础设施所面临的风险和威胁。除了原有的保障联邦信息技术安全的职能，联邦信息技术安全局还是个人、企业、行政机构、政界之间有关信息技术安全对话沟通的主要职能部门。在欧盟和国际层面，联邦信息技术安全局将作为德国信息技术和网络安全问题的国家级对话伙伴。

联邦信息技术安全局的主要职责如下。

（1）发布安全预警。联邦信息技术安全局负责发布关于信息技术产品和服务中存在安全漏洞的警示；关于恶意软件的警示；关于数据丢失或遭遇未经授权访问事件的警示。

（2）开展安全调查。联邦信息技术安全局可对已经上市或即将上市的信息技术产品和系统展开调查。

（3）实施信息评估和共享。联邦信息技术安全局负责受理关键基础设施营运商报告的信息技术安全事项，主要包括：收集和评估有关预防信息技术安全威胁的信息，尤其是关于安全漏洞、恶意程序、已经发生和将要发生的对信息技术安全的攻击，以及从中发现的行为方式的信息；同联邦主要监管机构和联邦民事保护和灾难救助局合作，分析对关键基础设施可用性的潜在影响；评估关键基础设施信息技术安全态势；向关键基础设施营运者通报上述评估分析的结果。联邦信息技术安全局对汇集和评估的信息不仅供政府当局使用，而且同样也可以供第三方使用。

2. 明确关键基础设施范围

《联邦信息技术安全法》明确关键基础设施为下列机构、设施或部门：分属于能源、信息与通信、交通运输、卫生保健、供水、食品及金融保险部门；对社会运行具有重要意义，其停运或受损将造成严重供应不足或危及公共安全的机构设施或部门。

3. 明确关键基础设施认定标准和程序

德国明确关键基础设施认定标准包括以下几方面问题：①是否能够通过这些机构、设施或部门为社会提供关键性的服务；②停运或受损是否会给重要资产和社会运转带来根本性后果。同时，在欧盟关键基础设施保护相关规定的基础上，德国结合本国实际制定了本国的保护计划和措施，并形成三步走策略：一是分行业、分领域确定关键业务；二是识别关键业务所必需的支撑设施类型；三是按行业设立关键业务和支撑设施类型临界值。联邦内政部在听取科学界、相关营运商和商会代表的意见，并征得联邦经济与能源部、联邦司法与消费者保护部、联邦财政部、联邦劳动与社会事务部、联邦食品与农业部、联邦卫生保健部、联邦交通与数字化基础设施部、联邦国防部，以及德国联邦环境、自然保护、建设与核安全部的同意后，确定了关键基础设施范围。德国关键基础设施行业包括能源部门、信息与通信部门、交通运输部门、卫生部门、供排水部门、食品部门、金融和保险部门。

4. 明确关键基础设施运营者的义务

设立联络机构。德国要求关键基础设施营运者设立专门的联络机构，并保证该联络机构通信畅通，以便联邦信息技术安全局将信息通报给该联络机构。

提交安全报告。德国要求关键基础设施营运者必须将危及其信息技术系统、组件或程序的可用性、完整性、保密性和可靠性，可能造成或已经造成关键基础设施停运或受损的重大干扰即刻报告给联邦信息技术安全局。

保持基线安全水平。德国要求关键基础设施营运者采取适当的预防措施以避免使基础设施营运能力至关重要的信息技术系统、组件或程序的可用性、完整性、保密性和可靠性受到干扰，其主要安全措施包括定期检测信息技术系统、组件、程序及信息处理过程。

合规性证明。德国要求关键基础设施营运者以适当的方式证明其达到了最低安全标准的义务。营运者应接受审计、检测或认证，并将其所发现的安全缺陷的相关材料呈交联邦信息技术安全局。一旦有安全缺陷存在，联邦信息技术安全局就可以要求索取全部的审计、检测或认证结果，并征得联邦主要监管机构的同意或者与其他主要监管机构协商来消除安全缺陷。

（三）英国安全保护工作情况

英国高度重视关键基础设施安全保护工作，认为关键基础设施安全对国家安全至关重要，从国家战略到政策研究和安全管理，不断完善关键基础设施安全保护工作。

1. 成立专门的保护机构

英国于 2007 年 2 月成立了国家基础设施保护中心（CPNI），为英国企业和组织的基础设施提供安全咨询保护。该中心由前英国国家基础设施安全协调中心和英国国家安全咨询中心合并而来。该中心的职责是减少英国基础设施被恐怖主义破坏和威胁，保护英国通信、应急服务、能源、金融、食品、政府、医疗、交通和水务等基本服务安全。

2. 界定关键国家基础设施的范围

与美国不同，英国对关键国家基础设施的界定打破了一直以来按照行业特征和部门属性划分关键信息基础设施的常规，而是从数字经济影响力、数据资源特性等维度，将英国关键基础设施划分为五类。此外，英国甚至把某些专业咨询组织或机构也纳入关键国家基础设施的范围，以确保其能够发挥作用。

英国于 2016 年发布的《国家网络安全战略（2016—2021）》中，对关键国家基础设施做了界定，主要包括以下五个方面：一是重要企业，即已取得极大成功且在研发或知识产权领域具备很强优势的企业；二是个人信息数据拥有者，不仅包括大规模数据的拥有者，还包括一些弱势群体信息数据的所有者；三是高威胁目标，如媒体等；四是顶级数字经济提供商；五是保险、投资、监管、专业咨询组织等，即对改善网络经济领域、网络安全状况有影响的组织机构。

三、日本

20 世纪 90 年代以来，日本持续关注关键信息基础设施保护，并已经逐步建立了以政策法律为基础，以组织机构体系建设为重点，以监测预警和信息共享机制为支撑，以技术、人员、资金支持为保障的关键信息基础设施保护制度。

（一）政策法律不断完善

为适应通信技术所导致的世界社会经济结构迅速和剧烈变化的迫切需求，日本于 2001 年 1 月开始实施《构建先进信息与通信网络社会基本法》。

其目的在于确立信息安全的基本观念和基本政策，明确国家和地方政府的责任，保障关键基础设施的安全，并为形成先进信息和通信网络社会制定优先发展政策。

2005 年 12 月，日本国家信息安全中心制定并颁布了《关键基础设施信息安全措施行动计划》。其中，对关键基础设施的概念做出了明确的界定，即由提供高度不可代替且对人民社会生活和经济活动服务的商业实体组成，当其功能被暂停或削弱而无法运行时，社会生活和经济活动会遭受重大破坏。其中，规定关键部门包括电信、金融、民航、铁路、电力、燃气、政务、医疗、水利等部门。依照该计划，日本将组成关键基础设施重要部分的基本信息系统统称为"关键信息系统"，在评价其对公民社会生活和经济影响程度的基础上，由个别关键基础设施部门进行定义。

2010 年 5 月，日本发布《保护国家信息安全战略》，在巩固政府基础设施、社会公共基础设施和其他基础设施方面做出了具体规定。其中，巩固关键基础设施的措施包括强化信息共享系统、推动 CEPTOAR 委员会职能的实现、组织和选择安全标准、改善关键基础设施保护措施、细化业务连续性计划，以及在关键基础设施方面推动国际联盟的建立。

2013 年 6 月，日本发布《网络安全战略——迈向世界领先的、弹性的、充满活力的网络空间》。该战略指出，在关键基础设施领域，必须确保公民生活、社会经济活动、政务活动和所有活动都能够可靠运行。因此，应当依照政府机关的做法，基于信息系统所需的防护特征，实施信息安全保障措施。该战略强调，关键基础设施提供商、政府机关和其他组织，应当落实以下具体措施：第一，建立关键信息基础设施保护的信息共享机制。该战略指出，关于跨行业目标攻击信息的共享是困难的，应当制定和扩展有关信息共享的机密性协议。更为重要的是，为加强网络攻击的协同应急响应能力，日本通过建立计算机安全应急响应小组，推动关键基础设施提供商与网络空间相关运营商和私人组织间密切关系的确定。第二，建立关键信息基础设施评估认证机制。推动关键基础设施提供商和网络空间相关运营商有关漏洞信息和攻击信息的共享，从而加强合作，以检测如何实施国际采购、检测控制与数据采集操作、其他控制系统的评估和认证模式，推动旨在建立测评和认证控制系统的措施。

2013 年 10 月，日本信息安全政策委员会发布《国际网络安全战略网络安全合作计划》。该计划认为需要遵循的基本原则有：保证信息的自由流动，确保监管和立法规范不过度，以保证网络空间的开放性和互通性，维护和确保信息在安全可靠的网络空间内自由流动；积极应对日益严峻的网络安全威胁；增强基于风险的方法，并通过及时和适当的资源配置及国际合作，迅速恢复并防止任何进一步的损害；在社会责任感的基础上协同合作。

（二）组织机构体系日益健全

日本逐步建立了政府部门和私营机构共同参与的关键信息基础设施保护的组织管理体系，以及以内阁秘书处为领导，政府相关部门和私营部门共同参与，且分工明确、相互协调的关键信息基础设施保护组织机构体系。

内阁秘书处是负责日本政府关键基础设施和信息安全的重要部门，国家信息安全中心（NISC）和信息安全政策中心（ISPC）是由内阁秘书处于 2015 年建立的，是制定关键基础设施保护政策的核心组织。此外，国家警察局主要负责关于网络犯罪监控等事务，内务和通信部主要负责通信及网络政策相关的事务，经济、贸易和工业部主要负责信息技术政策方面的事务，国防部主要在网络领域保护国家安全，上述部门在关键基础设施保护方面协助内阁秘书处处理相关事务。

同时，跨部门合作组织由来自国家相关部门和公共部门各领域的专家组成，其与政府部门相协调，共同维护国家信息安全。跨部门合作组织主要包括以下部门。

1. 国家应急响应小组

国家应急响应小组是设于日本内阁秘书处的一个信息办公室，在组织框架中隶属于计算机应急响应小组，其在日本政府部门处理互联网紧急事件中排在首位。《确保电子政务信息技术安全行动计划》规定，国家应急响应小组包括 17 位来自政府部门和民间机构的专家，主要负责：准确地理解和分析紧急事件；制定技术政策以应对紧急事件，并防止事件重现；协助其他政府机构解决信息安全问题；收集和分析信息或情报，在事件发生时有效制定解决方案和战略；向政府机构提供专业知识和信息；提高并改进与信息安全有关的知识。

2. 计算机应急响应小组协调中心

日本计算机应急响应小组协调中心（JPCERT/CC）是日本建立的第一个计算机安全事件响应小组（CSIRT），包括网络服务提供商、安全服务/提供商、政府机构及工业和商业协会。日本计算机应急响应小组协调中心同时也是亚太地区计算机应急响应小组（APCERT），负责协调并结合与信息安全有关的预防措施，与其他计算机安全事件响应小组（CSIRT）保持沟通联络。计算机应急响应小组协调中心具体负责协调网络服务提供商、安全提供商、政府机关和行业协会。负责的事项包括：计算机安全事件响应；协调国内和国家计算机安全事件响应小组和其他相关组织的工作；促进建立新的计算机应急响应小组，并与其他工作小组进行合作；收集并关注关于计算机安全事件的信息技术、缺陷和补丁、其他安全信息，并发布预警和通知；计算机安全事件的研究和分析；管理关于安全技术的研究；通过教育和培训提高信息安全意识和技能。

3. 电信信息共享和分析中心

信息共享和通报机制促进了政府之间、政府与各行业之间，以及各行业之间的有效沟通。2001 年，日本建立了电信信息共享和分析中心。除了实时监测计算机入侵事件并执行信息采集和分析，日本电信信息共享和分析中心还与其他电信运营商进行数据交换，为其提供相关的预防措施建议。

4. 网络事件移动协助小组

日本于 2012 年 6 月建立网络事件移动协助小组。其目的是防止损害扩散、提供技术支持和建议，在针对内阁和其他机构网络攻击事件中，在国家信息安全中心的带领下组织调整和预防事件再发。在紧急事件中，该小组与国家信息安全中心共同工作以减少损失，防止损失扩大。

（三）安全保护措施逐步落实

1. 明确关键基础设施的范围

日本的关键基础设施是由提供高度不可替代的、人民社会生活和经济活动不可或缺的服务的商业实体组成的。如果基础设施的功能被暂停、削弱，或根本无法运行，人们的社会生活和经济活动将会遭受严重破坏。在此基础上，日本明确指出，将组成关键基础设施重要部分的基本信息系统统称为"关键信息系统"，若其遭受破坏，将对公民社会生活和经济活动造成不可估量的损失。其中，通信、金融、民用航空、铁路、电力、天然气、政府和行政管理服务、医疗服务、水利及物流这 10 个关键领域被界定为关键基础设施部门。日本政府在其国家战略实施过程中，详细区分了上述关键基础设施部门中的哪些系统属于重点保护对象。同时，日本逐步扩大了其受保护的关键信息基础设施的范围，并借鉴美国确定的关键基础设施部门，将数字货币、交通控制系统、其他网络类型的系统、国防工业、能源相关产业的信息系统纳入关键信息基础设施的范围。

2. 建立关键信息基础设施保护的信息共享机制

日本在关键信息基础设施保护的监测、预警、应急、响应等方面都建立了及时高效、上通下达的网络安全信息共享制，涉及政府部门之间、私营部门之间、政府与私营部门之间、国家之间的关键信息基础设施保护的信息共享。

3. 注重关键信息基础设施保护的技术支持和专业人员培养

日本明确提出关键信息基础设施保护的技术支持问题，强调政府鼓励和支持相关技术和产品的研究与开发，保障对进行关键信息基础设施保护的研究中心、人才和公司提供相应的政策和经费支持，并关注关键信息基础设施保护的专业人员培养、信息安全培训和教育。

4. 加强关键信息基础设施保护的国际合作

日本关键信息基础设施保护制度重点涵盖了国际合作的要求，其中鼓励日本积极与其他国家和国际组织展开合作，致力于提高关键信息基础设施保护的监测、预警、应急处置与恢复能力，共同制定关键信息基础设施保护的国际规范，以保障全球关键信息基础设施的整体安全性。

第四章

展望:《关键信息基础设施安全保护条例》
开启安全保护新时代

当前,专门针对关键信息基础设施的攻击手段层出不穷,能源、金融、卫生医疗、公用事业、关键制造、电力等重要行业关键信息基础设施成了网络攻击的"重灾区"。2021年8月17日,《关键信息基础设施安全保护条例》(以下简称《条例》)正式发布,并于2021年9月1日起施行。《条例》着眼于关键信息基础设施网络安全建设和保障等工作的落地,突出重点保护,坚持问题导向,与已有相关法律法规有效衔接,对保护目标、保护范围、各方责任、信息共享、态势感知等方面进行了细化和完善,科学总结网络安全工作实践经验,为加快推进关键信息基础设施网络安全保护等工作落地提供了强有力的法制保障,具有划时代里程碑意义。未来,在《条例》的指引和推动下,我国关键信息基础设施保护目标和范围将进一步细化,国家、行业、地方和运营者的责任将不断落实,关键信息基础设施安全保护措施将持续完善,我国将迎来关键信息基础设施安全保护新时代。

一、安全保护责任将不断落实

《条例》的落地执行需要各方努力才能顺利开展,为实现这一目标,《条例》细化了各方职责,明确了针对性部署。在分工方面,明确了网信部门、公安部门、电信主管部门的职责范围;在运营方面,提出了设置专门的安全管理机构,优先采购安全可信的网络产品和服务;在工作机制方面,强调坚持综合协调、分工负责、依法保护,强化和落实关键信息基础设施运营者主体责任，充分发挥政府及社会各方面的作用。

（一）顶层设计和行业管理将不断加强

面对复杂、多变的网络安全威胁，从国家部委到行业、领域的主管部门、监督管理部门等，将分工负责、密切协同，不断完善关键信息基础设施安全保护顶层设计。

一是关键信息基础设施安全管理职责将进一步明确，各部门、地区密切配合的关键信息基础设施安全保护局面将加速形成。《条例》明确了关键信息基础设施保护工作的职责分工，由国家网信部门统筹协调，国务院公安部门负责指导监督工作，国务院电信主管部门和其他有关部门在各自职责范围内开展关键信息基础设施安全保护和监督管理工作。同时，为了保障后续关键信息基础设施单位网络安全建设工作顺利开展，推进《条例》的落地可执行性，《条例》第二十九条规定，国家网信部门和国务院电信主管部门、国务院公安部门等为保护工作部门提供技术支持和协助。在关键信息基础设施安全保护的实际工作中，各部门、各行业应根据《条例》相关规定，推动分工合作、协调一致工作机制的落地实施，以不断提高保护工作的效率。

二是随着标准、规范的研究发布，关键信息基础设施安全保护的措施将不断落地。随着科技发展和安全形势的变化，不断强化关键信息基础设施安全保护在国家层面的顶层设计，有利于实现对责任的精准把控和资源的合理"抓"和"放"。《条例》第三十四条规定，国家负责制定关键信息基础设施安全标准，指导、规范关键信息基础设施安全保护工作。在制定和完善关键信息基础设施安全标准、规范方面，行业、地区的主动性和积极性将进一步发挥。行业、地区在贯彻落实国家相关制度、标准的同时，也将在分析总结自身经验的基础上，推动行业、地方标准、规范的研究制定，为国家标准研究制定提供有益参考。

（二）地方安全保护工作将持续强化

关键信息基础设施实施安全关系到地方经济发展、人民群众利益及地方的社会稳定发展。《条例》第三条指出，省级人民政府有关部门依据各自职责对关键信息基础设施实施安全保护和监督管理。地方政府作为维护国家安全与主权、加强国防建设、消除社会隐患、推广吸收民间先进科学技术和经验、鼓励创新创造等国家机构的重要组成部分，在推进落实关键信息基础设施网络安全建设方面起着重要作用。

一方面，各地各部门要进一步提高政治站位，强化底线思维，在省委、省政府统一部署下形成合力，通过抓细、抓实重要关键信息基础设施建设安全保护工作，维护好人民群众生命财产安全。在工作中，要突出重点，全面摸清家底，深入排查隐患，对发现或潜在的安全风险、安全威胁等迅速组织整改，决不放过一个盲点。同时，也要加强应急保障，狠抓"预报、预警、预演、预案"措施落实，加大巡查、监管处置力度，做好保运转的充足准备，确保城市正常运转。要强化指挥调度，健全指挥体系，做到令行禁止、应对有序。要落实好属地主体责任、部门管理责任等工作。

另一方面，地方政府要进一步做好关键信息基础设施实施安全保护和监督管理的组织、协调工作。可积极吸纳社会各方面的力量，如安全企业、科研机构等，采用先进的信息安全技术和产品，成熟的安全防护解决方案，因地制宜、因企施策的方针，构建具有本地特色的关键信息基础设施，实施安全保护、保障等应对策略。

（三）运营者主体责任将深入落实

关键信息基础设施运营者作为责任主体，要承担起关键信息基础设施最基本的网络安全建设防护工作。《条例》规定，运营者依照本条例和有关法律、行政法规的规定，以及国家标准的强制性要求，在网络安全等级保护的基础上，采取技术保护措施和其他必要措施，应对网络安全事件，防范网络攻击和违法犯罪活动，保障关键信息基础设施安全稳定运行，维护数据的完整性、保密性和可用性。未来，运营者应进一步落实《条例》的具体工作要求，全面规范关键信息基础设施安全保护工作。

1. 明确管理机构，强化制度保障

按《条例》规定，关键信息基础设施运营者应设置专门的安全管理机构，

并对机构负责人和关键岗位人员进行安全背景审查。专门的安全管理机构还要参与本单位与网络安全和信息化有关的决策，建立健全网络安全保护制度和责任制，保障该领域的人力、财力、物力投入。同时，当关键信息基础设施发生较大变化，可能影响其认定结果时，或运营者发生合并、分立、解散等情况，以及责任人员在关键信息基础设施发生重大网络安全事件或者发现重大网络安全威胁时，运营者应当按照有关规定向保护工作部门、公安机关等报告，并按照保护工作部门的要求对关键信息基础设施进行处置，确保安全。为更好地促进关键信息基础设施安全运营人员的责任感和使命感，运营者还需要制定与关键信息基础设施安全保护相关的奖惩制度，对在关键信息基础设施安全保护工作中取得显著成绩或者做出突出贡献的单位和个人，按照国家有关规定给予表彰。

2. 规范网络安全建设，构筑保护体系

关键信息基础设施安全管理机构在信息化建设过程中，要将网络安全建设纳入其中。《条例》规定，安全保护建设应采用"三同步原则"，即安全保护措施应与关键信息基础设施同步规划、同步建设、同步使用。网络安全建设要遵循《网络安全法》的相关规定，国家实行网络安全等级保护制度，关键信息基础设施在网络安全等级保护制度的基础上，实行重点保护，构筑内防脆弱、外防威胁、内外联防的积极保护体系。

1）强化网络安全建设

《条例》第五条规定，国家对关键信息基础设施实行重点保护，采取措施，监测、防御、处置来源于中华人民共和国境内外的网络安全风险和威胁，保护关键信息基础设施免受攻击、侵入、干扰和破坏，依法惩治危害关键信息基础设施安全的违法犯罪活动。

关键信息基础设施安全防护技术方案中应充分借鉴"一个中心，三重防护"的网络安全技术总体设计思路。"一个中心，三重防护"的要点是建立一个安全管理中心，构建通信网络防护、区域边界防护、计算环境防护三重防护。在设计网络安全建设方案时以安全管理中心作为整个安全中枢，构建集中管理和态势感知的能力。同时，以安全通信网络为纽带，优化基础网络架

构，分区分域，缩小网络攻击面。关键信息基础设施运营者应以安全区域边界为依托，以访问控制为基础，增强已知攻击和未知攻击的防范能力，通过技术手段来强化纵深防御，实现对威胁的深度检测和及时响应，防患于未然。最终以安全计算环境为重心，以白名单技术为依托，以基于标记的强制访问控制作为技术核心，改进业务风险管控，加强关键信息基础设施的动态防护。

（1）以风险管理为核心。持续动态评估国家关键信息基础设施网络安全防御能力，以及存在的风险是否可接受，制定网络安全防御能力成熟度目标模型，进而保障关键信息基础设施的安全稳定运行。

（2）以国内"两个要求"体系合规、国际"技术体系"接轨为视角。运营者应坚持网络安全等级保护和关键信息基础设施基本要求，确保满足合规性要求，以"一个中心，三重防护"体系为具体方案设计核心思想，构建安全技术防护体系。

同时，运营者还要在合规的基础上，与时俱进，充分与国际技术体系接轨，形成具有我国关键信息基础设施网络特色的安全检查体系和应急响应体系，并与其他体系呼应，从而不断提升态势感知和应急处置能力，并逐步落地。

（3）形成可防御、可检测、可响应和可预测的全生命周期的防护体系。首先，运营者应基于纵深防御体系，加强对高隐匿性攻击行动的发现能力，建立多维数据采集能力，为安全事件检测、事件捕猎、调查分析，以及发现、定位、溯源安全事件创造条件。其次，应构建关键信息基础设施网络安全检测体系，做好国家关键信息基础设施全网、全流量的实时监控，做好全网、全主机的系统监控。再次，应构建关键信息基础设施网络运维响应体系。制定和完善各种流程规范，开展网络安全风险评估，规范产品与服务采购流程，同时坚持做好日常维护管理、应急计划和事件响应等方面的工作，以保障安全管理措施和安全技术措施的有效执行。最后，还应构建关键信息基础设施网络评估预测体系，实现态势感知、安全运营、数据关联、威胁预测，将静态防御转为积极动态防御。

（4）孵化动态防御、主动防御、纵深防御、精准防护、整体防控、联防联控的安全能力。通过形成动态防御、主动防御、纵深防御、精准防护、整体防控、联防联控的安全能力，使我国关键信息基础设施能够应对常态化、复杂化、实战化的网络安全威胁。

2）规范安全产品采购

《条例》规定，运营者在网络安全建设中要优先采购安全可信的网络产品和服务；采购网络产品和服务可能影响国家安全的，应当按照国家网络安全规定通过安全审查。同时，运营者应明确网络产品和服务提供者的技术支持和安全保密义务与责任，对义务与责任履行情况进行监督。

关键信息基础设施运营者采购网络产品和服务时可能带来的国家安全风险包括：产品和服务使用后带来的关键信息基础设施被非法控制、遭受干扰或破坏，以及重要数据被窃取、泄露、毁损的风险；产品和服务供应中断对关键信息基础设施业务连续性的危害；产品和服务的安全性、开放性、透明性和来源的多样性，以及供应渠道的可靠性及因为政治、外交、贸易等因素导致供应中断的风险；产品和服务提供者遵守中国法律、行政法规、部门规章情况；其他可能危害关键信息基础设施安全和国家安全的因素。为有效应对关键信息基础设施供应链安全风险，运营者采购网络产品和服务时要尽早发现并避免所采购的产品和服务给关键信息基础设施运行带来风险和危害，保障关键信息基础设施供应链安全，维护国家安全。

3. 加强安全风险管控

运营者应梳理关键信息基础设施涉及的信息资产，编制资产登记册，绘制资产拓扑，识别关键信息基础设施存在的安全风险。《条例》中明确规定关键信息基础设施运营者要开展网络安全监测、检测和风险评估等风险管控工作。每年至少要进行一次安全风险自评估，并对存在的安全风险进行验证和确认。同时，对国家安全、保密行政管理、保护工作部门等开展的关键信息基础设施网络安全检查检测工作予以全力配合。

在应对风险评估实践中，对于某些个人和组织擅自对关键信息基础设施开展漏洞探测、渗透性测试等活动，严重影响了关键信息基础设施安全的情况，《条例》明确规定，未经国家网信部门、国务院公安部门批准或者保护工作部门、运营者授权，任何个人和组织不得对关键信息基础设施开展漏洞探测、渗透性测试等可能影响或者危害关键信息基础设施安全的活动。如需要对基础电信网络开展漏洞探测、渗透性测试等活动，则应当事先向国务院电信主管部门报告。

运营者在安全风险评估之前，要明确评估流程，主要包括：准备阶段、识别阶段、风险分析阶段、风险处理阶段。准备阶段应做好横向沟通，使参加风险评估的各方对网络安全有一个清晰的认识，从而在评估前就能高度重视，有利于其他阶段工作的顺利开展；识别阶段应重点识别出被评估系统中的关键资产。关键资产主要指系统的业务和数据，包括核心业务组件，用户数据，用于鉴权和认证的密码、密钥等；风险分析阶段应对业务相关的资产、威胁、脆弱性及其各项属性的关联，综合进行风险分析和计算。风险处理阶段应依据风险评估结果，针对风险分析阶段输出的风险评估报告进行风险处理。

运营者开展安全风险评估应重点关注未处置的中、高级安全风险。安全风险评估完成后，应同历史安全评估报告进行对比，并进行书面总结。安全风险评估报告应由专人进行归档管理。安全风险应根据业务需求、安全风险预警、风险评估报告、渗透测试报告等内容对安全策略进行优化和完善。此外，还应对网络安全风险评估和风险结果验证过程中发现的残余风险进行记录，并采取相应的应对措施。

4. 常态化应急演练

《条例》规定，保护工作部门应按照国家网络安全事件应急预案的要求，建立健全本行业、本领域的网络安全事件应急预案，定期组织应急演练；指导运营者做好网络安全事件应对处置，并根据需要组织提供技术支持与协助。因此，关键信息基础设施运营者应及时建立应急预案，定期开展应急演练，提高网络安全事件应急处置能力。

关键信息基础设施运营者应针对重点防护目标开展实战攻防演练，检验自身或检验企业的网络安全防护能力，并从实战演习中获得针对性的改善建议，不断提高网络安全防御体系建设水平。关键信息基础设施应急演练主要通过模拟各种突发事件场景进行，根据突发网络安全事件的性质，应急演练场景可分为有害程序事件演练、网络攻击事件演练、信息破坏事件演练、设备设施故障演练等。演练流程包括演练准备、演练实施、演练总结三个主要阶段。通过应急演练，进一步完善应急预案，积累应急处置经验。

5. 建立人才培养机制

根据《条例》第十五条规定，关键信息基础设施运营者应积极组织网络安全教育和培训。要确保关键信息基础设施网络安全工作的顺利进行，运营者应保障人力、财力、物力的投入，把每个环节都落实到位。人才是第一资源，网络空间的竞争归根结底是人才的竞争。面对网络安全人才严重匮乏的现状，关键信息基础设施运营者要解决影响企业安全发展的人才培养等核心问题，运营者可探索校企合作模式，依托优秀企业多年在网络安全方面的经验与技术积累，打造全方位人才培训体系。通过搭建人才培养体系、校企合作体系及生态合作体系，建设安全人才培养与交流平台，建立一个从高校理论教育到企业技能培训，再到赛事锻炼和实习就业的完整人才培养闭环，为关键信息基础设施企业、事业单位培养发掘一批优秀的网络空间安全人才。

在校企合作方面，除了继续加强与高校的安全共建、扩大安全人才培养的新阵地，还可以借助此模式持续推进政府、企业、院校等多方合作，共同推动建设具有创新力与竞争力的安全人才培养体系。同时，也要将安全行业先进技术和理念向更多的专业人才群体辐射，使专业人才成为当今网络安全人才储备的重要内容，进一步推动安全技术与人才梯队建设。

二、安全防护工作将创新开展

（一）关键信息基础设施识别认定

关键信息基础设施识别认定是关键信息基础设施保护工作的核心环节，急需细化完善、贯彻执行。在关键信息基础设施认定方面，《条例》规定，重要行业和领域的主管部门、监督管理部门结合本行业、本领域实际，制定关键信息基础设施认定规则。在认定工作中要充分考虑如下因素：网络设施、信息系统等对于本行业、本领域关键核心业务的重要程度；网络设施、信息系统等一旦遭到破坏、丧失功能或者数据泄露可能带来的危害程度；对其他行业和领域的关联性影响。

重要行业和领域的主管部门、监督管理部门在制定本行业、本领域关键信息基础设施认定规则时，还应参考美欧等发达国家的经验，进一步明确关键信息基础设施识别认定标准和程序，规范关键信息基础设施识别认定和备案工作。美国和欧盟等发达国家在识别认定关键信息基础设施时，主要考虑的因素有关键领域、关键业务及支撑关键业务所需的资源等。同时，依据一定的标准和程序开展关键业务和支撑关键业务所需资源的识别认定。在关键信息基础设施识别认定方面，美国主要考虑四个方面，即事故死亡情况、经济损失、大规模撤离和国家安全。欧盟则主要考虑影响范围、影响程度、影响时间、服务的可替代性等因素。其中，影响程度主要从公众影响、经济影响、环境影响、政治影响、设施之间的相互依存关系等方面评估。我国重要行业和领域的主管部门、监督管理部门应充分考虑本行业、本领域的特点，制定关键信息基础设施认定规则，逐步建立本行业、本领域关键信息基础设施清单。

（二）监测预警和应急响应工作

我国关键信息基础设施面临较为严重的网络安全风险和隐患。但是当前我国网络安全公司倾向于提供全套自身产品的监测预警方案，有些产品方案基于自有的多维度海量互联网数据，进行自动化挖掘与云端关联分析，并向客户推送定制的专属威胁情报。同时，结合部署在本地的大数据平台，进行流量深度分析，从而提升本地监测和预警能力。我国关键信息基础设施面临的网络安全形势严峻复杂，仅靠单一的安全产品无法实现关键信息基础设施的运营者、保护工作部门、安全服务机构及公安机关之间的监测预警信息共享和联动。为应对该问题，积极落实《条例》规定，国家、行业、地区和企业应切实提升关键信息基础设施态势感知能力，促进安全保护措施的不断完善。

《条例》围绕关键信息基础设施信息共享、监测预警、应急处置工作提出了具体要求，也提出了涉及关键信息基础设施"事前、事中、事后"的全生命周期保护思路。其中，《条例》规定，国家网信部门统筹协调有关部门建立网络安全信息共享机制，及时汇总、研判、共享、发布网络安全威胁、漏洞、事件等信息，促进有关部门、保护工作部门、运营者及网络安全服务机构等之间的网络安全信息共享。同时，保护工作部门需要建立健全关键信息基础设施网络安全监测预警制度，及时掌握关键信息基础设施运行状况，指导做好安全防范工作。这就要求国家、行业、地方和企业形成上下联动、密切配合的关键信息基础设施的网络安全防护机制。

随着《条例》的正式实施，作为关键信息基础设施保护的重要工作内容，信息共享、监测预警和应急处置在整体安全保护工作中的作用也进一步显现。落实关键信息基础设施保护制度，做好关键信息基础设施信息共享、监测预警和应急处置工作成为关键信息基础设施有关部门、保护工作部门、运营者与全社会的共识。未来，在各方共同协作努力下，我国关键信息基础设施网络安全屏障将日益坚固，持续为经济社会发展提供更加坚实有力的支撑。

三、技术产业发展将加速推进

（一）产业发展将不断提速

在推动关键信息基础设施安全防护技术创新和产业发展、促进行业安全生态建设方面，工业和信息化部等部门已经研究发布了一系列文件，以促进互联网、安全产品、安全产业的发展。2019 年 9 月，工业和信息化部公开征求对《关于促进网络安全产业发展的指导意见》（征求意见稿）的意见。该文件指出，到 2025 年，要培育形成一批年营收超过 20 亿元的网络安全企业，形成若干具有国际竞争力的网络安全骨干企业，网络安全产业规模要超过2 000 亿元，促进网络安全行业的良性循环、高速增长。同时，《公共互联网网络安全威胁监测与处置办法》《网络产品安全漏洞管理规定》《加强工业互联网安全工作的指导意见》等指导意见、规范也陆续发布。

为解决当前我国关键信息基础设施技术产业支撑不足等突出问题，《条例》中明确规定国家支持关键信息基础设施安全防护技术创新和产业发展，组织力量实施关键信息基础设施安全技术攻关。在《条例》的推动下，我国关键信息基础设施安全防护产业迅速发展。一是产业投入持续增加，市场规模快速增长，关键信息基础设施安全防护企业投融资难问题将得到有效缓解。二是关键信息基础设施安全防护市场空间得到扩展，行业内同质化竞争问题持续缓解，企业战略发展、产品体系得到优化，企业创新发展活力不断释放。

（二）技术创新和应用将快速落地

当前，国际信息技术发展日新月异，我国也处于数字化转型升级关键期，各种新场景、新问题、新技术、新方法层出不穷，关键信息基础设施安全保护所面临的任务越来越繁重、挑战越来越艰巨。加强关键信息基础设施安全技术创新、鼓励新技术、新模式应用示范、加大人才培养力度是加速提升我国关键信息基础设施安全保护的重要任务。

在关键信息基础设施安全技术创新应用方面，未来创新发展研究将得到强化，云计算、大数据、人工智能等新技术将被积极利用，以提升关键信息基础设施网络安全能力。同时，网络安全先进技术创新应用和试点示范将得到长足发展。我国将汇聚网络安全产业力量，强化面向关键信息基础设施的网络安全能力供给。此外，关键信息基础设施网络安全能力评估将广泛开展，关键信息基础设施网络安全能力将得到客观评估。

关键信息基础设施安全产业化落地、安全防护工作等，均需要有相关安全人才来执行，安全人才是关键信息基础设施安全保护的核心力量。在加强人才培养方面，《条例》明确规定，国家将采取措施，鼓励网络安全专门人才从事关键信息基础设施安全保护工作，并将运营者的安全管理人员、安全技术人员培训纳入国家继续教育体系。专门安全管理机构要履行组织网络安全教育、培训职责。在未来人才培养的实践中，需要协调动员全社会相关企业、行业组织、高校和科研院所等协作配合，从在职培训和学历教育等多个层次，共同建立适应关键信息基础设施安全保护人才需求特点的工作队伍。

关键信息基础设施安全保护之术

第五章

监测预警技术：打造安全之眼

2016 年 4 月 19 日，在网络安全和信息化工作座谈会上，习近平总书记指出："维护网络安全，首先要知道风险在哪里，是什么样的风险，什么时候发生风险，正所谓'聪者听于无声，明者见于未形'。感知网络安全态势是最基本最基础的工作。"作为网络安全工作的重要组成部分，监测预警工作是及时感知发现网络安全风险隐患、开展处置应对的重要环节。《条例》中明确规定了监测预警能力建设要求，亟须通过技术手段强化关键信息基础设施监测预警能力，保障关键信息技术设施安全。

一、监测预警的基本概念与发展

监测预警是指根据过去和现在的数据、情报、资料等，运用逻辑推理和科学预测的技术方法，对事件出现的约束条件、未来发展趋势和演变规律等做出科学的估计与推断，对事件发生的可能性及其危害程度进行估量和发布，随时提醒相关组织和个人做好准备，改进工作，规避风险，减少损失。因此，监测预警不是单一的防御手段，而是综合运用主动扫描、被动诱捕、流量分析、数据分析等多种技术方法，实现关键系统安全的防御技术体系。

建设关键信息基础设施网络安全监测能力是感知网络安全态势和增强网络安全防御能力的基础和前提，也是构建关键信息基础设施安全保障体系的重要组成部分。

（一）监测预警工作过程

监测预警工作过程主要包括确定目标、数据收集、信息提炼、预测判断和预警通报，如图 5-1 所示。

图 5-1 监测预警工作过程

其一，确定目标是指根据需要为监测预警工作确定目标，既可以是某个具体的关注问题，也可以是对整体安全态势的了解。例如，某台设备以什么途径遭受网络攻击，或整个区域的网络安全趋于哪个水平。监测预警的目标就是寻求类似相关问题的答案。

其二，数据收集是指通过传感器、数据采集设备等工具，围绕目标范围展开数据收集并做好预处理工作。数据采集是网络安全监测预警的基础，数据采集是否全面、准确，直接决定着监测预警评估的结果。目前，网络安全数据采集主要有 Syslog 采集方式、SNMP 采集方式。网络拓扑信息及主机信息可采用 SNMP 采集方式，漏洞扫描采用 Nessus 等常用网络工具。

其三，信息提炼是指通过将知识背景应用在收集海量数据上，将数据转化为监测预警目标背景下的信息，需要用到关于网络目标和网络功能领域的相关知识。

其四，预测判断是指利用数据分析算法，如基于相似度的方法、基于序列的方法和基于实例的方法，将提取的信息总结归纳成态势结果，形成决策判断。

其五，预警通报是指将高危风险事件或安全态势向相关组织机构或个人进行通报预警，及时加强安全风险，尽量减少安全风险造成的损失。

（二）网络安全监测预警技术模型

国内外众多研究机构或研究人员在网络安全监测预警技术领域做出了大量研究，建立了多种监测预警与态势感知技术模型。

1. JDL 模型

1984 年,美国国防部成立了数据融合联合指挥实验室,提出了 JDL(Joint Directors of Laboratories)模型,其主要面向安全数据的融合与关联。JDL 模型从底层向上共包括五级处理。首先是对来自信息源的数据预处理,数据来源主要包括操作系统及应用程序日志、防火墙日志、入侵检测警报、漏洞扫描结果等。其次对数据进行预处理(一级处理),主要是对数据进行分类、校准、关联、融合,并对精炼后的数据进行标准化输出。数据标准化后进入二级处理,主要是对融合后的数据信息进行态势评估,评估当前的安全状况。三级处理是对威胁进行评估,评估当前威胁,包括未来可能发生的攻击,以及威胁演变趋势。四级处理是对过程进行精炼,通过动态监控信息的反馈不断优化过程。五级处理是对认知精炼,根据监控结果不断改善人机交互方式,提高交互能力和交互效率。

2. Endsley 模型

美国空军前首席科学家 Mica R. Endsley 提出了 Endsley 模型,包括态势感知、态势理解和态势预测三级。第一级为态势要素提取,主要从海量数据信息中提取网络安全态势信息,并转化为统一的数据格式,为网络安全态势理解做准备。第二级为网络安全态势理解,通过对网络安全态势提取的特征要素分析,确定要素之间的关系,并根据分析对象所受到的威胁程度理解/评估当前网络安全状态。第三级为网络安全态势预测,主要依据历史网络安全态势信息和当前网络安全态势信息预测未来网络安全态势的发展趋势,并根据系统目标和任务,结合专家的知识、能力、经验制定决策,实施安全控制措施。Endsley 模型框架如图 5-2 所示。

3. Tim Bass 模型

Tim Bass 模型是针对分布式入侵检测系统提出的融合模型,Tim Bass 模型框架如图 5-3 所示。Tim Bass 模型基于入侵检测的多传感器数据,包括五级,第零级为数据精炼,主要负责提取、过滤和校准入侵检测的多传感器原始数据。第一级为对象精炼,将数据规范化,统一格式后,进行关联分析,提炼分析对象,按相对重要性赋予权重。第二级为态势评估,根据提炼的分析对象和赋予的权重评估系统的安全状况。第三级为威胁评估,主要基于网络安全态势库和对象库状况评估可能产生的威胁及其影响。第四级为资源管理,主要负责整个态势感知过程的资源管理，优化态势感知过程和评估预测结果。

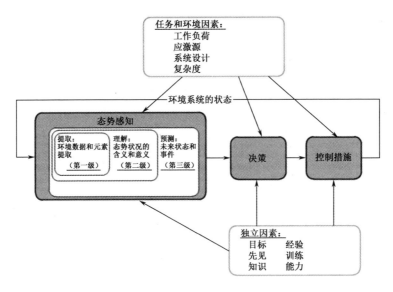

图 5-2　Endsley 模型框架

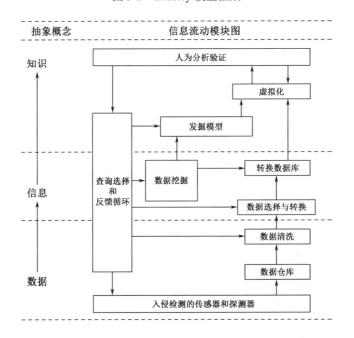

图 5-3　Tim Bass 模型框架

（三）关键信息基础设施监测预警重点方向

关键信息基础设施是经济社会运行的神经中枢，也是网络安全的重中之重，通过监测预警技术手段建设，能够落实网络安全战略规划目标，实现国家或行业的关键信息基础设施和重要信息系统的安全状况，即可视、可知、可管、可控、可溯、可预警。因此，对于关键信息基础设施的网络安全监测预警技术建设主要包括从安全设备、网络设备、操作系统、应用系统等网络安全数据源采集网络安全数据，通过关联分析、模式识别、规则匹配、行为检测、机器学习等大数据分析方法进行分析，进而实现网络态势评估、网络威胁评估和网络态势预测。

（1）可视。通过多维度的安全数据仪表盘，涵盖网络安全监测的重点环节，将网络安全监测的重点环节的实时运行及安全状态多维度地展示给网络安全人员，以便网络安全人员及时掌握网络安全整体状况。

（2）可知。通过安全数据进行全量管理。收集的安全数据包括操作系统、安全设备、网络设备、应用程序和数据库的安全配置及安全日志等信息，并提供安全日志的全文检索功能，便于网络安全人员从海量日志中查找和关联相关安全日志。在全量收集各种安全数据的基础上，充分利用大数据技术，从海量数据中挖掘高价值信息，侦测是否存在异常网络行为。

（3）可管。通过监测操作系统、安全设备、网络设备、应用程序和数据库的安全配置及安全日志，结合安全基线、威胁情报和知识库进行多维度安全分析，对发现的漏洞和脆弱性进行及时处置。

（4）可控。充分利用大数据的分析模型和机器学习等算法，为用户建立行为画像，可以基于已知威胁检测和异常行为分析来发现多态恶意代码、APT攻击、0 day 攻击等未知威胁攻击，并对分析出来的安全事件、异常行为等进行实时告警，通过可视化展现、邮件、手机 App 等方式及时通报给相关网络安全人员进行处置。

（5）可溯。通过威胁情报、规则匹配和大数据分析模型等技术对给定的安全事件进行追踪溯源，刻画网络安全事件的攻击路径，为网络安全人员采取措施和溯源提供依据。

（6）可预警。实时动态展示当前网络安全状况，并呈现一定时间内整个网络空间环境的安全要素，从已知数据推演分析将要发生的安全事件，实现对安全威胁事件的预测和判断发生的概率。

二、监测预警系统体系架构

关键信息基础设施网络安全监测预警技术体系覆盖感知、理解、预测和告警四个层次，并随着新一代信息技术的兴起应用而不断迭代升级。在复杂网络环境中对能够引起关键信息基础设施安全形势发生变化的数据要素进行获取、理解、显示及最近发展趋势的顺延性预测，进而开展决策与行动。

关键信息基础设施网络安全监测预警系统通过采集网络中的流量、资产、日志、告警、安全处置数据等，利用统计分析和数据挖掘等方法，实时动态分析关键信息基础设施网络中的网络行为及用户行为，识别能引起关键信息基础设施网络态势变化的安全要素，从而展示整个网络当前的安全状态，并预测未来的发展趋势，以此保护关键信息基础设施网络的安全稳定运行。

关键信息基础设施网络安全监测预警系统平台技术组件包括数据采集、漏洞扫描、流量解析与检测、数据预处理与关联分析、态势指标提取、安全态势评估等方面。在实际工作中，可根据现实条件及重点方向应用相应的技术组件，搭建监测预警技术系统。关键信息基础设施网络安全监测预警技术体系框架图如图 5-4 所示。

（一）数据采集

目前，由于安全信息来源分散、数量多、格式不一、存储周期短、易被篡改等因素，人为开展安全信息审计工作已逐渐变为一项不可能完成的任务。

数据采集是自动化实现安全监测预警的第一步，也是感知关键信息基础设施网络安全态势的基础，数据采集是否全面、准确，直接决定着关键信息基础设施安全情况评估的准确性。数据采集模块主要实现采集关键信息基础设施相关的安全数据，主要包括网络和主机状态信息、服务状态信息、链路状态信息、资源配置信息等。安全数据采集主要包括 Syslog 采集方式和 SNMP 采集方式。

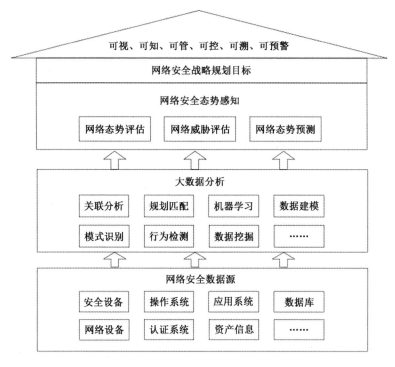

图 5-4　关键信息基础设施网络安全监测预警技术体系框架

1. Syslog 采集方式

Syslog 采集方式是采用 Syslog 协议进行日志信息的采集。目前，Syslog 协议已经广泛应用于网络设备的数据采集中，可以通过一个统一的数据采集平台进行配置，从而完成日志信息数据的采集。

Syslog 数据采集主要有三种方式：设备—接收服务器、设备—中继器—接收服务器、设备—接收服务器/设备—中继器—接收服务器。其中，设备—接收服务器这种采集方式虽然中间设备较少，但是占有较大的网络带宽，在实际应用中较少采用这种方式；设备—中继器—接收服务器这种采集方式通过中继器代理完成相关采集工作，服务器只完成数据收集整理工作，有效地减轻了系统服务器的压力；设备—接收服务器/设备—中继器—接收服务器这种采集方式整合了两种架构，但是在实际系统应用中应用较少。

2. SNMP 采集方式

Syslog 协议可以完成大部分的数据采集功能，但是由于网络设备的复杂性及网络结构的庞大，在日常的网络安全管理设备中，有许多设备是采用 Trap 方式来进行信息的发送的，为确保数据采集的全面性，需要使用 SNMP（Simple Network Management Protocol，简单网络管理协议）。SNMP 目前也广泛应用于网络安全设备信息采集中，并且在各种网络环境下都有应用，可以用来进行网络流量信息的获取、网络拓扑信息的获取及网络设备状态信息的获取等。

（二）漏洞扫描

漏洞扫描是指利用扫描手段检测目标主机或网络的安全脆弱性，并发现可利用的漏洞的一种安全检测技术。对于关键信息基础设施监测预警技术体系来说，有效识别关键信息基础设施存在的安全漏洞，意义十分重大。

漏洞扫描的方法主要分为主动扫描和模拟攻击两大类。主动扫描是指先通过发送报文与目标主机或网络建立连接，再通过文件传输协议请求网络服务，并根据收到的回复信息提取目标系统的漏洞相关信息。模拟攻击是指通过某种虚拟攻击方式对目标主机或网络进行扫描，扫描目标系统漏洞相关的具体信息。

1. 主动扫描

在主动扫描过程中，漏洞扫描系统针对目标主机或网络的端口分配、软硬件配置、匿名登录和提供的服务等信息进行扫描，并根据这些信息判断目标系统的漏洞信息。常见的主动扫描的方法如下。

1）TCP connect 扫描

TCP connect 扫描的模式是完全开放的，通过向目标系统发送 connect( ) 函数套接字来完成 TCP 三次握手，从而建立连接，如果连接建立成功则说明端口开放，否则说明端口未开放。在 Linux 操作系统中，TCP connect 扫描没有任何的权限限制。如果同时调用多个套接口，则说明还能将扫描速度大大加快。另外，由于 TCP connect 扫描过程中的端口信息和错误信息等会记录在目标系统中，因此，TCP connect 扫描的隐蔽性较差。

2）TCP SYN 扫描

TCP SYN 扫描的模式是半关闭式的，通过向目标系统发送一个 SYN 包所带来的响应来判断目标端口的当前状态，如果回复 SYN/ACK 包，则说明目的端口是开放的，如果回复 RST/ACK 包，则说明目的端口是关闭的。在 Unix 操作系统中，TCP SYN 扫描需要有 root 权限。另外，由于扫描过程并没有实现 TCP 三次握手的完整过程，扫描的信息不会记录在目标系统中，因此，TCP SYN 扫描隐蔽性较好。

3）TCP FIN 扫描

为确定端口是否已经打开，可以向目标系统发送 FIN 报文，并监听端口对该报文的响应。如果端口对 FIN 报文没有响应，则说明端口是打开状态的；如果端口返回了 RST 报文，则说明端口是关闭状态的。这种方法对操作系统有要求，只适用于 Unix 操作系统，但隐蔽性很好。

2. 模拟攻击

基于主动扫描的结果，还可以通过借助一些虚拟的攻击方式，对目标主机或网络进行模拟攻击，从而判断目标系统中的漏洞信息。常见的攻击方法有缓冲区溢出、口令攻击、IP 地址欺骗和分布式拒绝服务（DDoS）攻击等。

值得注意的是，通过漏洞扫描手段对关键信息基础设施的正常运行可能产生不同程度的影响，而在开展监测预警的过程中，保障关键信息基础设施的正常运行始终是第一位的，因此建议在关键基础设施停产检修或下线维护时开展漏洞扫描。

（三）流量解析与检测

关键信息基础设施流量解析与检测是监测预警技术体系中的重要组成

部分，用于发现关键信息基础设施网络流量中与群集中明显不同的对象。流量识别技术中常用的识别技术包括端口识别、深度报文检测（DPI）技术、深度流检测（DFI）技术。其中，DPI 技术对应用层的数据内容进行检测，是流量识别的主要技术。将 DPI 技术与端口识别技术、DFI 技术等进行结合，能够高效识别应用层中特征不明显的网络流量。

1. 端口识别

应用层接口处的端口用于区分不同的应用进程，TCP 和 UDP 各有 0～65535 个端口号。对某一台计算机而言，端口号只能标示本机中的不同应用进程，与其他计算机的应用进程使用的端口无关。

端口号通常分为两类。一类是熟知端口号，是给一些常用的应用层程序固定使用的。它是由互联网指派 ICANN（互联网名称与数字地址分配机构）负责分配的，其数值一般为 0～1023。另一类则是动态端口号，当运行的应用程序向系统请求访问网络时，系统就从动态端口号中分配一个供应用程序使用，通信结束后，占用的动态端口号就会被释放。

随着互联网技术的发展，应用软件层出不穷，私有协议不断增加，仅靠端口识别网络应用会产生很多误识别。目前，端口识别技术不再单独使用，而是结合其他识别技术使用。例如，在 DPI 技术中，端口号可以作为协议的其中一个特征。

2. DPI 技术

传统报文检测分析 IP 数据包的五元组信息，DPI 技术在此基础上增加了对应用层内容的检测分析，从而实现对应用协议流量的精确识别。

DPI 技术具体可以分为基于协议特征的识别技术、应用网关的识别技术、基于数据包数值属性的识别技术等。不同的网络应用协议又具有其特定的协议特征，协议特征可以是某固定的端口号，可以是应用层内容中有意义的字符串或不变的十六进制序列，也可以是特定的协议格式。

DPI 技术是一种基于应用层的流量识别技术，以流量为单位进行识别，通过与协议特征库的对比检查数据流中是否有特定的协议特征信息来判定数据流所采用的协议。

3. DFI 技术

通信双方在进行通信时，采用的应用协议不同则产生的会话连接数及数据流的状态也不同。数据流的状态包括流时长分布、报文到达间隔时间分布、报文长度分布等。DFI 技术采用的就是基于数据流行为特征的一种识别技术。

关键信息基础设施流量解析与检测通常通过在关键信息基础设施网络关键节点部署流量探针设备来镜像获取网络中的流量数据包，再通过上述开展协议解析与处理，为后续开展流量异常检测、攻击行为分析等提供基础资源。

（四）数据预处理及关联分析

在实际的关键信息基础设施运行环境中，会产生大量的运行数据信息，不同的设备可采用不同的协议和数据格式，同时，这些数据中也存在着大量的冗余信息，给网络安全态势分析带来一定困难。因此，对原始数据进行预处理是十分必要的，不仅可以减轻硬件的压力，同时也提高了分析效率。目前，数据预处理的方法主要有以下几种。

1. 数据整理

通过数据采集模块采集到的基础数据中都存在着大量的脏数据，这些脏数据既有结构化的，也有非结构化和半结构化的，并且存在噪声。数据整理即通过数据去噪、缺失值填充等方法对原始安全数据进行规范化处理。数据整理方法主要包括以下几种。

（1）空缺值处理。空缺值处理方法主要有人工方式填充、全局常量填充、均值填充、忽略元组、同类型样本属性均值填充和算法推理等。

（2）数据去噪。噪声数据常用的处理方法有分箱、聚类、人机结合、回归函数等。

（3）差异数据处理。相同类型数据产生差异的原因有很多，因此，软硬件故障、数据采集方式等需要选取相关的算法函数进行数据处理。

2. 数据统一

由于采集数据的多样性，需要对采集数据进行结构统一，即选取合适的数据项。目前，大多数采用 XML（Extensible Markup Language，可扩展标记语言）方式进行数据格式的统一，既可以利用 XML 配置过滤规则，也可以利用 XML 方式进行数据统一格式的定义。

3. 数据变换

数据变换的目的是形成标准化数据，并对数据进行概念化、标准化及特征的构造。

（五）态势指标提取

在关键信息基础设施网络安全监测过程中，构建一个合理的监测指标体系对网络安全态势评估来说是关键所在。选用不同的指标体系、不同的权值确定方法、不同的评估算法和模型，都会影响关键信息基础设施安全状况的评估结果。

关键信息基础设施安全监测指标类型不尽相同，依据不同分类标准可分为主观指标与客观指标、描述性指标与分析性指标、总体指标与分类指标。客观指标又被称作定量指标，其属性对象之间的可比性强。同时，需要将定量指标的数据转换为统一量纲，从而不会对多指标的综合处理产生影响。指标权值主要通过主观、客观及组合赋权的方法确定。在实际操作中，因主观赋权法简便易用而被广泛采纳。

安全状态由多因素决定，因此，常见的监测预警系统主要从危险性指标、脆弱性指标、可用性指标和可靠性指标四个方面来提取网络安全指标。

（1）危险性指标主要包括告警数量与种类、攻击事件发生频率、数据流入量等。

（2）脆弱性指标主要包括安全漏洞数量与等级、安全设备数量、关键基础设施端口开放情况等。

（3）可用性指标主要包括网络带宽、带宽利用率、CPU 利用率等。

（4）可靠性指标主要包括流量变化率、数据流总量等。

（六）安全态势评估

关键信息基础设施安全态势评估是监测预警体系的核心功能之一，可全方位评估目标对象网络安全状态，并找到安全威胁的根源。关键信息基础设施安全态势评估是一项比较复杂的工程，所以要求各项功能组件必须协调工作，即需要建立比较完善、系统的评估模型。一般通过模糊匹配评价法结合层次分析法来建立态势评估模型。

1. 模糊匹配评价法

模糊匹配评价法通过对评价对象建立模糊判断矩阵进行计算，对计算结果进行一致性指标判断，并对向量进行归一化操作。由于各个指标对评估对象的影响不同，可以选用不同的模糊计算方法，给出准确的评估结果，从而解决评估过程中的不确定因素。

2. 层次分析法

在对评价因素进行综合评价中，确定权重值是最为关键的，一般采用层次分析法来确定权重，有效地解决了模糊匹配评价法中确定权重值的问题。层次分析法对于复杂的、难以确定的影响因素的特征向量分析显得尤为合适。通过将难以量化分析的因素进行层次化分析，并结合模糊匹配评价法进行确定。

基于层次分析法与模糊匹配评价法结合的评估步骤：首先是确定模糊矩阵的态势指标体系标准；其次是进行模糊矩阵的构建和用层次法确定权重；最后进行向量运算，得出各级指标的评价结果。根据相关定义指标中的某一个元素，分别对网络安全态势指标中各个一级指标及综合评价结果进行评价，并对评价结果进行量化处理。

步骤 1：根据网络安全态势指标体系建立两级指标体系，第一级为主指标体系，包括脆弱性指标、可用性指标、危险性指标及可靠性指标。第二级为一级指标下的分级指标，根据一、二级指标体系确定评价的因素论域。

步骤2：构建模糊评价判断矩阵，对网络安全态势的每个评级因素进行量化，确定隶属度，形成模糊评价矩阵。

步骤3：判断矩阵运算。判断矩阵的运算主要是最大特征根和特征向量计算两个过程，通过矩阵运算分别计算出二者的值，特征向量的值就是层次分析法中的每个指标的权重系数，通过数据对各个指标进行重要性排序。

步骤4：判断一致性。通过步骤3计算出的特征向量，计算各指标的权重系数向量，并对指标权重向量进行归一化操作。

步骤5：合成模糊综合评价向量。通过权重向量与步骤2中构建的模糊评价判断矩阵选取合适的算子进行矩阵运算。

步骤6：综合评价。分别计算各级指标中的评价结果，最后计算综合评价结果。

（七）风险预警

关键信息基础设施安全预警主要是通过发现并分析病毒、木马、攻击入侵行为等，在其攻击行为未奏效之前，即与特征数据库或预先设置的阈值进行比对，从而判断其使用行为的安全性，对危险行为提前阻断。如果攻击行为已经造成伤害，在及时进行阻断的同时，对所造成的影响和伤害采取评价与记录两种方式进行处理。网络安全预警存在的意义在于当相关攻击事件影响继续恶化时，可以有效地完成阻断和抵制，并快速、合理地通过应急处理设备解决。

关键信息基础设施安全预警按照其相应目标及模式，大体上可分为安全漏洞预警、攻击行为预警和攻击趋势预警。

1. 安全漏洞预警

安全漏洞是指系统的软、硬件和协议在设计、实现和运行过程中出现计划之外的安全问题。站在程序本身及控制的立场进行研究，这种漏洞包含系统漏洞、服务漏洞和用户管理漏洞。通过这些漏洞，网络攻击者能够轻易进入系统内部，进行资源侵占和非法访问等违规操作。

网络攻击通常是一种访问等级的提升，即通过利用网络漏洞，首先将自己从一个较低层次的访问等级提升到一个更高层次的访问等级，然后对系统进行进一步的破坏和攻击。网络安全漏洞预警就是要及时发现系统漏洞，研究漏洞，预测攻击者可能利用漏洞进行攻击的可能性和趋势，以最大限度地预防攻击行为的发生。

2. 攻击行为预警

网络攻击者要实现对网络的成功攻击，就必须按照一定的攻击步骤逐步展开，最终完成一次完整的网络攻击。对于单独的攻击，是不会对网络造成多大威胁的，只有所有的单个攻击联合起来并协调统一之后，才可能完成一次完整的攻击。

攻击行为预警就是在攻击者实施网络攻击的过程中，对其采取的一系列单独攻击所组成的复合攻击进行分析，及时发现某一部分单独攻击的迹象，然后根据攻击知识库或攻击行为特征库，比对之后就有可能预测下一步攻击行为，从而提前预警，采取应急响应措施。

3. 攻击趋势预警

攻击者在实施攻击的过程中，其攻击行为总是存在一定的趋势性的，攻击趋势预警能够及时检测出这种趋势，并对下一步的攻击趋势做出预测，并及时采取有效措施进行控制和防止事态的进一步恶化。这种形式需要结合已出现的或者目前存在的入侵现象的发展状态，预测出后续会出现的入侵方式，并在后续的情况出现以前，完成对攻击行为科学的判断和预测。

攻击趋势预警根据特定网络攻击发生的历史规律来预测将来攻击行为的发展趋势，可分为中短期预警和长期的安全预警。预测攻击行为的发展趋势，最重要的是了解入侵事件长期以来呈现出的特点。攻击趋势阶段呈现出的特征推理涵盖的内容有确定入侵情况的相关信息、确定合理有效的拟合图、形成回归方程、计算攻击事件的趋势信息。

三、监测预警关键技术

随着云计算和大数据等新技术的应用，关键信息基础设施网络规模越来越大，网络节点越来越多，数据流量大，存在多种异构网络环境和应用平台。关键信息基础设施监测预警技术体系应结合新一代信息技术的发展，更好地服务于关键信息基础设施安全保障工作。结合上述关键信息基础设施监测预警技术平台理论模型与关键功能，需要着重关注以下四类关键技术的发展。

（一）海量多元异构数据的汇聚融合技术

目前，在大规模网络中，安全数据和日志数据由海量设备和多个应用系统产生，且这些安全数据和日志数据缺乏统一标准与关联，在此基础上进行数据分析，无法得到全局精准的分析结果。新的网络安全分析和态势感知要求对网络安全数据的分析能够打破传统的单一模式，打破表与表、行与行之间的孤立特性，把数据融合成一个整体，能够从整体上进行全局的关联分析，可以对数据整体进行高性能的处理，以及用互动的形式对数据进行多维度的裁剪和可视化。

通过海量多元异构数据的汇聚融合技术可以实现 PB 量级多元异构数据的采集汇聚、多维度深度融合、统一存储管理和安全共享，即将采集到的多元异构数据进行清洗、归一化后，采用统一的格式进行存储和管理，再通过属性融合、关系拓展、群体聚类等方式挖掘数据之间的直接的或潜在的相关性，从而实现多维度数据融合。这样才可以为网络安全分析、态势感知与决策提供高效、稳定、灵活、全面的数据支撑。

（二）面向多类型的网络安全威胁评估技术

从流量、域名、报文和恶意代码等多元数据入手，有效处理来自互联网探针、终端、云计算和大数据平台的威胁数据，分解不同类型数据中潜藏的异常行为，对流量、域名、报文和恶意代码等安全元素进行多层次的检测。

通过结合聚类分析、关联分析和序列模式分析等大数据分析方法，对发现的恶意代码、域名信息等威胁项进行跟踪分析。利用相关图等相关性方法检测并扩建威胁列表，对网络异常行为、组合攻击、未知漏洞攻击和未知代码攻击等多种类型的网络安全威胁数据进行统计建模与评估。只有通过网络安全威胁评估，完成从数据到信息、从信息到网络安全威胁情报的完整转化过程，网络安全态势感知系统才能做到对攻击行为、网络系统异常等的及时发现与检测，实现全貌还原攻击事件及攻击者意图，客观评估攻击投入和防护效能，为威胁溯源提供必要的线索支撑。

（三）网络安全态势评估与决策支撑技术

网络安全态势评估与决策支撑技术需要以网络安全事件监测为驱动，以安全威胁线索为牵引，对网络空间安全相关信息进行汇聚融合，将多个安全事件联系在一起进行综合评估与决策支撑，实现对整体网络安全状况的判定。

对安全事件，尤其是对网络空间安全相关信息进行汇聚融合后所形成的针对人、物、地、事和关系的多维安全事件知识图谱，是网络安全态势评估分析的关键。网络安全态势评估与决策支撑技术从"人"的角度评估攻击者的身份、团伙关系、行为和动机意图；从"物"的角度评估其工具手段、网络要素、虚拟资产和保护目标；从"地"的角度评估其地域、关键部位、活动场所和途经轨迹；从"事"的角度评估攻击事件的相似关系、同源关系。

（四）网络安全态势可视化

网络安全态势可视化的目的是生成网络安全综合态势图，使网络安全态势感知系统的分析处理数据和态势可视化。

网络安全态势可视化是一个层层递进的过程，包括数据转化、图像映射、视图变换三个部分。数据转化是把分析处理后的数据映射为数据表，将数据的相关性以关系表的形式存储；图像映射是把数据表转换为对应图像的结构和图像属性；视图变换是通过坐标位置、缩放比例、图形着色等方式来创建视图，并可通过调控参数完成对视图变换的控制。

第六章

安全防御技术：构筑防护之盾

一、安全防御技术体系

安全防御技术体系是对安全防御技术的体系结构的整体描述，是以保障信息系统安全为目的，具有一定结构和功能的多种安全技术手段的集合。一个完整的安全防御技术体系必须覆盖关键信息基础设施的各个维度，保护重要网络设施、信息系统等，并随着关键信息基础设施的变化而演进。

值得注意的是，关键信息基础设施领域不仅涵盖传统的 IT（信息技术）系统，还包括工业控制系统（以下简称"工控系统"）。关键信息基础设施与工控系统有着紧密且不可分割的联系，绝大部分关键信息基础设施都需要工控系统来对其进行控制和保障运行。例如，石油石化、电力、能源、轨道交通等涉及国计民生的关键信息基础设施，大多依靠工控系统来实现自动化作业。工控系统已经成为国家关键信息基础设施的重要组成部分。关键信息基础设施的安全防御技术包括针对 IT 系统的保护和针对工控系统的保护。

《孙子兵法·军形篇》中说："善守者藏于九地之下，善攻者动于九天之上，故能自保而全胜也。"

孙武的防守思想就是深度防护理念，即核心保护的内容必须层层设防，即"藏于九地之下"。深度防护理念强调任何防御技术都不是万能的，都存在被黑客突破的可能性，所以需要构建深度防御体系。深度防御的本质就是部署多层防御措施，好比在皇城周围设置了两道防御，即外城和内城，内部的重要设施配备专职守卫。深度防御体系从诞生至今都是卓有成效的，它大幅提高了攻击成本，黑客必须突破层层防御才能接触到核心数据资产，一旦久攻不下,通常会选择转攻其他设施。大型的传统安全厂商一般都会研发纵深防御的解决方案。

国外关于深度防御体系的研究起步较早,且重点关注工控系统安全防御。例如,2006 年,美国爱达荷国家实验室发布了 David Kuipers 和 Mark Fabro 联名撰写的 *Control Systems Cyber Security: Defense in Depth*,系统阐述了工控系统的纵深安全防御策略。《工业控制系统安全指南》(NIST SP 800-82)也介绍了工控系统纵深安全防御架构:"单一的安全产品、技术或者解决方案并不能很好地处理 ICS 保护问题。多层级策略(两个或更多)重叠的安全机制能够最小化单一机制所造成的不良影响,深度防御正是这种技术。深度防御架构策略包括使用防火墙、创建隔离区、入侵检测、培训计划和事件响应机制。"

深度防御架构的应用示意图如图 6-1 所示。

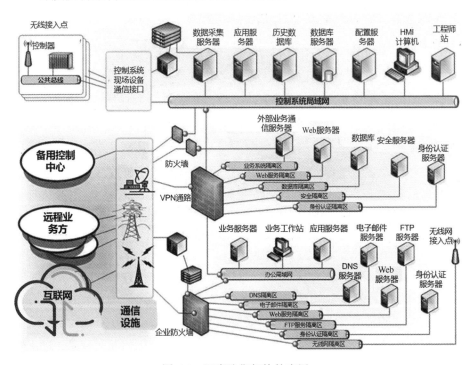

图 6-1　深度防御架构的应用

在我国的网络安全等级保护 2.0 标准（以下简称"等保 2.0 标准"）中，所采用的安全防护技术体系也属于深度防御技术体系，将其概括为"一个中心，三重防护"。一个中心即安全管理中心，三重防护是指在网络边界、通信网络、计算环境中分别进行安全防护。

当前，我国的关键信息基础设施保护工作面临着重要资产底数不清、部分运营单位安全意识淡薄、网络安全防护措施不到位等问题，亟须建立有效的关键信息基础设施安全防护体系，强化关键信息基础设施协同保障和风险防控能力。

对于关键信息基础设施，应根据被保护对象的业务性质进行分层分区防护。一方面，针对 IT（信息技术）系统和 OT（操作技术）系统的安全防护侧重点不同，划分多个安全防护区域，部署不同的技术防护措施；另一方面，采取多层防护的思路，针对系统不同功能层次的技术特点，进行相应的网络安全等级保护设计。具体防护思路如下。

在关键信息基础设施的 IT 安全防护方面，可以按照等保 2.0 标准的"一个中心，三重防护"思路，构建基于等级保护的网络安全防护体系。

在关键信息基础设施的 OT 安全防护方面，可以按照等保 2.0 标准推荐的工控系统等级保护安全技术体系进行设计，构建在安全管理中心支持下的计算环境、区域边界、通信网络三重防御体系，采用分层、分区的架构，结合工控系统总线协议复杂多样、实时性要求强、节点计算资源有限、设备可靠性要求高、故障恢复时间短、安全机制不能影响实时性等特点进行设计，以实现可信、可控、可管的系统安全互联、区域边界安全防护和计算环境安全。

安全防护总体框架图如图 6-2 所示。

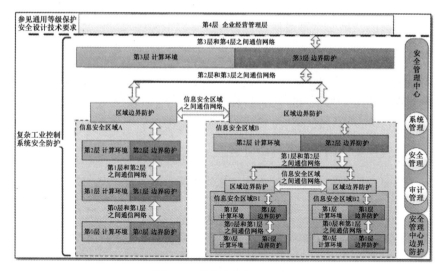

图 6-2　安全防护总体框架

二、防火墙技术

防火墙（Firewall）是安全领域中常采用的隔离技术，早期的防火墙一般作为内部网络与外部公共网络之间的第一道屏障，也是最早被广泛接受和应用的网络安全产品。随着技术的发展，防火墙技术从最初的简单包过滤，逐步发展为具备报文深度检测、智能化分析等多种防护能力。在保障关键信息基础设施安全稳定运行方面，防火墙技术是技术能力建设的重要组成部分。

（一）基本概念

防火墙的定义如下：防火墙是设置在网络环境之间的一种安全屏障。它由一台专用设备或若干组件与技术组合而成。从一个网络环境到另一个网络环境的所有往返通信流均通过此安全屏障，但只有按照本地安全策略定义的、已授权的通信流才允许通过。

防火墙技术从 20 世纪 80 年代发展到现在，大概可以分为以下五个阶段。

第一阶段主要基于包过滤（Packet Filtering）技术，即基于报文的基本特征进行报文过滤，比如五元组（源 IP、目的 IP、源端口、目的端口、协议），处于网络协议分层结构的网络层。

第二阶段主要基于应用代理技术，是指防火墙完全代替内网用户来与外网建立连接，具有更好的安全性，处于网络协议分层结构的应用层。但这种技术在应用场景和性能方面相对较弱。

第三阶段主要基于动态包过滤技术，后来演变为目前所说的状态检测技术。状态检测技术结合了包过滤技术和应用代理技术的优点，根据报文的应用层状态判断是否允许通过。

第四阶段主要融合了其他安全防护技术，集成了 VPN、防病毒、邮件关键字过滤等功能，目的是实现对网络统一的、全方位的保护，形成综合防护体系，这个阶段典型的产品代表是 UTM（Unified Threat Management，统一威胁管理）。

第五阶段也就是现在大家都在宣传的"下一代防火墙"。下一代防火墙重点解决性能不足、报文深度检测能力不足等问题，并提供智能化分析能力。

当前，随着工业互联网时代的到来，关键信息基础设施运营者的资源共享、信息共享进一步加强，工控系统也正在从专用走向通用、从封闭走向开放、从单机走向互联、从自动化走向智能化。这导致威胁暴露面进一步扩大，面临的工业网络安全问题也日益突出。黑客可以通过拒绝访问服务直接攻击关键信息基础设施的工业生产网络；木马、病毒等恶意软件也可以通过邮件、恶意的 Web 网页、文档下载等应用层途径，扩散蔓延至工业生产网络。在此背景下，如何为运营者创建一个安全的工业互联网环境成为一个热门课题，工业防火墙也应运而生。

工业防火墙（Industrial Firewall）是指应用于工控系统网络环境中的防火墙，实现工控系统的安全防护，其最显著的特征是对工业协议的识别和解析，以及对工业环境的适应性。

根据最新发布的《信息安全技术工业控制系统专用防火墙技术要求》（GB/T 37933—2019），工业防火墙被定义为："工业防火墙部署于工业控制系统中不同的安全域之间，或者控制器之前，具备网络层访问控制及过滤功能、工业控制协议规约检查和过滤功能，并具备高可用性，能够适用于工业控制环境的安全网关类产品。"

与传统防火墙的作用类似，工业防火墙的工作原理为通过预先设置的访问控制规则，对工业生产网络中不同信任程度区域间传送的数据流进行筛选过滤，检测工控网络中的异常操作行为并根据策略加以阻止，保证只有必需的生产数据才被允许传输，避免异常停机事故。

工业防火墙相比传统防火墙，特别之处在于：

其一，对多种工业协议流量的深度解析和控制；

其二，适应工业控制环境要求，主要是性能要求和物理环境要求，如时延、宽温、多尘、无风扇等。

（二）技术原理

1. 防火墙安全防护技术原理

防火墙一般采用多核硬件架构，并在硬件架构上运行自主研发的安全操作系统（OS）。在数据处理层面一般分为数据面（Data Plane）和控制面（Control Plane）两个层面，并通过高效的并行调度算法和内存管理机制实现高性能。防火墙架构如图 6-3 所示。

目前，防火墙常见的防护技术主要有以下几个。

1）入侵防御技术

在关键信息基础设施面临的网络攻击中，70%来自应用层。防火墙的入侵防御技术在防御蠕虫、后门、木马、间谍软件、Web 攻击、拒绝服务等应用层攻击行为方面具备了完善的检测、阻断、限流、审计报警等功能。同时，还能通过跟踪业界最新发现的安全漏洞和接收全球用户反馈的攻击特征，实时完善攻击特征库，提供最及时、最全面的入侵防御。

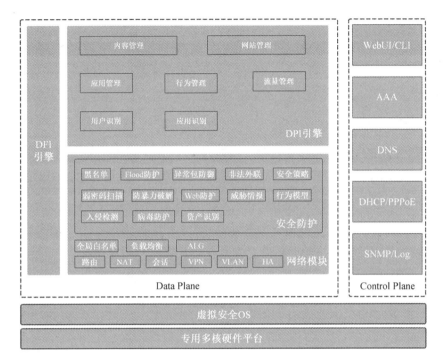

图 6-3 防火墙架构

入侵防御技术通过多个流程将报文逐步分解，主要包括协议解码、自定义规则匹配、签名防护等，从而实现危险行为的识别和阻断，达到保护业务系统和网络内重要设备的目的。其功能原理是检测数据包有效载荷，提取特征，然后与设备加载的攻击特征码进行比对分析，一旦发现类似的攻击特征码，立刻自动阻断攻击行为。设备加载的特征码都是从已知通用应用协议或应用系统漏洞中提取出来的，专门针对通用漏洞的攻击防护。这些漏洞大部分能通过打补丁的方式解决。

然而，经业界众多专业厂商研究发现，目前攻击者大多采用的是针对网站代码内容的攻击手段，而不是采用传统特征库中已有的通用攻击手段。入侵防御技术具备针对已知通用应用协议或应用系统漏洞的防护，但对于目前普遍定制开发的 Web 站点系统，无法有效防御因网站应用代码中的漏洞而带来的应用攻击，尤其是逻辑关系复杂的应用攻击。若代码编写者对用户提交的数据未做适当的检查及验证，恶意攻击者就可以利用 Web 页面中提交数据的表单构造访问后台数据库的 SQL 指令，从而能够非授权操作后台数据库，获取敏感信息、破坏数据库内容和结构，甚至利用数据库本身的扩展功能控制 Web 服务器操作系统，造成网页挂马、网页内容篡改、敏感信息泄露等严重后果。

2）Web 防护技术

Web 防护技术能弥补入侵防御技术在防护 Web 站点系统方面的不足。它能有效抵御各种注入式攻击，包括 SQL 注入、系统命令注入、LDAP 注入、SSI 注入、邮件注入、请求体 PHP 注入等攻击。对于常见的 XSS 攻击的防护，可采取结合语义分析和攻击指纹的方式，相比传统只基于攻击指纹的检测方法，检测准确率更高、误报率更低、防逃避能力更强。为了检测出恶意攻击者对 Web 站点的扫描行为，Web 防护技术支持多种检测方式和多种扫描方式，同时也具备检测恶意爬虫的能力，如 Acunetix、AppScan、Nessus、Sqlmap、Arachni、Netsparker、Webinspect 等。其他防护还包括会话劫持检测、木马检测等。

Web 防护技术还集成了一些高级防护功能，如精确访问控制的自定义规则功能、防盗链、CSRF 攻击检测、CC 攻击防护、应用隐藏、防篡改。这些高级防护能够对 Web 站点资源进行保护、防止 HTTP Flood 攻击、防止内容泄露等。

3）攻击链可视化分析技术

攻击链可视化分析技术通过对检测出的威胁时间日志进行汇总分析整理，以攻击链的形式可视化展示攻击者的入侵路径、入侵程度、影响程度等。一次完整的攻击往往过程复杂、手段多样，当前的安全产品无法检测出所有的过程和手段，更无法对所有的过程和手段进行关联。攻击链可视化分析技术能有效解决这个问题，通过对攻击者的入侵路径进行完整呈现，便于管理员对内部网络进行全面分析，对攻击者进行取证溯源。

攻击链可视化分析技术可以实现所有安全日志按照攻防逻辑进行编排，使管理员能够一目了然地进行安全事件回顾和溯源分析。攻击链将攻击者入侵分为前期阶段、入侵阶段、控制阶段、外传阶段，形成针对资产维度和针对攻击者维度的两条链。资产维度的攻击链可以对内网某资产进行针对性分析，准确把握其安全威胁情况，让普通网络管理员也能进行安全分析，明确感知到安全事件的严重性。攻击者维度的攻击链可针对某攻击者进行分析，帮助管理员修复内部安全漏洞。

4）安全联动技术

为了加强防火墙对未知威胁的检测能力，目前通常采用的技术是将防火墙与多个威胁情报云平台进行联动，使用云端技术实现未知威胁的防护。威胁情报云平台，包含多源情报获取、情报分析聚合、威胁情报订阅、威胁情报溯源等一系列特性，从而提升防火墙对未知威胁的防护能力。

在本地网络中，防火墙还可以与其他安全产品进行联动，包括 IPS（入侵防御系统）设备、终端杀毒软件、EDR（终端安全响应系统）等。例如，当攻击事件发生时，可以使用 IPS 强大的检测能力对攻击进行识别和拦截，可以使用终端安全软件进行病毒查杀等。

5）资产发现和分析技术

信息资产是运营者需要重点保护的对象。通过资产发现和分析技术可以实时了解全部信息资产的安全状况，避免出现管理死角和疏漏。该技术主要采用主动扫描和监控主机流量的方式识别网络中的资产信息，能够识别出网络中的设备类型，包括PC、交换机、打印机等；能够识别设备的操作系统、使用的浏览器、杀毒软件、开启的应用服务；能够帮助安全管理人员掌握内网的资产情况。同时，可以根据产生的日志信息，多维度地分析资产风险，包括是否受到攻击、是否下载了病毒文件、是否存在弱密码、是否往外传输文件等，以确认资产的风险情况，对存在风险的资产发出预警，帮助安全管理人员及时识别风险并调整安全策略。

2. 工业防火墙的安全防护技术原理

1）工业防火墙的软硬件架构

工业防火墙是针对工控网络安全的系列产品，一般采用多核硬件架构，并在硬件架构上运行自主知识产权的安全 OS。工业防火墙产品架构如图 6-4 所示。

图 6-4　工业防火墙产品架构

工业防火墙从工业设计上大致可以分为两种：机架式工业防火墙和导轨式工业防火墙。

机架式工业防火墙一般部署于工厂的机房中，因此其规格同传统防火墙一样，大部分采用 1U 或 2U 规格的机架式设计，整体采用无风扇设计形式，符合 IP40 防护等级设计要求，应用于隔离工厂与管理网。

导轨式工业防火墙大部分部署在生产环境的生产现场，方便卡在导轨上而无须用螺丝固定，维护方便。同时，防火墙内部设计更加封闭与严实，内部组件之间都采用嵌入式计算机主板。这种主板一般都采用一体化无风扇散热设计，结构超紧凑，内部无连线设计，以免受工业生产环境的震动影响。

以上的设计可以很好地满足工业环境中的机械要求（如冲击、震动、拉伸等）、气候保护要求（如工作温度、存储温度、湿度、紫外线）、侵入保护要求（如保护等级、污染等级），以及电磁辐射和免疫要求（如发射、免疫），具备生产环境下的高可靠性、高性能和高可用性。

2）工控协议深度包解析技术

工控系统相对固化，其面临的安全问题及需要的安全防护措施有别于传统 IT 系统。在工控系统中，一般通过建立工控系统的可信任网络"白环境"来实现工控系统网络的安全性。工业防火墙正是通过建立工控协议白名单访问控制策略，来保证只有可信任的指令和消息才能在网络上传输，为工控系统构筑安全"白环境"整体防护体系，保护关键信息基础设施安全。

工业防火墙的工控协议深度包解析技术不仅对链路层、网络层网络协议进行解析，更进一步地解析到工控网络包的应用层，对 OPC Classic、Modbus TCP/RTU、Siemens S7、Ethernet/IP（CIP）、IEC104、MMS、DNP3、Profinet、Omron Fins 协议等进行深度分析，防止应用层协议被篡改或破坏。

工业防火墙处理报文时，一般依次经过数据包解码、协议识别、工控协议深度解析和工控安全业务处理等流程。工业防火墙的数据包解码模块主要用来解析数据链路层、网络层和传输层的数据。协议识别模块一般根据网络层、传输层和应用层的数据来识别，它是网络报文进入工控协议深度解析的分流器，其识别的准确率、覆盖率和处理效率直接决定了工业防火墙的功能完备性和处理速度。工控协议深度解析模块根据协议识别的结果，对应用层数据进行深度解析，最后将解析的数据交给工控安全业务处理模块进行安全规则校验。

目前，工控协议识别主流技术主要包括基于 TCP/UDP 端口的识别技术、基于报文负载特征的识别技术、基于关联分析的检测和识别技术及非标准专有工控协议识别技术。

（1）基于 TCP/UDP 端口的识别技术。

传统的应用协议识别算法仅使用 TCP/UDP 端口进行协议识别。在互联网编号分配管理机构（Internet Assigned Number Authority，IANA）中有各个协议详细的注册端口号。例如，工业互联网协议 OPC 基于 DCERPC 协议的端口号是 135，基于 Modbus 的端口号是 502，基于 IEC104 的端口号是 2404。由于基于 TCP/UDP 端口的识别算法简单，需要的相关信息少，其识别算法的时间复杂度和空间复杂度是所有协议识别算法中最低的。

在工业网络中，网络环境是封闭的，网络中可连接的设备、服务、拓扑结构等都是已知的。在封闭的网络中，不会大量出现未知的新应用，已知服务的端口号变更情况也是可以获取的，基于 TCP/UDP 端口的识别技术完全可以保证报文的覆盖率和识别率。另外，工控网络对网络安全设备的处理速度有比较高的要求，基于 TCP/UDP 端口的识别技术是目前常用的协议识别技术中效率最高的，它可以有效地提高网络安全设备的处理速度。因此，基于 TCP/UDP 端口的识别技术非常适用于工业网络环境。

（2）基于报文负载特征的识别技术。

此技术需要事先详细分析待识别的应用协议的报文负载内容，找出其通信过程中不同于其他任何应用协议的内容作为该应用协议的特征，即指纹特征。在应用协议识别过程中，该类算法将检查数据流中每个数据包 TCP 首部之上的或 UDP 首部之上的应用层负载部分，若匹配到某应用协议的指纹特征，则将该数据流标记为相应的应用协议。在传统 IT 网络中，基于报文负载特征的识别技术的准确性较高。但在工业网络中，常见的工业协议的指纹特征都比较弱，即可以用来识别的负载特征比较短，如 OPC、Modbus、IEC104，可以用来作为指纹特征的字段长度不多于两个字节，如果使用基于报文负载特征的识别技术，将带来比较高的误报率。图 6-5 所示为 Modbus 协议负载部分示例，Modbus 是一个典型的二进制协议，负载中没有可以区分其他协议的特征。

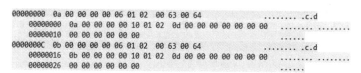

图 6-5 Modbus 协议负载部分示例

但是，当使用基于 TCP/UDP 端口的识别技术无法识别协议时，如 S7 协议和 MMS 协议使用了相同的端口，这时就需要使用基于报文负载特征的识别技术来区分它们了，如图 6-6 所示。

```
> Frame 1: 189 bytes on wire (1512 bits), 189 bytes captured (1512 bits)
> Ethernet II, Src:            :0a:d7 (            :0a:d7), Dst:            :a8:c3 (            :a8:c3)
> Internet Protocol Version 4, Src:            Dst:
v Transmission Control Protocol, Src Port: 6686, Dst Port: 102, Seq: 1, Ack: 1, Len: 135
    Source Port: 6686
    Destination Port: 102
    [Stream index: 0]
    [TCP Segment Len: 135]
    Sequence number: 1    (relative sequence number)
    [Next sequence number: 136    (relative sequence number)]
    Acknowledgment number: 1    (relative ack number)
    0101 .... = Header Length: 20 bytes (5)
  > Flags: 0x018 (PSH, ACK)
    Window size value: 16237
    [Calculated window size: 16237]
    [Window size scaling factor: -1 (unknown)]
    Checksum: 0xa067 [unverified]
    [Checksum Status: Unverified]
    Urgent pointer: 0
  > [SEQ/ACK analysis]
  > [Timestamps]
    TCP payload (135 bytes)
> TPKT, Version: 3, Length: 135
> ISO 8073/X.224 COTP Connection-Oriented Transport Protocol
> S7 Communication

> Ethernet II, Src:            79:92 (            f4:79:92), Dst:            a8:01:66 (            a8:01:66)
> Internet Protocol Version 4, Src:            Dst:
v Transmission Control Protocol, Src Port: 39977, Dst Port: 102, Seq: 23, Ack: 23, Len: 187
    Source Port: 39977
    Destination Port: 102
    [Stream index: 0]
    [TCP Segment Len: 187]
    Sequence number: 23    (relative sequence number)
    [Next sequence number: 210    (relative sequence number)]
    Acknowledgment number: 23    (relative ack number)
    1000 .... = Header Length: 32 bytes (8)
  > Flags: 0x018 (PSH, ACK)
    Window size value: 229
    [Calculated window size: 29312]
    [Window size scaling factor: 128]
    Checksum: 0x84ba [unverified]
    [Checksum Status: Unverified]
    Urgent pointer: 0
  > Options: (12 bytes), No-Operation (NOP), No-Operation (NOP), Timestamps
  > [SEQ/ACK analysis]
  > [Timestamps]
    TCP payload (187 bytes)
> TPKT, Version: 3, Length: 187
> ISO 8073/X.224 COTP Connection-Oriented Transport Protocol
> ISO 8327-1 OSI Session Protocol
> ISO 8823 OSI Presentation Protocol
> ISO 8650-1 OSI Association Control Service
> MMS
```

图 6-6　S7 协议和 MMS 协议在 Wireshark 中的显示信息

因此，基于报文负载特征的识别技术虽不能作为主要的协议识别技术，但是可以作为辅助的识别技术使用。

（3）基于关联分析的检测和识别技术。

在网络中，有一些应用协议使用不只一条连接流来传输数据。此类业务应用的控制通道和数据通道是分离的，数据通道没有任何指纹特征和端口特征，因此，需要使用关联分析的识别技术对数据流进行识别。该技术首先识别出控制通道；其次分析控制通道数据流中协商数据通道信息的数据，并得到数据通道的 IP 和端口特征；最后根据上述 IP 和端口特征来识别数据流。我们常见的 FTP、OPC DA 等协议的数据通道就需要靠关联分析的检测和识别技术来进行识别。图 6-7 所示是 OPC DA 控制流报文，服务器通过负载报文告诉客户端开放其所有 IP 地址的 1182 端口，以便客户端与其交换数据。

图 6-7　OPC DA 控制流报文

关联分析具有特殊的适用性，一般需要和基于 TCP/UDP 端口的识别技术等配合使用，以大幅提高应用协议识别的准确率。由于工业网络中常见的协议 OPC DA 也使用多条数据流的方式传输数据，因此该技术依然适用于工业网络。

不同于传统 IT 网络，工控网络环境是封闭的，网络中可连接的设备、服务、拓扑结构等都是已知的。总体上看，在工控网络环境中，对于使用一条连接流传输数据的协议，如 Modbus、IEC104、CIP、DNP3，只需要使用基于特征端口的识别技术进行识别即可，在保证识别率的情况下还能极大地提高网络设备的处理效率；对于使用多条连接流传输数据的协议，如 OPC DA，除了使用基于特征端口的识别技术，还可辅助使用关联分析的检测和识别技术，即可识别 OPC DA 协议使用的全部数据流；对于使用相同端口的协议，如 S7、MMS，除了使用基于特征端口的识别技术，还可辅助使用基于负载内容特征的识别技术，即可识别出这些应用。

除此之外，出于对安全的考虑，工控网络环境中还可能使用非标准 IANA 端口传输数据，如可以修改 Modbus 传输数据的端口为 TCP 503。由于端口的修改都是已知的，因此，依然可以使用基于特征端口的识别技术对其进行识别。同时，可以在识别时匹配提供服务的设备的 IP 地址信息，从而进一步提高识别的准确率。上述识别技术虽然比较简单，却是最适合工控网络环境的识别技术，并能有效守护最终用户网络流量的安全。

（4）非标准专有工控协议识别技术。

除了通用的各类工控系统网络通信协议（如 OPC、Modbus、IEC104 等）和自动化厂家自己定义的私有控制协议（如 S7、Profinet 等），还有特殊行业（如核电、军工等）专用的通信协议。出于对安全性和私密性的要求，私有协议没有公开的资料支持，专有协议则不允许暴露任何细节。对于这种协议类型和使用场景，工业防火墙可以通过 IPDL（ICS Protocol Description Language，工业协议描述语言）来解决协议深度识别问题。IPDL 中的各项协议特征定义是由标签树组织的，从最顶层的<IPDL>到最末梢的赋值参数都无一例外地使用标签来描述。通过将工业协议的签名、指纹、偏移量等各种特征抽象提炼成各种标准化的语义标签，只要对照协议进行"填空"即可快速适配新的工控协议，大大简化了新协议扩展过程。

工业防火墙对工业协议的深度解析控制要求举例如表 6-1 所示。

表 6-1　工业防火墙对工业协议的深度解析控制要求举例

工控协议名称	控制深度要求
Modbus TCP 协议	按寄存器起始地址读写控制
	按寄存器长度读写控制
	按寄存器结束地址读写控制
	按寄存器值读写控制
	功能码检查
OPC 协议	支持动态开放端口
	支持 TAG 控制点的全局读写控制
	支持 TAG 控制点名称的读写控制
	支持 TAG 控制点数据类型的读写控制
	支持 TAG 控制点值的读写控制
	支持文件导入 TAG 控制点
S7 协议	功能码检查
	按数据空间类型读写控制
	按数据地址长度读写控制
	按数据结束地址读写控制
	按数据值读写控制

工控协议名称	控制深度要求
Ethernet/IP	支持 ITEM 控制点名称的读写控制
	支持 ITEM 控制点值的读写控制
FINS	命令类型检查
	按数据空间类型读写控制
	按源、目的网络地址，源、目的节点地址，源、目的单元地址读写控制
	按数据地址长度读写控制
	按数据结束地址读写控制
IEC104 协议	支持 S 帧、I 帧、U 帧格式检查
	支持遥控、遥调、总召、突变上传等操作码控制
	支持功能码检查、点号地址控制、值范围控制
	支持信息体地址范围检查、信息体元素值检查、公共地址范围检查、传送原因检查
IEC61850/GOOSE	支持畸形数据包检查
	支持按点位值的范围控制
	支持按数据集进行点位值检查
IEC61850/SV	支持畸形数据包检查
	支持多 ASDU 检查
	支持 SVID、数据集、版本号检查
IEC61850/MMS	支持 MMSPDU 类型控制
	支持 MMS 服务类型控制
	支持按逻辑节点名控制
	支持对应逻辑节点的数据类型、值检测
DNP3 协议	支持主站、从站地址控制
	支持链路层、应用层功能码检查
	支持对象组和变体控制
	支持对应变体对象的限定词、变体值控制
	支持是否允许广播控制
FF 协议	支持 FF 消息类型控制
	支持参数下标、参数次标、设备号位控制
	支持对应下标、参数次标的数据类型及数据控制

3）工业防火墙配置保护技术

工业防火墙主要应用场景为各种核心生产系统的网络，其配置策略的修改会直接影响到生产系统的稳定运行。通过工业防火墙的配置保护技术，可以极大地提高工业防火墙配置的可靠性和安全性。

工业防火墙的配置保护技术主要通过在工业防火墙上配置硬件"钥匙开关"来实现工业防火墙策略是否可修改的状态转换。在硬件"钥匙开关"关闭状态下，无法进行相关策略配置，从而解决工业防火墙策略非授权修改问题，以及工业防火墙管理中心失守和安全设备策略集体失效等问题。

（三）应用场景

1. 防火墙应用场景

防火墙一般部署于运营者的互联网边界和数据中心边界，用于实现关键信息基础设施的安全防护。防火墙通常以网关方式在线部署于网络出口或关键业务的网络边界，实现抵御内外网的入侵防御，对网络中的病毒进行过滤查杀等。防火墙部署场景如图 6-8 所示。

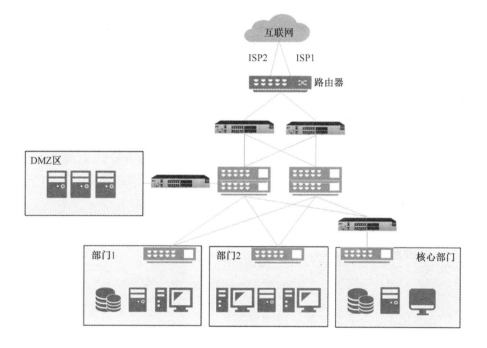

图 6-8　防火墙部署场景

常见的防火墙有如下应用场景。

（1）部署在运营者的互联网、内部办公网出口，用于防护来自本地局域网以外的恶意攻击行为。

（2）部署在运营者的核心业务服务器区域，保护重要应用系统安全，用于防护来自本地局域网内部终端、无线终端的非法访问和攻击行为。

2. 工业防火墙应用场景

工业防火墙的核心应用场景是在工业网络边界做区域安全防护，实现保护工业自动化控制系统。工业防火墙部署场景如图 6-9 所示。

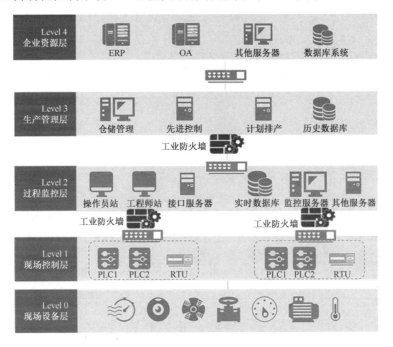

图 6-9　工业防火墙部署场景

常见的工业防火墙有如下应用场景。

（1）上下层之间的纵向隔离，如管理网和生产网之间的区域隔离。管理网属于 IT 网，其中的流量往往比较杂，很容易对工控设备造成负面影响，因此必须在管理网和生产网之间做安全隔离。

（2）同级之间的横向隔离，如生产网内部不同车间之间的隔离。工控系统具有其特殊性，不同车间如果是同级，生产流程一样，不属于流水线的上下游关系，则车间之间其实是很少需要通信的，这种车间的网络之间应做安全隔离。

（3）重点设备前面的隔离。如果生产系统中的某些设备特别重要，需要特殊保护，就需要在这些设备前放置工业防火墙进行特殊防护。

（4）通过部署工业防火墙可以有效划分安全区域，提供从边界、区域到重点设备的完整防护；有效降低网络被入侵；有效防止安全威胁迁移扩散；有效解决工业系统间因缺少隔离引起的安全问题，如由于配置错误、硬件故障、病毒等引发的安全威胁。

（四）发展趋势

1. 未知威胁智能识别技术

随着技术的发展，黑产组织会通过出售或租赁其恶意软件，为各种各样的攻击者提供攻击工具。同时，高级规避技术已实现商品化，使攻击可成功规避传统的检测方法。当前，即使是技能不足的攻击者也能发起独特的攻击，轻而易举地规避传统威胁识别和防护方法。各种未知的恶意软件、恶意链接等规则很难通过快速迭代规则库的方式进行防御，因此不得不进行人为干预。但面对当今庞大的威胁数量，人为干预已无法进行有效扩展，这也催生了利用人工智能等技术实现威胁自动、智能识别的需求。未来，防火墙技术必将朝着未知威胁智能化识别的方向演进。

通过在防火墙中内置多个人工智能（AI）检测模型，实现对文件基因、流量基因、加密流量、暗网流量、Shadowsocks 流量、VPN 流量、DNS 隐蔽隧道、ICMP 隐蔽隧道、HTTP 隐蔽隧道、HTTPS 隐蔽隧道、DGA 域名、Webshell 网页后门、SQL 注入攻击、XSS 跨站脚本攻击等攻击行为的智能检测。基于 AI 检测模型的威胁识别技术，可大幅度降低对特征规则数量的要求，具备更新频率低、数据量小、准确率高、误报率低、自动判断等特点。

还可以通过特征检测、行为检测、机器学习、深度学习、集成学习、强化学习的方式对安全数据进行有效的检测收敛降噪，并通过告警关联、情景关联的方式对未知威胁行为进行关联分析，实现对潜在未知威胁攻击行为的快速、精准定位。

2. 工业防火墙通信行为智能学习技术

当前，业内的工业防火墙白名单技术都是基于单条工控指令的白名单控制技术，未能在真正意义上建立基于业务工艺的工控协议白名单，即无法支持基于指令周期/时序逻辑的工业行为基线建模，无法实现具备数据关联性规则及控制指令数据量/模拟量规则等。而通信行为智能学习技术可以更好地解决此类问题，工业协议的报文在实际工业场景中往往具有一定的规律，如报文大小、报文顺序、指令顺序等，大多遵循特殊的规律。未来的工业防火墙技术可以从网络流量中智能学习工业指令的行为特征，并据此检测工业流量异常行为，及时告警。

3. 基于行为特征的工业协议识别技术

不同的应用协议体现在会话连接上的状态或者数据流上的状态各有不同，基于行为特征的识别技术能够分析应用协议数据流的统计学特征，来实现对协议的识别。在基于行为特征的识别技术的使用过程中，通过分析数据连接流的包长、连接速率、传输字节量、包与包之间的时间间隔等信息来与已知标准答案的流量特征模型进行对比，从而识别应用类型，即所使用的协议类型。由于该方法不需要逐包读取报文内容，因此其识别速度也比较快，非常适用于工控网络低延时的环境。

但是，基于行为特征的识别技术的误报率较高。对于工业网络，工业防火墙误识别流量的代价比较大，可能会造成网络的意外中断等现场事故，因此，基于行为特征的识别技术很少用于工控网络。近年来，随着机器学习和深度学习技术的发展，基于行为特征的识别技术的误报率逐步下降，该技术在工业协议识别应用领域将是一片蓝海。

三、物理隔离技术

（一）基本概念

物理隔离最显著的特点就是在不同的网络区域之间，永远没有物理层面的连接。典型的隔离设备一般指网闸或光闸，也称网络安全隔离设备或安全隔离网闸，架设在两个不连通的网络之间，按照需求在一定的限制条件下，完成网络间的数据资源的安全传输。通俗地讲，类似于穿梭于大河两岸的摆渡船，在保证没有实时"物理连接的大桥"的情况下，实现物资的交换。

网闸的英文名为 GAP，源于英文的"Air Gap"，充分体现了物理隔离的概念。网闸最早出现在美国、以色列等国的军方，用以解决涉密网络与公共网络连接时的安全问题。网闸技术本质上是一个单向隔离技术。单向隔离技术的发展经过了三个阶段：物理单向技术、电气单向技术和光单向技术。

（1）物理单向技术。早期的单向传输技术一般使用一次性光盘等实现。此种方式可确保单向技术的绝对有效，但缺点也非常明显：效率低、延迟大、可靠性差、总体拥有成本高。

（2）电气单向技术——网闸。网闸内部采用专用隔离硬件，在双向传输的基础上修改电路，实现数据的单向写入和单向读出，从而实现数据的单向传递。早期的网闸一般利用单刀双掷开关，使得内外网的处理单元分时存取共享存储设备，以完成数据交换。后续的网闸逐渐采用专用交换通道 PET（Private Exchange Tunnel）技术，通过专用高速硬件通信卡、私有通信协议和加密签名机制来实现数据交换。专用高速硬件通信卡使得网闸的处理能力大大提高，是早期产品的几十倍，而私有通信协议和加密签名机制保证了数据交换的机密性、完整性和可信性，能够适应复杂网络对隔离应用的需求。但基于电气隔离的单向技术难以证明其单向的有效性，同时由程序控制的数据单向写入、单向读出在理论上依然存在被人为篡改的可能性。

（3）光单向技术——光闸。为弥补基于电气的单向技术固有的不足，同时积极利用光的单向性特征，出现了使用光传输的单向技术。该技术利用光纤网卡的光发射、光接收为完全独立的两条光纤条件，将其中一条光纤截断，从而实现物理光单向技术。由于光传输只需考虑光强度，而不存在差错，系统可靠性进一步提升。基于物理光的单向技术保障了极高的安全性。

网闸架构如图 6-10 所示。

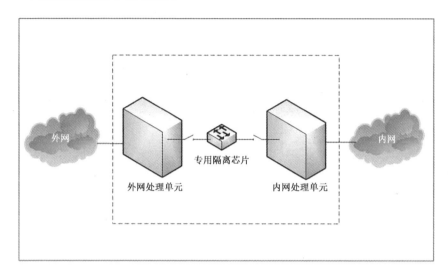

图 6-10　网闸架构

网闸和防火墙都属于网络隔离设备，主要区别在于：防火墙的设计原则是在保障互联互通的前提下尽可能安全；网闸的设计原则是在保证安全的前提下尽可能互联互通。

防火墙和网闸的主要对比分析如表 6-2 所示。

表 6-2　防火墙和网闸的主要对比分析

对比项目	防 火 墙	网 闸
硬件架构	单主机系统	双主机+隔离硬件
边界隔离	逻辑隔离	物理隔离
安全机制	包过滤技术	数据摆渡技术
TCP/IP 会话	内部所有的 TCP/IP 会话都是在网络之间保持的，存在被劫持和复用的风险	不存在内外网之间的会话，连接终止于内外网主机

续表

对比项目	防 火 墙	网 闸
网络协议处理	缺乏对未知网络协议漏洞造成的安全问题的有效解决办法	采用专用映射协议代替原网络协议实现系统内部的纯数据传输，消除了一般网络协议可被利用的安全漏洞
适用范围	适用范围广，支持各种应用的数据交换	适用范围窄，需要根据具体应用开发专用的交换模块
自身安全性	自身安全性一般，如果被攻击会导致内网完全暴露	自身安全性好，双主机架构，外部主机被攻击不影响内部主机，没法攻击到内网
部署位置	一般部署在生产网或办公网内部各区域边界	一般部署在生产网和办公网之间

工业网闸指应用在工业网络中的隔离设备，用于工业网络之间的数据交换。

《信息安全技术工业控制网络安全隔离与信息交换系统安全技术要求》（GB/T 37934—2019）对工业网闸的定义为：“部署于工业控制网络中不同的安全域之间，采用协议隔离技术实现两个安全域之间访问控制、协议转换、内容过滤和信息交换等功能的产品。”

工业网闸的基本原理与传统网闸类似，主要区别在于加入了对工控协议的解析和支持，一般都支持 OPC、Modbus、DNP3、IEC104、IEC61850、MMS、S7、电力单向无反馈等工控协议，以及工业电视（视频）、FTP、SMTP 等工控场景常见的网络应用协议的代理与控制。

（二）技术原理

工业网闸一般由三部分构成：内网处理单元、外网处理单元和专用隔离硬件交换单元。内网处理单元连接内部网；外网处理单元连接外部网；专用隔离硬件交换单元在任一时刻仅连接内网处理单元或外网处理单元，与两者间的连接受硬件电路控制并高速切换。这种独特的设计保证了专用隔离硬件交换单元在任一时刻仅连通内部网或外部网，既满足了内部网与外部网网络物理隔离的要求，又实现了数据的动态交换。

可以在工业网闸的软件系统中内置协议分析引擎、内容安全引擎和病毒查杀引擎等多种安全机制，可以根据用户需求实现复杂的安全策略。

工业网闸广泛应用于运营者的内部网络访问外部网络这一过程中，也可应用于内部网的不同信任域间的信息交互。工业网闸通常部署在工控网络边界，保护的资产为工控网络；或者部署在生产管理层与过程监控层之间，保护的资产为过程监控层网络及现场控制层网络。

工业光闸同样由三部分构成：内网单元、外网单元、分光单向传输单元。其中，内网单元和内网相连，外网单元与外网相连，分光单向传输单元是内网与外网之间唯一且安全的数据传输通道。分光单向传输单元代替工业网闸的专用隔离硬件交换单元来实现数据的单向传输。

分光单向传输单元能够实现从一个主机系统向另外一个主机系统单向传输数据，主要依赖于以下两点：一是光传输的单向性，在光纤通道设备内，连接光纤的两端分别为光发生器、光接收器，在光纤通道设备内不允许也不能实现光纤的两端都具有光发生器和光接收器；二是光传输的可复制性，利用分光设备（如多棱镜）可将一束光复制为两束或更多束光线，利用这一特性，可将在一个系统内部传输的数据以光的方式复制一个副本供使用。

基于光通信的光闸相比网闸更具高效率、高可靠、高安全性的特点。

工业网闸或工业光闸都要求操作系统要安全高效，一般采用非通用的操作系统或改造后的专用操作系统，如 Unix BSD 或 Linux 的变种版本，或者其他嵌入式操作系统（如 VxWorks 等），但都要删除底层所不需要的协议和服务，同时优化必须使用的协议，以增加安全特性，提高效率。

工业网闸或工业光闸实现了内网与外网的隔离，核心技术包括以下几个方面。

（1）物理层断开。网闸采用的网络隔离技术能够保障网闸的外部主机和内部主机在任何时候都是完全断开的。外部主机与固态存储介质、内部主机与固态存储介质，在进行数据传递的时候，有条件地进行单个连通，但不能同时相连。在实现上，外部主机与固态存储介质之间、内部主机与固态存储介质之间均存在一个开关电路。网络隔离必须保障这两个开关不会同时闭合，从而保障 OSI 模型上的物理层的断开机制，而物理层的断开则保障了上层链路的断开，外网和内网之间也就没有直接通信的链路了。

（2）数据剥离重建。为消除协议层的漏洞，确保单纯的数据传输，在数据摆渡时，必须在入口深度解析协议内容，剥离具体的数据，在出口重新把数据组合成符合规约的协议报文。

（3）工业协议支持。数据剥离重建依赖于工业协议的广泛支持，一般的工业网闸都会支持 OPC、Modbus、DNP3、IEC104、IEC61850、MMS、S7、电力单向无反馈等工控协议，以及工业电视（视频）、FTP、SMTP 等工控场景中常见的协议的深度解析与控制。

作为物理安全设备，工业网闸提供的高安全性是显而易见的，但是由于其工作原理上的特性，不可避免地决定了工业网闸的应用限制：只支持静态数据交换，不支持交互式访问，适用范围窄。

（三）应用场景

从当前应用情况来看，对安全性要求较高的行业都需要使用网闸进行数据交换，用户主要集中在电力、石油石化、轨道交通、军事、航空航天、医疗等行业领域。

在运营者内部，工业网闸的主要应用场景有以下几个。

（1）生产网络（业务网络）与办公网络之间。由于生产网络与办公网络的信息敏感程度不同，企业往往通过实施生产、办公两网分离来打造安全可靠的内部网络体系。在这种情况下，在生产网络和办公网络之间，一般采用网闸等手段进行网络之间的物理隔离。

生产网络（业务网络）与办公网络之间工业网闸部署如图 6-11 所示。

（2）生产网络内不同安全区域之间。生产网络内的不同系统，往往承担着完全不同的生产任务，在整个生产体系中的重要性各异，需要在生产网络内部进一步划分不同的安全区域。例如，发电行业的生产控制大区和管理信息大区之间有数据传输的需要，但同时生产控制大区相对管理信息大区又有更高的安全防护需求。因此，国家能源局通过相关文件明确，在生产控制大区和管理信息大区采用正反向隔离装置（单向网闸的一种）进行物理隔离。

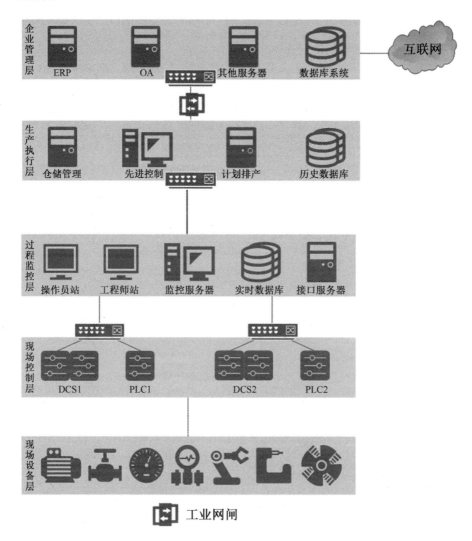

图 6-11　生产网络（业务网络）与办公网络之间工业网闸部署

生产网络内不同安全区域之间工业网闸部署如图 6-12 所示。

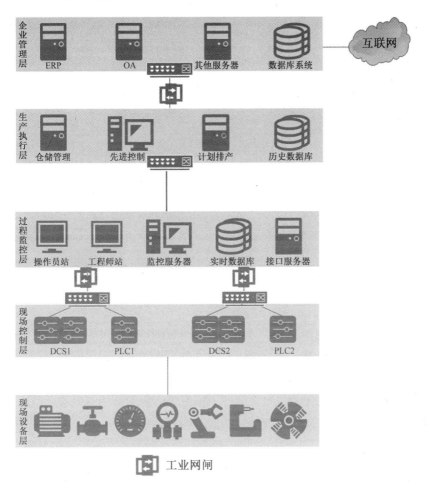

图 6-12 生产网络内不同安全区域之间工业网闸部署

（3）企业敏感信息网络与非敏感信息网络之间。一般而言，企业敏感信息网络与非敏感信息网络之间应实现物理隔离。在严格遵守相关操作规程的情况下，企业敏感信息网络与非敏感信息网络之间，可以采用网闸等物理隔离手段进行隔离。

敏感信息网络与非敏感信息网络之间单向网闸部署如图 6-13 所示。

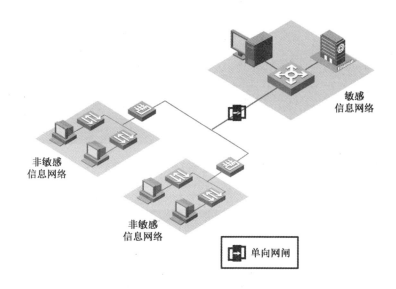

图 6-13   敏感信息网络与非敏感信息网络之间单向网闸部署

（四）发展趋势

网络隔离的关键在于系统对通信数据的控制，即通过不可路由协议来完成网络之间的数据交换。由于通信硬件设备工作在网络七层的最下层，并不能感知到交换数据的机密性、完整性、可用性、可控性和抗抵赖性等安全要素，所以要通过访问控制、身份认证、加密签名等安全机制来实现，而这些机制的实现都是通过应用软件来完成的。

因此，在未来，隔离的关键点就成了要尽量提高网络之间数据交换的速度，并且对应用软件能够提供透明支持，以适应复杂和高带宽需求的网络之间的数据交换。

四、工业主机防护技术

（一）基本概念

在关键信息基础设施领域所运用的工控系统中，除各种自动化设备和仪器仪表外，最常见的控制设备非工业主机莫属。工业主机即工业控制计算机（又称工控主机、工控机），是对采用总线结构的，对生产过程及机电设备、工艺装备进行检测与控制的工具总称。工业主机具有重要的计算机属性和特征，如具有计算机 CPU、硬盘、内存、外设及接口，以及操作系统、控制网络和协议、计算能力、友好的人机界面等。从工业主机运行环境来看，工业主机能在恶劣的环境下（如强电磁干扰、剧烈振动、高粉尘、宽温度范围等）对生产过程、机电设备、工艺装备进行检测与控制。工业主机的主要类别有：IPC（进程间通信）、PLC（可编程逻辑控制器）、DCS（分散控制系统）、FCS（现场总线控制系统）和 CNC（数控系统）。

工业主机普遍存在较大的安全隐患，具体原因如下。

首先，由于工控系统使用的环境相对封闭，支持的业务系统相对单一，其协议约束要求工业主机偏重于功能的实时性和可靠性实现，故绝大部分工业主机只重视系统和组态软件的功能实现，而欠缺对自身安全性的考虑。

其次，工业主机出于对业务系统的兼容性的考虑，在系统功能实现后，通常不会进行系统更新和运维。经过长期运行后，工业主机可能积累了大量的安全漏洞，这些漏洞容易被各种网络攻击行为利用。

最后，工控系统现场的各种工程师站、操作员站、服务器、人机接口等是生产和运维人员日常检测和控制业务正常运转的工具和媒介，但部分运营者仍缺乏科学有效的安全防护技术手段和完善的管理制度。

在互联互通的背景下，工业主机面临的网络安全风险进一步凸显。做好工业主机安全防护是绝大部分运营者必须面对的现实问题。

（二）技术原理

工业主机与通用计算机存在很大不同，工业主机资源配置低下、应用程序相对固化、与公网隔离、无法及时升级病毒库和补丁、漏洞突出、非常强调稳定性等。在"应用程序相对固化"这一点上，工业主机甚至表现出与通用计算机完全相反的特征。这些特征特别适合采用白名单机制的防护思路。由此，基于白名单技术的工业主机防护产品应运而生，并逐渐加入了访问控制、隔离控制、行为检测、检测响应机制，形成了针对工业主机的完整的安全防护方案。

1. 工业主机防护软件架构

工业主机防护软件主要由以下两部分组件构成。

1）工业主机防护软件客户端

可独立安装运行在工业主机上的客户端软件，能监控分析应用程序和人工操作的行为特征，生成白名单，阻止恶意程序和操作的执行。

2）工业主机防护软件管理端

工业主机防护软件管理端负责对工业生产网内部所有工业主机防护软件客户端进行统一管理，包括监测客户端状态、管理客户端分组、卸载客户端、制定并下发终端控制策略，收集、汇总、更新、同步单独客户端的白名单数据信息，统一收集单独客户端的审计信息，进行大数据分析，统一管理企业消息推送等。工业主机防护软件整体架构如图 6-14 所示。

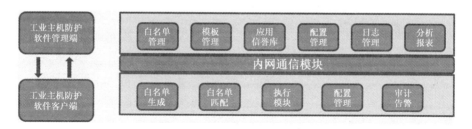

图 6-14　工业主机防护软件整体架构

在工业生产环境中，工控系统的设备和系统一般由现场负责生产的技术人员直接负责，这与传统网络安全由专业的 IT 技术人员负责有明显区别。生产负责人的主要工作内容是负责生产，缺乏专业的网络安全技能，此时就要求对工业主机的安全防护尽可能简单、快捷、有效。在工控系统中，主要实现方式是通过自动或手动建立白名单，禁止白名单之外的恶意程序和操作行为的执行。同时，需要将工业主机的运行状态、日志及告警等相关信息全部上报到工业主机防护服务器，进行统一的收集及分析。

2. 工业主机安全白名单防护技术

目前，在工控安全领域，白名单技术是国内外工业主机安全防护系统厂商所采用的主流技术。白名单可以分为文件白名单、脚本文件白名单、移动存储设备白名单和网络地址白名单等多种类型。

使用文件白名单和脚本文件白名单安全防护功能时，通过对主机上存在的可执行文件、脚本文件进行扫描，建立一个可信任的白名单列表。在运行可执行文件或者脚本文件时，会根据本地存储的白名单列表验证每个试图执行的应用程序或者脚本，只有在白名单列表上的程序或者脚本才允许运行，而恶意软件或其他未经授权的程序则将被阻止运行。因此，白名单防护机制能够起到有效阻止各种恶意程序（包括病毒、木马、间谍软件等）的作用。

工业生产环境的各种工业主机，除了含有自身操作系统的文件及系统，更重要的是工业主机上安装的各种组态及应用软件，主机防护软件需要自动对工业主机上的所有系统、可执行文件及软件进行全方位的扫描，自动建立工业运行"白名单库"。同时，主机防护软件需要对工业主机自身操作系统的安全性进行实时跟踪，一旦发现操作系统开机时所加载的系统文件被修改或破坏，应当及时进行危险性报警。

在工业环境现场，绝大部分是通过网络、移动存储介质将病毒、木马、恶意程序带入，白名单机制可以很好地进行分析、辨别和阻断，以最大限度地保障各种工业主机和重要设备的安全稳定运行。

目前，应用程序白名单机制的建立方法主要是基于文件散列进行校验和基于软件签名进行校验。

（1）基于文件散列进行校验。需要对每台服务器进行白名单扫描学习，为合法程序建立文件散列，构造白名单列表。如果准备运行程序的散列值不在白名单列表中，就是校验失败，无法运行。

（2）基于软件签名进行校验。主要根据主流厂商发布的合法签名证书对应用程序进行校验。如果校验失败，则无法运行。这种技术可以快速辅助白名单的建立，减少白名单扫描学习的过程，但不能从根本上替代文件散列技术。主要原因有两个：一是不能保障所有厂商都发布签名证书，尤其是国内的一些厂商，很多软件可能没有实现签名机制；二是一旦签名证书被污染或盗取，将导致大批白名单失效，很难及时修补。

3. 工业主机病毒防范及虚拟补丁防护技术

病毒防范技术也是工控系统主机安全常用的技术手段。目前，常见的防病毒技术有特征值查毒技术、启发式查毒技术及动态行为检测技术等。

1）特征值查毒技术

特征值查毒技术是指在获取病毒样本后，提取出其特征值，然后通过该特征值对各个文件或内存等进行扫描。

目前，绝大多数反病毒软件都采用了特征值查毒技术。采用该技术的反病毒软件不可缺少的两个部分是反病毒引擎和病毒特征库。反病毒引擎用来对疑似病毒样本文件进行扫描，根据病毒特征库的特征条目来确定该疑似病毒样本文件是否包含了特定的计算机病毒。

特征值检测方法的优点是检测准确、可识别病毒的名称、误报率低，并且依据检测结果可做解毒处理。其缺点是只能检测已知病毒，无法识别 0day 攻击和未知病毒，并且病毒特征库要不断更新，对加壳加密的病毒无能为力。

2）启发式查毒技术

启发式指的是"自我发现的能力"或"运用某种方式或方法去判定事物的知识和技能"。一个运用启发式扫描技术的病毒检测软件，实际上就是以特定方式实现的动态高度器或反编译器，通过对有关指令序列的反编译逐步理解和确定其蕴藏的真正动机。例如，如果一段程序以如下序列开始：MOV AH, 5/int, 13h，即调用格式化盘操作的 BIOS 指令功能，那么这段程序就高度可疑，尤其是当这段指令之前不存在取得命令行关于执行的参数选项，又没有要求用户交互性输入继续进行的操作指令时，就可以确认这是一个病毒或恶意破坏的程序。

启发式查毒技术最大的问题是误报率较高。它在一定程度上能够识别未知病毒，但是对加壳病毒无能为力。

3）动态行为检测技术

动态行为检测技术是沙箱的关键技术，就是将检测对象放到真实的系统环境中运行，检测其执行过程中的行为，来判断该对象是否为恶意软件。

动态行为检测技术的优点有可发现未知病毒、可相当准确地预报未知的多数病毒及天然能够脱壳。动态行为监测技术的不足是检测时间长，并且存在一定的漏报和误报。

综上，无论哪种反病毒技术，都存在漏报和误报的问题，而漏报和误报往往影响工业主机的正常运转，很容易造成生产事故，是工业主机无法接受的，所以工业主机更倾向于使用白名单技术来进行病毒防范。

在使用白名单的同时，工业场景下的操作员站、工程师站不具备漏洞修复的条件，无法修复勒索病毒常用漏洞，因此主机防护软件应具备"虚拟补丁"技术，将勒索病毒常用漏洞的补丁程序进行集成，实现工业主机无感知的勒索病毒漏洞防护。

4. 工业主机系统安全基线技术

工业生产环境的工业主机，由于其工作目的的单一特性，通常不需要具备很复杂的功能和性能，同时在实际生产环境中需要针对工作站、服务器等设备进行基线配置管理，包括账户策略、审核策略、安全选项、IP 安全、进程审计、系统日志等。关闭默认共享（Windows 系统专有）、实施进程审计等措施可以最大限度地保护工作站、服务器等设备的安全。

5. 工业主机内外网数据交换技术

在工业场景下，针对既需要使用移动存储介质进行数据交换，又要保障数据传输安全的要求，可以通过对基于国密存储芯片的安全 U 盘及专用安全写入软件、双引擎病毒查杀防篡改杀毒标记验证、防绕过文件系统级读写控制、操作系统进程级行为控制、双向网络行为管控等多种技术手段的综合应用，实现网络病毒感染、运行、扩散等全生命周期的防范。

6. 基于机器学习的访问控制模型建立技术

在工业场景下，工程师站、操作员站等上位机需要对现场自动化设备进行操作指令的下发和监控，一旦工程师站、操作员站被恶意代码攻击，下发错误指令，就可能造成严重后果。此时，就需要工业主机防护软件针对主客体访问关系建立访问控制模型。操作系统安全运行依赖于进程、内存、网络、文件/目录（注册表）、外设资源的合理分配。病毒、木马等恶意程序发作的前提是对系统关键资源的恶意控制。通过机器学习算法发现操作系统资源分配及访问关系，建立主客体强制访问控制模型，对操作系统关键资源进行严格保护，可避免病毒、木马等的篡改、破坏，实现高等级的操作系统安全防护。

7. 工业主机现场外设权限管控技术

在工业场景下，出于实际工作需求，有时需要使用移动存储介质进行数据交换，而针对外设的攻击又是目前工控系统攻击的主要方向。工业主机防护系统可以通过专用安全U盘匹配专有写入软件来避免恶意代码的感染。安全U盘采用专用的加密芯片，配备真随机数发生器，将存储空间分为安全区与公开区，对安全U盘进行分区管理。在办公终端，公开区默认只读，安全区不可见；在生产网终端，公开区和安全区根据策略配置，全盘可读写。同时，安全U盘采用磨损均衡算法和USB3.0高速传输，以突破工业现场数据读写速度瓶颈。

8. 工业主机非法外联管控技术

在工业场景下，生产网各种自动化控制设备及工业主机均不能直接连接其他网络或互联网。工业主机防护软件应能对网络进行检查，及时发现和阻断工业生产环境下的非法外联行为并及时告警。

9. 工业主机双因子身份认证技术

《工业控制系统信息安全防护指南》在"身份认证"中提出了明确要求：在工业场景下，工业主机防护软件要求用户在登录工业主机、访问应用服务资源及工业云平台等过程中，应使用口令密码、USB-key、智能卡、生物指纹、虹膜等身份认证管理手段，必要时可同时采用多种身份认证管理手段。目前，在工业生产环境中，最常见的是采用"口令密码+USB-key"的组合验证方式。

10. 工业主机全面安全检测技术

在工业场景下，工业主机防护软件能够对工业主机操作系统进行全方位的扫描，并形成检测报告，上报至工业主机防护系统服务端。检测报告内容包括安全基线、分区状态列表、共享目录列表、服务列表、程序列表、进程列表、用户权限列表等。

11. 工业主机防护软件管理端统一运维技术

工业主机防护软件管理端负责对生产网的所有工业主机进行统一的安全运维，一般包括报警程序统计、报警客户端统计、报警数量趋势、报警总数、运行状况、终端概况和实时报警，以实现安全态势的总体把握。

在实际工控系统环境中，部分工业主机与生产网的内网网络进行直接连接，可以通过工业主机防护软件管理端进行统一的安全运维。工业主机防护软件管理端可以对工业主机防护软件客户端进行实时的状态监测，及时掌握工业主机状态；根据实际业务场景需要，对工业主机防护软件客户端进行分组，根据不同需求，设定不同权限等。对于很多没有连接到企业生产内网的工业主机，则需要安装单机版程序，根据不同的角色和需求，设定不同的安全策略。

（三）应用场景

《工业控制系统信息安全防护指南》明确提出了"安全软件选择与管理"，并要求："在工业主机上采用经过离线环境中充分验证测试的防病毒软件或应用程序白名单软件，只允许经过工业企业自身授权和安全评估的软件运行。"这体现出工控系统对系统可用性、实时性要求较高，工业主机如 MES服务器、OPC 服务器、数据库服务器、工程师站、操作员站等应用的安全软件应事先在离线环境中进行测试与验证。其中，离线环境指的是与生产环境物理隔离的环境。验证和测试内容包括安全软件的功能性、兼容性及安全性等。在"身份认证"要求中，明确用户在登录工业主机、访问应用服务资源及工业云平台等过程中，应使用口令密码、USB-key、智能卡、生物指纹、虹膜等身份认证管理手段，必要时可同时采用多种身份认证管理手段。

工业主机的安全防护与传统办公终端计算机安全防护，在技术上有着明显的不同。工业主机的安全防护需要根据工业主机自身的特性，采用白名单机制，显著区别于传统防病毒软件的黑名单机制。工业主机的安全防护主要考虑以下技术需求点。

1. 系统资源占用小，兼容老旧主机

工业主机具备计算机属性，但是工业主机一般具有配置硬盘容量小、数据安全性低、存储选择性小的特点。因此，工业主机防护软件与传统杀毒软件相比，要求对主机性能占用小，不会对工控系统的监控软件和组态软件等的正常使用造成任何影响。

工控系统设计使用生命周期较长，在实际工控环境中，存在大量的自动化控制系统设备厂商已经停止维护的老旧 Windows 主机的情况。因此，工业主机的维护也要考虑全面兼容老旧主机。

2. 兼容工控软件，具备自身安全防护能力

工业主机的安全防护需要参考《工业控制系统信息安全防护指南》，采用白名单防护机制来阻断恶意代码执行，需要具备良好的系统兼容性，避免出现传统杀毒软件对工控软件造成误杀的现象。

同时，工控软件需要保证自身的安全性，防止自身程序被非法卸载或停用。

3. 对工业主机全生命周期的安全防护

工业主机防护软件不仅需要起到与传统杀毒软件一样的防恶意代码的作用，面对工控环境下各种复杂的场景和应用，还需要能够有效阻止各类未知威胁的感染、扩散和运行。

主机安全防护软件现在基本上已经是计算机的必备软件。主机安全防护技术种类很多，传统的防护技术已经得到广泛应用，包括杀毒软件、主机防

火墙、主机 IDS、主机加固等。下面主要分析白名单技术和强制访问控制技术的应用场景。

对白名单技术应用场景的要求如下。

（1）计算机环境比较单纯，大多数时间应用软件比较固定，轻易不会安装新软件。

（2）对计算机环境的要求比较严格，不允许在计算机上从事与工作不相关的活动。

符合这种要求的计算环境都可以实施白名单机制，不允许连接互联网的系统尤其适合采用白名单机制。参照这个要求，工厂企业、铁路系统、公路系统、医院、银行、政府部门等，都适合采用白名单机制进行主机安全防护。

强制访问控制技术的应用场景比较特殊，该技术最早起源于军队，用于防止机密信息的泄露，尽管后来经过发展有了多种理论模型，如 BIBA、BLP、DTE 等，仍然是属于管理非常严格的访问控制模型，适用于安全性要求较高的机构部门。根据网络安全等级保护 2.0 的要求，安全等级在 3 级及以上的系统都需要采用强制访问控制技术。

（四）发展趋势

相比白名单机制，传统的防病毒软件（包括类似的防木马软件、防间谍软件等）采用的是黑名单机制。这类产品都会内置一个病毒库（或恶意软件库），也就是这里所说的黑名单。

防病毒软件可以有效阻止已知恶意软件的运行，也是纵深防御可选的有效防护措施。但是这类软件的黑名单一般比较庞大，不仅包括历史上所有的恶意软件指纹，而且需要及时更新。如果新的病毒没有被更新到病毒库，那么这种黑名单软件就无法有效阻止该病毒的运行。

在绝大部分工控场景中，不允许联网，也无法保证服务器的病毒库及时更新，所以这类软件在工控安全防护场景下的实际效果要大打折扣。

另外，有些杀毒软件可能形成误杀，会严重影响工控业务，这也是工控安全场景不愿意使用杀毒软件的一个重要原因。

在实际工业场景下，采用白名单技术比传统杀毒技术更加适合工控系统主机的安全防护，主要有以下几点原因。

（1）白名单技术更适应工业企业生产业务。从信息安全的三大属性（可用性、完整性和机密性）上说，工业企业最关注的是可用性，因为数据和系统可用是保障生产业务正常运行的前提。白名单技术采用白名单机制，只允许自己信任的、正确的内容通过，不会对数据的可用性造成破坏，并保证了进入系统的数据是可信任的、无害的，从而保障工业生产网的可用性。另外，从实时性来考虑，工业生产网对某些变量的数据往往要求准确且定时刷新，信号指令必须在确定时限内完成。这就要求在进行安全建设时，所选择的安全产品必须具备低延时，不能影响工控网络的实时响应速度。相对于"厚重"的黑名单机制，白名单技术采用的是"轻量级"的白名单机制，能够更好地满足工业生产网络的实时性要求。

（2）白名单技术不需要频繁升级。由于白名单技术是将已知的、信任的内容加入白名单，只要保证白名单的全面性和纯净性即可发挥良好作用。与需要定期更新、频繁把工控网络环境从"稳态"拖入"暂态"的黑名单技术相比，白名单技术拥有天生的优势。

（3）从工控网络的特点出发，只要工艺流程、业务数据固定下来，白名单就不会发生变化。即使有变化，只要把变化的内容添加到白名单，白名单机制就能够很好地发挥其安全防护作用。这样一个良好的循环，保障了安全机制和业务生产长期稳定共存，最终实现了基于业务内生的安全。

因此，工业主机防护技术也将以白名单技术为主，持续发展迭代。

第七章

应急处置技术：阻断燎原之火

一、应急处置技术概述

为提高应对网络安全事件的能力，预防和减少网络安全事件造成的损失和危害，保护公众利益，维护国家安全、公共安全和社会秩序，我国于2017年发布《国家网络安全事件应急预案》，明确网络安全事件发生后，事发单位应立即启动应急预案，实施处置并及时报送信息。特别是为加强关键信息基础设施安全防护，我国发布了《关键信息基础设施安全保护条例》，明确要求关键信息基础设施运营者：设置专门安全管理机构，按照国家及行业网络安全事件应急预案制定本单位应急预案，定期开展应急演练，处置网络安全事件。这就要求企事业单位，特别是关键信息基础设施运营者熟悉应急处置流程，了解不同类型网络安全事件适用的应急处置技术，在应对网络安全事件时，能够快速、准确地利用应急处置技术，及时采取应急处置措施，从而避免和减少网络安全事件造成的损失和影响。

关键信息基础设施网络安全应急处置是一个复杂的过程，涉及应急响应准备、检测、抑制、根除、恢复、跟踪六个阶段的工作，需要综合多种技术和安全机制。常用的技术包括应急决策部署、应急响应、攻击溯源、威胁取证和挂图作战等技术。通过应急处置技术，关键信息基础设施运营商能够全天候、全方位地掌握网络安全风险威胁和事态发展，及时通报预警网络安全隐患，高效处置网络安全事件。

二、应急决策分析技术

应急决策分析技术主要基于知识图谱的推理。在网络攻击态势推理中，发现任何安全告警信号后，都需要对其进行分拣、调查、核实、影响评估、取证、定级。安全团队面对的数据种类繁多、格式多样，如扫描数据、监测数据、资产数据、备案信息、弱点信息、全流量数据、应用日志、告警数据等。除了需要对种类繁多、格式多样的数据进行处理，还需要对处理后的数据通过自动化的关联分析，从全局视角发现和展现整体系统或者区域内正在发生的攻击，并按安全等级定级。在此过程中，最大的问题是安全人员缺少一个全面完整、快速关联攻击过程上下文的工具或方法，极大地影响了处理效率，导致团队工作过载，并遗漏安全隐患。

通过对多源异构数据进行自动化关联与推理，构建出网络安全知识图谱，以提供跨越时间、空间的强大有效的上下文环境，极大地提升了安全运维效率。网络安全知识图谱中包含的本体主要是网络安全领域的所有参与方，尤其是行为的主体、客体，包括用户、账号、软件、主机、地址、IP、端口、弱点、恶意软件、DNS 域名、攻击者等。通过持续灌注完整环境中的多源异构数据来识别行为、抽取本体、发现关系、持续刺激联结、应用图谱发现隐含联结、逐渐构建安全知识图谱、实现认知记忆存储。在发现安全风险信号后，可将其置于图谱中，快速查看联结，清晰呈现路径，快速评估影响。这样可以大量剔除误报，提高准确率，提升处理效率，改善遗漏安全隐患。

在确认安全事件后，启动的响应处理流程包括设计方案、实施响应和效果检验评估。

传统安全事件响应，需要大量的有经验的专家，需要多个知识领域团队协作，需要跨部门协调合作。传统人工模式的问题在于人力资源消耗过高、知识资源无法累计导致的重复浪费，响应周期难以提升。

针对这种情况，可以通过积累和学习安全专家在安全事件响应中的处理流程和逻辑，形成专家知识库，知识库中包含响应处置技术手段、流程等，同时构建专家知识库、处理案例、威胁描述之间的知识图谱。随着响应经验的持续积累，知识图谱会逐渐学习到安全事件、攻击、响应间的联结，自动提出快速、有效的安全决策，自动生成响应方案、推荐选择响应方案，并最终实现自动化响应，实现网络威胁风险的智能推理可视化。

三、攻击溯源技术和威胁取证技术

（一）攻击链溯源技术

网络安全攻击天然具有附着性，无法通过单次的攻击行为去发现整体网络安全问题，可将安全设备的告警信息作为线索，通过联动分析多个网络行为，判断攻击发生时是否对系统造成影响或者是否利用了系统的安全漏洞，确认是否为有效攻击，并进一步分析网络行为造成的影响程度。网络空间威胁攻击链溯源分析主要从以下几个方面开展工作。

（1）威胁情报关联研究。通过关联本地高价值威胁情报和碰撞外部共享的威胁情报，结合流量数据，智能监测攻击事件的源头。

（2）关联回溯分析模型研究。通过基于攻击链的回溯分析技术，以威胁情报、原始数据包、原始流记录、元数据等为支撑，构建多源异构数据间的关联分析与回溯分析模型，从多角度还原完整的攻击场景。

（3）用户关联分析研究。将各类安全威胁和安全事件，与用户异常行为特征库和用户画像等进行关联分析，从中监测出明显的异常行为并溯源。

（4）攻击破坏程度研究。从安全攻击和攻击行为的安全防护能力分析，得到对应的应用系统的防御能力，结合网络空间基础设施要素和安全威胁要素及网络全流量数据，动态分析攻击的影响范围，智能评估攻击的破坏程度。

（二）未知威胁溯源技术

未知威胁特征溯源探索的主要作用在于根据历史数据探索特征的可用性，提高特征价值。特征溯源探索提供单时序异常探索和综合异常探索，为安全管理人员提供单个异常特征的深度溯源视角和异常特征全局溯源视角，以满足对已建特征的精准度和可用性的进一步跟踪和探索，为后续特征优化及威胁溯源分析提供支撑。

1. 单时序异常探索

单时序异常探索针对用户的单个异常特征进行深度分析，可提供如下探索功能。

（1）基于时间轴探索。提供用户行为时间轴的探索功能，时间轴提供不同颜色标注风险级别、异常分值、特征值及异常原因的详细说明等。

（2）单时序总体异常探索。显示该特征全部异常事件，支持展开原始日志调查。

（3）同时段异常探索。提供选择的时间窗口内，所有实体的未知威胁分析场景的异常点信息；提供精简模式和完整模式，精简模式显示高危异常信息，完整模式显示全部异常信息。

（4）同实体异常态势。提供选择的时间窗口内，指定单个实体的所有异常信息探索能力，提供精简模式和完整模式，包括图形探索和列表探索两种操作方式，可支持对具体的异常信息钻取进行深度排查。

（5）设备告警关联探索。提供指定具体实体相关联的其他所有安全设备告警信息探索，包括关联用户操作实体行为信息、实体被操作行为信息等。

（6）时序预测。提供基于 AI 算法和自学习构建的动态可信区间进行后续异常行为预测功能，为安全管理人员提供后续异常行为、异常种类的走势预测，方便预防突发事件。

2. 综合异常探索

综合异常探索提供全局特征、实体的异常信息探索功能。具体可提供分级探索、实体过滤探索、异常实体排名探索等多种综合探索视角。

（1）分级探索。提供全局条件、实体过滤、异常过滤、场景过滤和风险级别探索模式，逐级深入钻取探索异常原因。

（2）实体过滤探索。可选择重点关注的实体和用户，或过滤掉不需要关注的实体和用户，进行风险探索。

（3）异常实体排名探索。提供根据探索条件分析的实体风险排名，可探索威胁详情和异常原因，形成可视化安全威胁分析视图。

（三）威胁取证技术

1．基于资产视角的取证

以资产为核心视角，直观了解自身网络环境中存在的风险资产。资产感知通过攻击链形式展示，剖析从扫描探查阶段到资产破坏阶段的资产失陷过程。感知失陷、异常资产，从海量的日志中提取有价值的资产溯源路线。通过上下文感知，方便快速取证。

2．基于网络视角的取证

以 IP 为视角，以互访流量关系为纽带，聚合呈现信息系统内部的所有资产。结合资产安全状态的综合打分评价结果，透视资产本身状态的高危/中危/低危/安全，以及资产间互相访问关系的正常或异常。其主要功能如下。

（1）资产健康状态评价。根据资产自身所处的安全状态，以不同的颜色来分类表示，实现对全局资产的一目了然。

（2）资产互访关系透视。全局化呈现基于流量梳理发现的所有资产互访关系，包括正常访问与异常访问及具体次数。

（3）资产威胁深度追溯。对于透视页面任何独立的正常或异常的具体资产，提供深度追溯的功能。对资产所处的攻击链阶段进行判定，并与本条资产相关的所有告警聚合。

（4）资产指纹刻画。结合漏洞管理、终端风险管理等模块刻画终端等资产类型的指纹信息，包括资产进程信息与弱口令信息等。

四、应急响应技术

（一）安全编排和自动化响应技术

基于安全编排和自动化响应（Security Orchestration，Automation and Response，SOAR）技术，通过剧本编排，对分析、响应处置过程中各种复杂的分析流程和处理平台进行整合，形成自动化的能力集成，实现从静态事件响应到动态工作流跟踪的转变，提升整体的协调及决策能力。

SOAR 技术通过输入原始数据或安全事件，结合统计分析及统计模型、情报模型、关联模型进行分析，并实现追踪溯源、联动阻断等响应动作，最终上报监控单位并通知管理员。

1. 编排要素

对能力目录中的要素进行编排，提供的编排元素主要包括安全原始数据、安全事件、安全分析规则、安全溯源取证、安全设备联动响应及人工研判，形成自动化的能力集成，实现从静态事件响应到动态工作流跟踪的转变。

安全原始数据：来自所有安全能力所产生的安全数据。

安全事件：所有安全设备产生的告警数据信息，可直接对安全事件进行编排分析、响应阻断。

安全分析规则：针对安全原始数据和安全事件，采用内置分析规则进行关联分析，包括攻击源、攻击目的、行为类型、协议等统计分析，也能够根据统计条件及事件窗口进行关联统计，同时可根据威胁情报库 IOC 信息进行情报碰撞分析。

安全溯源取证：针对安全事件进行调查取证，获取相关上下文信息，可配置溯源条件、周期等。

安全设备联动响应：基于分析结果，联动多种安全应用程序，如工业防火墙、工控 EDR 等，下发封禁策略及周期，对事件进行实时响应处置。

人工研判：在必要位置增加人工研判模块，进行人工干预分析，将人添加到整个安全事件处理的闭环中。

2. 响应场景管理

SOAR 技术支持多种策略编排动作的执行剧本，包括但不限于关联验证、告警聚合、联动、阻断等。支持策略下发生跟踪任务，任务执行过程中可加入安管人员控制环节。

（1）可视化编排。剧本设计器是基于 Web 的一套交互式安全能力编排图形化可视界面，包含模板列和剧本编辑画布。模板列包含数据源、分析组件和处置响应 3 个模块，每个模块都包含对应的预置模板。可根据不同的安全需求灵活选择各模块组件创建流程剧本。在创建流程剧本时，能够以拖曳的方式进行便捷操作，简化剧本创建流程，提升剧本创建操作的易用性和工作效率。

（2）剧本类型。提供风险识别类剧本、安全检测类剧本、安全响应类剧本，通过对不同能力要素的编排，实现不同功能类型剧本，同时可根据需求添加人工研判到剧本中，实现人在响应处置闭环内。

（3）统一管理。支持对已创建剧本的检索操作，可根据剧本名称、剧本 ID 等字段对剧本进行检索查看，同时支持对已创建剧本的编辑操作，包括剧本修改、删除等，还可以根据剧本执行情况，如误报率或重复告警等，对剧本进行开启和关闭，并增加人工干预判断流程。

（4）安全模式试运行。完成剧本创建后，在进入正式执行流程前可在安全模式中运行，即针对安全日志、告警数据等执行剧本，并查看剧本执行活动过程及结果，根据活动日志及可能出现的错误代码，对剧本进行调试修整。在安全模式下，模拟在目标上的执行操作不会给实际环境和数据带来改变，能够保证剧本在不修改环境的同时进行测试运行，帮助发现剧本逻辑问题等。安全模式能够被禁用，并让剧本以正常的流程执行。

（5）任务跟踪监控。提供编排任务执行看板，能够查看已完成、进行中或已取消的编排任务，实时跟踪查看任务执行情况。

（6）剧本存档。对已完成的编排剧本进行归档处理。

3. 响应策略管理

安全能力管理提供对安全策略进行全生命周期的统一管理（包括定义、优化、推送、回收、编排等），可实现全网安全策略的自动化编排、策略梳理、策略合规，以及威胁的策略协同处置等。

应用层面设计策略管理模块，支持策略的维护、启停、编辑、新增等功能，并具备策略规则库字典的维护管理功能，具体如下。

（1）提供对事件过滤规则进行编辑的功能，可自定义过滤规则，归类、合并事件告警，避免产生告警风暴。

（2）关联规则匹配条件运算符，引用外部资源，包括过滤器、资产属性、自定义资源、已有规则、黑/白名单。触发条件支持对各不同字段的计数。支持预定义包括时间、地址、端口等在内的资源，可在规则定义中直接引用已定义的资源。

策略优化。安全能力管理模块支持安全事件、安全态势、安全大数据，且在日常安全运维过程中，针对不同的场景，分析安全策略，评估安全策略实施效果；可根据安全策略实施效果，通过分析安全事件、安全态势，提供对安全策略的评估指标，包括策略命中次数、策略在不同资产上的生效状况等。通过评估这些策略指标，可以全面了解安全策略的实施效果，自动提出安全策略优化建议。

策略下发。安全能力管理模块支持将安全策略下发到安全识别服务、安全防护服务、安全检测服务和安全响应服务并生效。

4. 自动化响应

通过自动化执行消除大量重复任务，释放人工劳动力。利用自动化的误报过滤可在消除大量误报的同时更准确地识别真正的威胁，提高工作流程的效率，节省时间和资源。同时，可利用自动化更有效地进行告警分类，以便更快地响应关键事件。

（二）重大活动保障自动化响应

重大活动保障自动化响应作为应急响应技术中的特殊场景，主要用于在重要会议或重大活动期间，加强网络安保人员调度，全方位、全天候掌握活动相关的单位、系统和网站安全状况，及时通报预警网络安全隐患，高效处置网络安全事件。

针对重大活动网络安全保障场景，为监管部门由日常监控向战时应急的迅速转换提供抓手，辅助决策部门把控应急期间的保护对象范围及详细信息，掌握其风险态势，迅速组织应急保障力量（网络安全专业机构、专家等），实现信息上下贯通/指令速达/响应及时、处置高效的科学工作机制。提供重保指挥大屏备战、临战、实战、战后总结各阶段的源数据输入与整理。

1. 备战

制定保障预案，收集情报。梳理重点应用、近期暴发的病毒和新型攻击手段。

2. 临战

对近期的重点保障业务系统、数据的访问行为自学习，自动生成动态基准线，生成重保期间的分析规则和模型。

3. 实战

监测分析：集中重保任务监测大屏，快速对保障业务系统的攻击、威胁、风险、隐患、突发事件、攻击等进行实时监测和预警，并联动工单平台实现快速处置。

保障任务流程监控：提供对保障任务的流程进行监控，提供阶段跟踪能力。

值班值守：重大活动举办期间，确保各单位主要领导联络畅通，组织精干力量在本单位开展 24 小时值班值守，以及按照统一安排参加集中值守，通过本平台上报值班值守情况。

应急支援：各网络安全保障支撑队伍可通过本平台的指挥调度，针对保障对象的网络安全防护需求，提供应急支援，包括 DDoS 攻击事件的应急支援、域名劫持事件的应急支援、网页篡改事件的应急支援、网站安全监测及应急支援等。

4. 战后总结

重大活动保障结束后，事发单位要及时调查突发事件的起因、经过和责任，评估突发事件造成的影响和损失，总结突发事件防范和应急处置工作的经验教训，提出处理意见和改进措施。

五、挂图作战技术

挂图作战技术体系围绕网络空间测绘与资产分析、地理资源和网络空间数据模型构建，研究绘制网络空间地理信息图谱，有机融入关键信息基础设施安全保卫平台，实现挂图作战，协助开展关键信息基础设施安全保卫工作。挂图作战技术体系如图 7-1 所示。

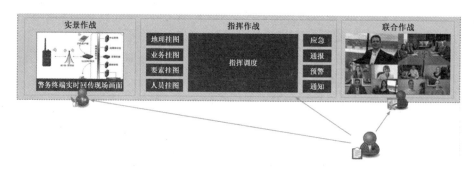

图 7-1　挂图作战技术体系

（一）技术架构

挂图作战技术体系利用地理空间理论方法、模型、数据，构建网络空间地理信息图谱。具体做法是基于网络空间安全业务工作场景和能力建设需要，制定网络安全逻辑数据模型，并以此为基础汇聚网络空间安全防护主体的各类信息，包括基础信息、人员情况、物理场所、信息资产、网络安全事件、网络安全监管业务开展情况等要素，从全生命周期、安全生态、业务联动协同三个维度对防护主体数据进行组织和治理，在此基础上制定完善的算法模型和标签体系，全面、精准、透彻、鲜活地刻画防护主体及其关联主体的全息画像，并结合地理空间数据模型叠加后形成重要单位各类要素的结构、分布地图、关系图谱，投射形成网络空间地理测绘系统基础图层，主要包括地理挂图、要素挂图、业务挂图和人员挂图，实现全区网络安全态势地图展示，定标响应网络安全事件，实现网络安全挂图指挥。挂图作战技术架构如图 7-2 所示。

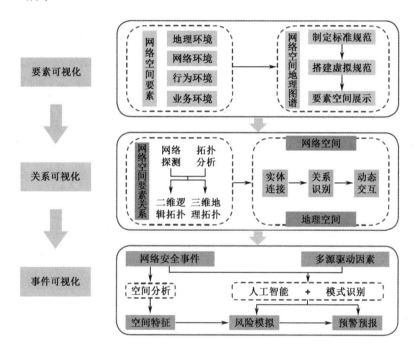

图 7-2 挂图作战技术架构

（二）地理挂图

构建城市级网络空间全息地图，将单位数据（主要来自等级保护备案数据、手工录入数据等）、网络流量数据、单位的历史事件、安全漏洞、实时预警等安全监测模块汇集的安全数据，通过地理位置映射直观展示在地图上，清晰地标识管理对象的物理位置及网络特征。其中，单位数据包含单位名称、单位类型、单位详情等信息。地理挂图业务逻辑如图 7-3 所示。

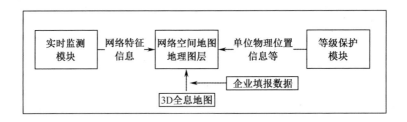

图 7-3　地理挂图业务逻辑

地理挂图的要素包括区域内社会化单位，微博大 V、论坛、发生安全事件的单位、存在隐患的单位、有资产（系统、大数据平台、云平台、IDC 机房）的单位。通过绘制网络空间地图，基于 GIS 地图展示网络基础设施和网络行为主体的地理位置、空间分布和区域特性，进行街道、楼宇 3D 立体展示。

（三）要素挂图

以网络空间地图可视化为基础，融入网络空间关系、网络空间资产数据、网络安全隐患及网络安全事件，从单位、资产、系统、事件等维度丰富可视化表达，全面展示和描述网络空间资源的分布和属性，实现网络空间要素的可视化表达；通过对网络资产的动态测绘与嗅探识别，以及重点单位上报的资产信息，实时在地图上展示单位、人员、资产、事件、隐患信息。该图层不仅包括全区被监管单位的活跃 IP、端口、协议、应用等全资产信息，也包括历史攻击事件、安全漏洞、实时预警等信息。要素挂图业务及数据流向如图 7-4 所示。

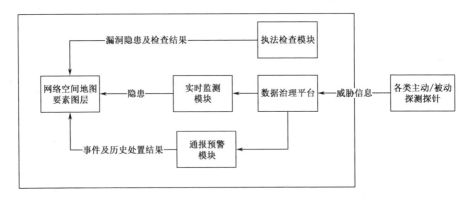

图 7-4　要素挂图业务及数据流向

（四）人员挂图

关注网络行为主体（实体角色或虚拟角色）交互行为及其社会关系，包括信息流动、虚拟社区、公共活动空间等，如在网络空间地图上进行人员画像及分布展示，包括人员基本信息、人员标签、网络身份、归属单位信息及所管理的系统风险信息。

（五）分析挂图

网络挂图分析是指将复杂、动态的网络安全事件按照行为主体、客体和影响等要素分解，分析网络安全事件发生的驱动因素及内部机理，结合空间图、网络图的形式集中表达网络安全事件分析的全过程，实现网络安全事件多维分析；利用人工智能和大数据分析技术，对攻击事件及攻击者、攻击手段等进行画像；对网络空间要素、模型运算和应急处置进行全生命周期的场景展示；当应用于网络攻击实时监控、网络安全事件追踪溯源、网络安全态势感知、通报预警、应急处置、侦查打击、指挥调度等典型业务场景时，可使业务部门的工作更加智能化、自动化、可视化。

（六）业务挂图

将网络安全事件在网络空间地图上进行画像和过程展示，按照行为主体、客体和影响等进行处置反馈，跟踪事件发起、取证、处置、追溯状态，及时掌握处置情况，依图开展预警通报、事件应急处置等一系列流程化、闭环化实战业务。

1. 通报预警

从安全事件、威胁风险通报预警处置的角度出发，针对存在的威胁风险隐患进行预警通报；针对已经发生的安全事件，可发布安全事件通报，要求单位、属地公安配合开展应急响应工作，把握预警处置工作开展情况。

2. 指挥作战

在网络空间地图上下发指挥作战指令，以移动 App 消息、短信等形式推送，现场执法人员可通过移动 App 查看指令内容并实时将图文情况汇报给监控指挥中心。

3. 攻防演练

采用攻击队伍、防守队伍、当前隐患数量、攻击次数多维度元素挂图，对攻击来源进行路径化展示，对攻击对象进行分类统计，能够在总体上掌握攻防演练的进展情况，对整场演练进行统筹管理。

4. 应急处置

针对已经发生的紧急安全事件（判断事件后果较为严重），可直接在图中发布应急处置任务，指派民警赶往事发单位或下发至单位进行处置反馈。支持在挂图作战模块中发起应急处置任务，并对单位内接收到的应急处置进行展示，从而及时掌握单位应急处置情况；将实时获取的单位处置及反馈情况在地图上通过标注等方式进行展现，通过改变标注的形态直观体现业务情况或结果。

随着关键信息基础设施网络安全威胁的不断变化，应急处置技术也将不断调整和升级。未来，零信任原则、入侵容忍技术及白盒安全技术将成为关键信息基础设施网络安全应急处置技术的发展趋势。未来，关键信息基础设施安全建设和安全监测中将会更多地执行零信任原则，严格验证所有网络、设备、人员身份和权限验证，采取入侵容忍技术，防御内外部攻击和安全威胁，使用代码混淆、区块链等白盒安全技术，在开放的环境下保障关键信息基础设施的网络安全，避免和减少网络风险带来的影响和损失。

第八章

数据安全保护技术：维护价值之源

一、数据安全保护思路概述

数据作为数字化时代的核心生产要素，是国家不可替代的重要资产和战略资源，也是关键信息基础设施安全保护中的核心和关键。随着数字化业务的不断拓展，数据从静止变为动态，因此数据安全保护建设需要被视为一个系统化并具有持续性的工作，需要为之建立一套完整的数据安全保护技术体系架构。

要搭建好数据安全保护技术体系框架，关键信息基础设施的相关单位需要拥有自上而下的思维理念，在建设过程中遵循"六步走"的建设思路，即数据安全治理评估、数据安全组织结构建设、数据安全管理制度建设、数据安全保护技术体系建设、数据安全运营管控建设及数据安全监管建设。数据安全保护流程框架如图 8-1 所示。

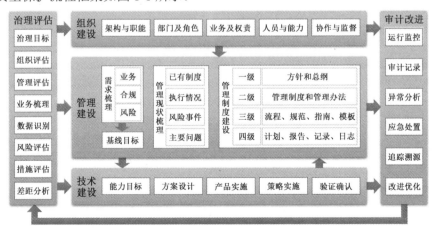

图 8-1　数据安全保护流程框架

（一）数据安全治理评估

数据安全保障体系的建设需要充分了解关键信息基础设施当前的数据资产，厘清业务逻辑，因此数据安全保障体系建设的第一步是数据安全治理评估。数据安全治理评估流程如图 8-2 所示。

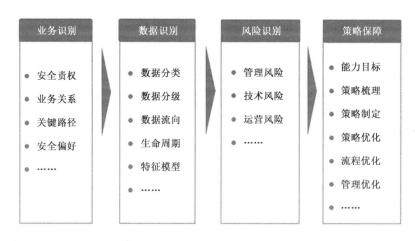

图 8-2　数据安全治理评估流程

首先，关键信息基础设施运营者需要从业务视角出发，对关联关系、访问的关键路径、数据流向等信息进行收集、分析，整理出主要业务所面临的关于数据安全管理、技术及运营方面的风险。其次，针对关键信息基础设施单位中的各业务系统及数据资产进行评估梳理工作，输出数据资产清单，明确关键信息基础设施单位具体有哪些数据，以及分布的位置、涉及的业务流程等信息。

（二）数据安全组织结构建设

为了提高关键信息基础设施单位高层决策人员对数据安全保护的重视程度，在组织结构建设阶段需要考虑组织层面的从属关系、成员架构及部门之间的联动关系，保证关键信息基础设施单位的所有部门都要参与到数据安全保障体系的建设中来。因此，关键信息基础设施的相关单位需要成立专门的数据安全保护小组，并制定数据安全保护的组织架构、人员构成和业务权责等，保障数据安全保护工作的有效落实。

（三）数据安全管理制度建设

在管理制度建设阶段，关键信息基础设施单位需要从业务数据安全需求、数据安全管理现状及数据安全风险控制等方面进行管理制度建设工作。

管理制度建设的文件可以分为四个层级：

一级：由决策层确定数据安全管理制度建设的方针、目标及要求；

二级：由管理层参照一级方针制定的管理办法、制度及标准；

三级：由管理层和执行层参照二级管理办法制定的流程、规范、指南及模板；

四级：是对上层管理要求的细化解读，主要包括工作计划、报告、过程记录及日志等文件。

（四）数据安全保护技术体系建设

数据安全管理体系建设完成之后，需要针对关键信息基础设施的数据构建数据安全保护技术体系。数据安全保护技术体系的建设要以分级管控作为核心目标，将数据进行分类分级之后，参照数据全生命周期为关键信息基础设施单位提供数据安全的一体化安全防护解决方案。在数据的采集、传输、存储、处理、交换、销毁等各个阶段设置相应的防护技术及管理流程。

（五）数据安全运营管控建设

关键信息基础设施的数据安全保障体系的建设需要被视作一个常态化、持续性的过程。数据安全运营管控建设包括以下几个方面。

（1）数据安全运维。对数据安全措施，以及数据安全产品的使用情况进行分析，持续性地针对措施和策略输出优化建议。

（2）应急预案与演练。针对不同等级的数据，制定数据安全事件应急预案，定期进行应急演练。

（3）监测预警。建立数据安全检测和安全时间预警机制，对数据安全事件进行监测、分析和上报。

（4）应急处置。在发生安全事件时需要采用应急处置措施，及时向相关监管单位上报安全事件预警，并对应急方案和流程进行优化。

（5）灾难恢复。在发生数据安全事件后，根据安全事件的影响范围和数据等级，采取恰当的措施确保关键信息基础设施单位的业务系统及时恢复。

（六）数据安全监管建设

在数据安全监管建设阶段，关键信息基础设施的监管单位也需要出台相关政策，对关键信息基础设施运营者的数据安全建设提出相关要求，明确关键信息基础设施的数据使用者、数据运营者及数据监管者的义务和责任。

二、数据分类分级防护要求

（一）数据分类分级总则

本部分针对关键信息基础设施数据安全防护工作中的数据分类分级防护过程提出相应的分类、分级原则及方法，以帮助关键信息基础设施运营者进行数据安全的合规分类、自主定级，并将其结果作为落实数据安全防护的基础依据。

数据分类分级作为数据安全保护技术体系建设的重要部分，在《信息安全技术 网络安全等级保护基本要求》《中华人民共和国数据安全法》《工业数据分类分级指南（试行）》和《金融数据安全数据安全分级指南》等相关标准中都得到了体现，也标志着我国数据分类分级标准化的工作势在必行。

1. 数据分类分级原则

数据分类、分级以数据的科学属性和自然属性为基础，遵循层次性、穷尽性的原则。数据分类以数据的监管合规需求及损害对象为依据，以保障国家安全、社会公共利益，以及保护公民、法人和其他组织合法权益为主要目标；数据分级以数据资产的重要性、敏感性和遭受破坏后的损害程度为依据，遵循分级层次合理、界限清晰、数据安全防护策略合理为原则。因此在相关要求的指导下，数据安全分类、分级应坚持以下原则。

1）科学性

按照数据资产的多维特征及其相互间客观存在的逻辑关联进行科学和系统化的分级，按照数字化转型的建设需求为目标，有效支撑数据的应用、共享、开放的安全防护和合规性需求，确定明确的数据类别及数据安全等级。

2）实用性

数据分类、分级要确保其结果能够为数据的应用、共享，以及开放过程中的数据安全策略制定提供有效决策依据。

3）可扩展性

数据分类、分级方法在总体上应具有概括性和包容性，能够实现各种类型、场景、专业数据的分类、分级，以及满足数字化转型过程中可能出现的各种数据类型和安全需求。

2. 数据分类、分级模型

为保障数据分类、分级结果合理、可靠，需要确定清晰的数据分类、分级方法，提出数据安全分类、分级模型。数据分类、分级模型可以划分为三个维度：数据分类、数据分级、生命周期。数据分类、分级模型如图8-3所示。

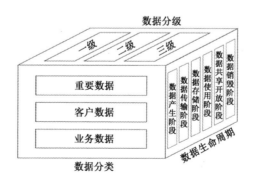

图8-3　数据分类、分级模型

在数据分类方面，将数据划分为三个类别：重要数据、客户数据、业务数据。在数据安全级别方面，由低到高划分为一级、二级、三级。数据生命周期主要包括数据产生、数据传输、数据存储、数据使用、数据共享开放及数据销毁六个阶段。

各安全责任方应对其拥有、管理、持有、使用的全部存量数据及时开展数据分类分级评估工作；新增数据应在数据的产生阶段即完成数据的分类、分级；已分类、分级数据，应采用数据资产分类、分级清单和数据标识标签等方式，对分类、分级结果加以记录及固定，并对数据采取符合其类别及级别保护要求的措施加以保护；未分类、分级数据，以"重要数据"为默认类别，以"二级"为默认级别，并采取相应的保护要求和措施加以保护。

数据的分类、分级结果应在数据的产生、传输、存储、使用、共享开放及销毁这一全生命周期持续有效，不随数据的所有者、管理者及使用者的变更而改变。数据经过脱敏、转化、处理、分析、演化等过程产生的结果数据，应视为新数据的产生过程，并参照数据分类分级方法定类、定级，其源数据的类别及级别应作为主要参考依据。

3. 数据安全级别的动态调整原则

由于数据的动态性特征，数据的安全级别并非一成不变。在数据安全级别确定时，应遵循动态调整原则。当数据量、数据价值、影响范围等安全特征出现明显改变时，如在数据大量汇聚、数据规模成倍以上增长或减少、数据价值成倍增高或降低、数据影响范围成倍扩大或缩小等情况下，应对数据安全级别进行重新确定。

同时，在数据定级过程中，应将数据主体的敏感度作为主要参考依据，敏感主体的数据应较普通主体数据具有更高的安全级别。

4. 数据分类、分级整体过程

数据分类、分级整体过程主要包括数据梳理、数据分类、数据分级、备案审核四个阶段。各阶段主要工作如下。

（1）数据梳理。制定数据资产描述策略；进行数据资产梳理，建立资产清单。

（2）数据分类。识别数据影响对象；根据影响对象确定类别。

（3）数据分级。确定数据安全偏好；判断损害程度；确定数据级别。

（4）备案审核。将数据资产分类、分级清单报主管公司备案并审核；审核完成后，将结果上报上级公司备案。

（二）数据分类模型

1. 数据分类依据

在数据分类中对数字化转型应用过程中涉及的数据进行分类，可按照数据的监管合规需求及损害对象类型进行划分，数据分类影响关系如图 8-4 所示。

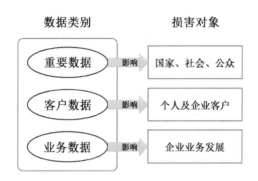

图 8-4　数据分类影响关系

具体分为以下三种类别。

（1）重要数据。参照国家互联网信息办公室发布的《数据安全管理办法》，重要数据是指一旦泄露，可能直接影响国家安全、经济安全、社会稳定、公共健康和安全的数据，如未公开的政府信息，以及大面积人口的基因健康、矿产资源等。重要数据一般不包括企业普通生产经营、内部管理数据及客户数据等。

（2）客户数据。参照国家互联网信息办公室发布的《数据安全管理办法》，客户数据是指与企业生产、经营、管理活动相关的公民个人、企业法人及其他组织的各种信息，以电子或者其他方式记录的能够单独或者与其他信息结合识别个人身份或企业特征、能够反映特定自然人活动及企业经营情况的各种信息。其中，企业内部员工及合作伙伴员工的个人信息也视为客户数据，按照等同的原则进行保护。

（3）业务数据。业务数据是指在企业的生产、经营、管理、事物处理等活动中产生的可存储数据，不包含重要数据和客户数据。

2. 数据分类过程

各安全责任方应在新数据产生及数据资产目录修订时，同步开展数据分类、分级工作。为防止出现分类重复或交叉的情况，可按照图 8-5 所示的流程对数据进行分类。

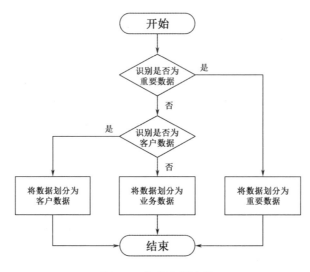

图 8-5 数据分类流程

（三）数据分类方法

1. 识别涉密数据

1）识别重要数据

重要数据一旦未经授权被披露、丢失、滥用、篡改或销毁，将会造成以下后果：

（1）危害国家安全、国防利益、破坏国际关系；

（2）损害国家财产、公共利益和公民生命财产安全；

（3）影响国家预防和打击经济与军事间谍、政治渗透、有组织犯罪等；

（4）影响行政机关依法调查处理违法、渎职或涉嫌违法、渎职的行为；

（5）干扰政府部门依法开展监督、管理、检查、审计等行政活动，妨碍政府部门履行职责；

（6）危害国家关键基础设施、关键信息基础设施、政府信息系统安全；

（7）扰乱市场秩序，造成不公平竞争，破坏市场规律，影响产业发展；

（8）可推论出国家秘密事项；

（9）损害国家、企业、个人的其他利益和声誉，影响国家的实力、形象或影响力；

（10）影响或危害经济、文化、科技、资源等其他国家安全事项。

2）识别客户数据

客户数据包括个人信息及企业数据。

（1）个人信息。

首先，判定某项信息是否属于个人信息。应考虑以下两条路径：一是识别，即从信息到个人，由信息本身的特殊性识别出特定自然人，个人信息应有助于识别出特定个人；二是关联，即从个人到信息，如果已知特定自然人，则由该特定自然人在其活动中产生的信息（如个人位置信息、个人通话记录、个人浏览记录等）即为个人信息。符合上述两种情形之一的信息，均应判定为个人信息。个人信息举例如表8-1所示。

表 8-1　个人信息举例

个人信息类型	个人信息举例
个人基本资料	姓名、生日、性别、民族、国籍、家庭关系、住址、电话号码、电子邮箱等
个人身份信息	身份证、军官证、护照、驾驶证、工作证、出入证、社保卡、居住证等
个人生物识别信息	基因、指纹、声纹、掌纹、耳郭、虹膜、面部特征等
网络身份标识信息	系统账号、IP 地址、邮箱地址及与之有关的密码、口令、口令保护答案、用户个人数字证书等
个人健康生理信息	因生病医治等产生的相关记录，如病症、住院志、医嘱单、检验报告、手术及麻醉记录、护理记录、用药记录、药物食物过敏信息、生育信息、以往病史、诊治情况、家族病史、现病史、传染病史等，以及与个人身体健康状况产生的相关信息，如体重、身高、肺活量等
个人教育工作信息	职业、职位、工作单位、学历、学位、教育经历、工作经历、培训记录、成绩单等
个人财产信息	银行账号、鉴别信息（口令）、存款信息（包括资金数量、支付收款记录等）、房产信息、信贷记录、征信信息、交易和消费记录、流水记录等，以及虚拟货币、虚拟交易、游戏类兑换码等虚拟财产信息
个人通信信息	通信记录和内容、短信、彩信、电子邮件，以及描述个人通信的数据（通常称为元数据）等
联系人信息	通信录、好友列表、群列表、电子邮件地址列表等
个人上网记录	通过日志储存的用户操作记录，包括网站浏览记录、软件使用记录、点击记录等
个人常用设备信息	包括硬件序列号、设备 MAC 地址、软件列表、唯一设备识别码（如 IMEI/android ID/IDFA/OPENUDID/GUID、SIM 卡 IMSI 信息等）等在内的描述个人常用设备基本情况的信息
个人位置信息	行踪轨迹、精准定位信息、住宿信息、经纬度等
其他信息	婚史、宗教信仰、性取向、未公开的违法犯罪记录等

　　其次，判定个人敏感信息。个人敏感信息是指一旦泄露、非法提供或滥用，可能危害人身和财产安全，极易导致个人名誉、身心健康受到损害或歧视性待遇等的个人信息。通常情况下，14 岁以下（含）儿童的个人信息和自然人的隐私信息属于个人敏感信息。可从以下角度判定是否属于个人敏感信息。

泄露：个人信息一旦泄露，将导致个人信息主体及收集、使用个人信息的组织和机构丧失对个人信息的控制能力，造成个人信息扩散范围和用途的不可控。某些个人信息在泄露后，被以违背个人信息主体意愿的方式直接使用或与其他信息进行关联分析，可能对个人信息主体权益带来重大风险，应判定为个人敏感信息，如个人信息主体的身份证复印件被他人用于手机号卡实名登记、银行账户开户办卡等。

非法提供：某些个人信息仅因在个人信息主体授权同意范围外扩散，即可对个人信息主体权益带来重大风险，应判定为个人敏感信息，如性取向、存款信息、传染病史等。

滥用：某些个人信息在被超出授权合理界限时使用（如变更处理目的、扩大处理范围等），可能对个人信息主体权益带来重大风险，应判定为个人敏感信息，如在未取得个人信息主体授权时，将健康信息用于保险公司营销和确定个体保费高低。个人敏感信息举例如表8-2所示。

表8-2 个人敏感信息举例

个人敏感信息类型	个人敏感信息举例
个人财产信息	银行账号、鉴别信息（口令）、存款信息（包括资金数量、支付收款记录等）、房产信息、信贷记录、征信信息、交易和消费记录、流水记录等，以及虚拟货币、虚拟交易、游戏类兑换码等虚拟财产信息
个人健康生理信息	个人因生病医治等产生的相关记录，如病症、住院志、医嘱单、检验报告、手术及麻醉记录、护理记录、用药记录、药物食物过敏信息、生育信息、以往病史、诊治情况、家族病史、现病史、传染病史等，以及与个人身体健康状况相关的信息等
个人生物识别信息	个人基因、指纹、声纹、掌纹、耳郭、虹膜、面部识别特征等
个人身份信息	身份证、军官证、护照、驾驶证、工作证、社保卡、居住证等
网络身份标识信息	系统账号、邮箱地址及与之有关的密码、口令、口令保护答案、用户个人数字证书等
其他信息	个人电话号码、性取向、婚史、宗教信仰、未公开的违法犯罪记录、通信记录和内容、行踪轨迹、网页浏览记录、住宿信息、精准定位信息等

（2）企业数据。

企业数据是指能够标识企业特征、反映企业生产经营活动状况及商业秘密的数据。

3）识别业务数据

除重要数据及客户数据外，其他数据均视为业务数据。

2. 数据分类结果

数据分类应遵循穷尽性原则，企业所有数据应全部对应到三个分类中。

数据分类结果分为重要数据、客户数据及业务数据三类。其中，重要数据参照国家重要数据保护相关要求进行保护，客户数据参照国家个人信息及企业数据保护相关要求进行保护。同属于重要数据和客户数据的，其类别归为重要数据，其保护应同时参照国家重要数据保护相关要求及国家个人信息及企业数据保护相关要求。数据分类结果保护关系如图8-6所示。

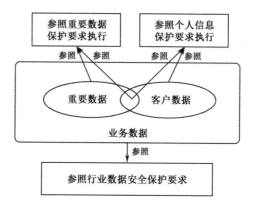

图 8-6　数据分类结果保护关系

（四）数据分级模型

1. 数据安全影响程度定义

为准确判断数据安全级别，需按表8-3规定的内容判断数据安全影响程度。

表 8-3　数据安全影响程度定义

序号	程度	定义
1	轻微影响	对数据资产价值、依赖数据的业务、数据主体（个人、企业、组织及公司等）、国家及社会秩序造成一定干扰，其造成的结果可自行恢复或容易补救，如业务效率短时间下降、任务进度可接受程度的推迟等
2	一般影响	对数据资产价值、依赖数据的业务、数据主体（个人、企业、组织及公司等）、国家及社会秩序造成一定损害，其造成的结果不可逆，但可以采取一些措施降低损失、消除影响，如企业或个人财产损失、公司形象损失等
3	严重影响	对数据资产价值、依赖数据的业务、数据主体（个人、企业、组织及公司等）、国家及社会秩序造成较严重破坏，其造成的结果不可逆，虽可采取一些措施挽救，但难度较大、成本较高，如任务失败、人身伤害、企业破产、公司严重损失等
4	特别严重影响	对数据资产价值、依赖数据的业务、数据主体（个人、企业、组织及公司等）、国家及社会秩序造成较特别严重破坏，其造成的结果不可逆且破坏性巨大，其影响一般是全局性、战略性的，如危害人身生命安全、造成公司特别严重损失、国家政治经济利益巨大损失等

2. 数据安全级别判断标准

基于表 8-4 规定内容，判定数据安全级别。假设被判定数据的保密性、完整性及可用性遭到破坏，判断损害结果对相应客体造成的损害程度，须同时对经济损失、关键信息基础设施单位整体业务（非局部业务）、人身伤害、国家社会等影响程度进行判断，以其中较高的损害确定数据的安全级别。

表 8-4　数据安全级别判断标准

级别	敏感度	损害程度			
		经济损失	整体业务影响	人身伤害	国家社会影响
一级	不敏感	无损失或轻微损失	无影响或有轻微影响，短时间中断	无伤害	无影响
二级	敏感	一般损失或严重损失	一般影响或严重影响，较长时间中断	轻微伤害或一般伤害	轻微影响或一般影响
三级	敏感	特别严重损失	特别严重影响，长时间中断或无法恢复	严重伤害或特别严重伤害	严重影响及特别严重损害

1）数据安全类别与数据安全级别的对应关系

在判定数据安全级别时，应考虑数据的类别因素。其中，重要数据及客户数据的最低级别为二级（见表 8-5）。

表 8-5　数据安全类别与数据安全级别的对应关系

类别	一级	二级	三级
重要数据	/	轻微影响或一般影响	严重影响或特别严重影响
客户数据	/	单条客户一般数据	单条客户敏感数据、单条敏感客户一般数据，或者总量规模较大的客户一般数据的集合
业务数据	无影响或轻微影响	一般影响或严重影响	特别严重影响

2）数据安全级别与保护方法

不同安全级别的数据，参照表 8-6 的方法进行数据安全保护。具体保护要求及措施，需要参照国家相关法律、法规、标准及相关管理制度、规范、企业标准执行。

表 8-6　数据安全保护方法

级别	保护方法						
	加密	脱敏	防泄露	标识标签	备份容灾	鉴别授权	记录审计
一级	不需要	不需要 可直接共享；按要求开放	需要 只监测	需要 标识级别、责任人及控制要求	需要 有备份	需要 单因素认证	需要 接入记录，定期抽查审计
二级	需要 存储、传输、导出、共享、开放、导出	需要 按要求脱敏后共享、开放	需要 内容级检测及告警	需要 标识级别、责任人及控制要求	需要 定时备份	需要 双因素鉴别；细粒度授权	需要 接入及行为记录，定期审计
三级	需要 存储、传输、导出、共享、开放	不适用 原则上不共享开放，确有需要须审批	需要 内容级检测及阻断	需要 标识级别、责任人及控制要求	需要 实时备份异地容灾	需要 双向双因素鉴别；细粒度授权	需要 接入及行为实时监控及时审计

3）数据安全级别与共享开放

不同安全级别的数据，需要按表 8-7 的导入导出及共享、开放管理原则进行管理。

表 8-7　数据导入导出及共享、开放管理原则

级别	导入导出及共享、开放管理原则		
	导入导出	共享	开放
一级	允许，有管控	允许，基于数据共享目录无条件共享	允许，经公司审批开放
二级	允许，严格控制，不允许批量导出	允许，通过公司数据中心有条件共享，经公司审批	允许，经公司审批并脱敏降级后开放，执法及审查特殊情况可不脱敏
三级	不适用，原则上不允许导出	不适用，原则上不可共享，确有需要须审批	不适用，禁止开放

三、数据安全保护体系建设

现阶段，绝大部分关键信息基础设施采用补漏洞的方式进行数据安全保护，没有一个明确的概念对数据安全保护指出方向，基本采用漏洞填补的方式对数据进行安全建设。因此，需要以数据分类、分级作为基础，帮助关键信息基础设施单位构建完善的数据安全保护技术体系，建立差异化的覆盖数据全生命周期的管控体系，在保障安全合规的同时降低数据面临的安全风险。

（一）数据生命周期

数据生命周期包括数据产生、数据存储、数据传输、数据共享、数据使用、数据销毁六个阶段。数据在全生命周期管理应该提供全面、多级的安全防护保障，保障数据在环境中的安全性，保障数据不会被泄露、不会被篡改，或者尽量将数据泄露、数据篡改的风险降到最低。

数据的安全防护手段应该贯穿于整个数据生命周期，通过技术防护手段，在各个阶段做好数据篡改防护、数据泄露防护等工作，以避免信息安全行业

"木桶原理"造成某一阶段产生防护短板，从而发生数据安全事件。

1. 数据产生阶段

数据生产阶段主要是指文档创建、编辑、下载等文件产生与采集的阶段。在这个阶段，应通过监控文件操作动作，实时识别出当前操作文档的内容安全等级，并根据提前预置好的文件分级策略，自动对文件标记分级、分类标签；根据内置的内容安全等级处理规则，可对高安全等级的文档进行自动加密保存；可从文档内容层面，保证文件在创建、产生时即可具备分级、分类标签；可实时根据文档内容进行级别变更，以及执行相应的安全等级处理措施，从而保证文档在产生阶段就被安全标记、安全保护。

2. 数据存储阶段

存储中的数据主要包含结构化数据与非结构化数据两大方面。

1）结构化数据

结构化数据主要是指存储在数据库中的相关数据，存储在数据库中的数据主要风险来自非法访问及非法操作等，所以必须保障存储中数据的安全。数据本身的结构化方式通常允许对数据进行简单分类。例如，能在数据库中识别一个特定的人的医疗记录和应用相应的安全控制等。因此，了解结构化数据是什么样的，以及它驻留在哪里，有严格的控制机制来决定谁能访问它。对于结构化数据定义和应用安全控制相对简单，可以使用结构内置的特性或专门为特定结构设计的第三方工具完成控制。

2）非结构化数据

非结构化数据主要是指在终端、服务器存储阶段的文档。在这个阶段，应根据文档的存储位置分别进行安全防护手段设计。

对于存储在终端的文档，应通过一次性或定时性内容扫描的方式，自动识别并发现当前各服务器所存储的文档的内容安全等级，并根据提前预置好的文件分级策略，自动对文件标记分级、分类标签。根据内置的内容安全等级处理规则，可对高安全等级的文档进行自动加密保存。对于存储在各服务器中的文档，也应该通过一次性或定时内容扫描的方式，自动识别并发现当前各终端存储的文档的内容安全等级，根据提前预置好的文件分级策略，自动对文件标记分级、分类标签。

另外，对于文档需要通过文档服务器进行安全管理时，文档需要从终端或以其他方式上传至相应的服务器。系统设计的安全防护体系，应能够保障文档在传输到文档服务器过程中及存储后的安全性。首先应通过相应的安全检查手段，防止病毒感染的文档被上传到文档服务器，造成企业内全面的病毒感染。对于存储在文档服务器上不能够完全开放给全部用户的文档，应能够确保这些文档只能够被可以查看的人员看到，要保障文档在文档服务器存储时具备可靠的访问控制体系，以保障文档存储在文档服务器中的安全性，防止数据泄露。同时，存储在文档服务器中的文档，应能够保障文档的可用性，即最好提供可靠的备份机制，以保障一旦文档服务器发生故障或损坏，可通过备份机制恢复文档。

3. 数据使用阶段

数据使用阶段主要是指数据的打开、编辑、删除、复制、打印、下载等使用过程，包括在线使用过程和离线使用过程。在线使用主要是指文档直接通过浏览器插件在线打开进行相应的操作，离线使用包括常见的使用过程，即在本地环境通过相应的软件使用文档。数据安全建设应考虑到数据在线使用和离线使用过程中，用户只能根据自身具备的操作权限操作文件。在在线使用过程中，应通过相应的技术手段，控制使用者对文档的编辑、删除、复制、打印、下载权限。在用户下载到本地环境时，用户应具备与在线使用时一致的权限，而不应该具备比在线使用时更大的权限。比如，用户在在线使用时只能编辑，那么当用户下载到本地环境时，也只能进行编辑，而不能使用复制、打印、再共享的权限，并且在离线使用时，可保障文档在打开状态时不能通过另存为、截屏、拖曳、内容复制等方式进行泄密。从而保障数据在使用阶段的安全性。

4. 数据传输与数据共享阶段

数据传输与数据共享阶段主要是指数据在发送给外部人员、计算机外带等情况。数据安全建设应考虑到数据在发送给外部人员时，不是一次性给予外部用户所有的权限，而是根据文档的安全等级进行相应的权限限制，包括是否可编辑、是否可打印、使用次数、使用时间，并且为了尽量降低传输给外部人员时文档的安全风险，可对传输的文档配置使用到期后进行自动销毁功能，从而保证文档在发送给外部人员后，大大降低数据的安全风险。

另外，当存储有文档的计算机离开安全计算环境时，应能够控制该计算机在外部使用时文档不会被泄露和篡改，确保文档在该计算机上只有授权用户可以合法使用，并且有相应的使用期限，当使用期限到期或者非授权用户使用该计算机时，从安全环境带出的文档应不能够被非法使用。

对于没有采用智能加密保护的文档数据，包括邮件正文及未加密的文档，通过监控文档在终端、网络的传输动作，进行文档内容识别。当发现文档内容涉及信息符合阻断规则时，直接进行拦截；当发现文档内容涉及信息符合审计规则时，进行相应的传输过程日志审计。从而可对智能加密的文档、未加密的文档、邮件正文、微信、QQ 等传输的文档型数据进行安全防护，从而降低数据泄露、数据篡改的风险。

5. 数据销毁阶段

数据销毁阶段主要是指文档数据在客户端、服务器上删除之后，应能够保证数据不会被一些专业的数据恢复企业进行恢复，造成数据泄露。应对数据及数据的存储介质通过相应的操作手段，使数据彻底消除且无法通过任何手段恢复。

（二）数据安全保护技术体系设计

在数据全生命周期的各个阶段中，数据在每个阶段都面临极大的安全风险，所以在建设数据安全保护技术体系时需要考虑到数据在每个阶段中具体的安全风险，根据不同的安全风险采用相应的安全防护手段，从而减少数据安全事件的产生。因此，根据阶段性数据安全防护措施，结合现有数据安全现状，需要采用如下技术手段对数据安全进行防护。

（1）通过虚拟桌面实现敏感数据不落地。

（2）为防止虚拟主机的外设、系统后门、非法外设等风险，虚拟主机仅作为员工在访问、使用核心数据之用，不作为完全的工作用机。

（3）增加数据库防火墙，增强核心数据的访问控制。

（4）通过部署数据脱敏系统，将用户核心数据库侧数据进行脱敏操作，脱敏后的数据可放心地交给第三方进行分析。

（5）网络 DLP 和业务 DLP 部署，防止各种形式的数据泄密。

1. 数据产生阶段安全防护

在数据产生阶段，需要实现在数据产生时就明确数据的安全级别，需要确保具备安全的产生环境。数据产生阶段的安全风险、安全措施和可选产品或技术如表 8-8 所示。

表 8-8　数据产生阶段的安全风险、安全措施和可选产品或技术

安全风险	安全措施	可选产品或技术
网络遭受黑客的非授权访问、攻击等造成网络瘫痪，数据损坏、丢失、泄露、篡改	基础访问控制、抗 DDoS、防攻击等基础安全防护	防火墙、抗 DDoS 设备、IPS 等基础安全防护
木马程序引发数据泄露 病毒感染文件	终端、服务器病毒防护	在终端安装防病毒软件，网络中部署防病毒网关设备
非授权用户非法生成信息	身份认证	网络准入系统实现用户身份认证且对准入的终端环境的操作系统、进程、漏洞情况等进行健康检查

1）基础网络防护

通过部署防火墙、抗 DDoS 设备、IPS、防病毒软件、防病毒网关等基础的网络安全防护设备，搭建网络中和终端主机中的安全可靠的环境，避免黑客的非授权访问、恶意攻击、病毒、木马等造成的数据破坏和泄露。

2）网络准入系统

网络准入系统是一套综合完整的端点安全准入产品，它可以根据不同的用户分配不同的网络区域（VLAN 隔离和下发终端 IP），分配不同的网络访问权限；同时网络准入系统还可以对入网请求的终端进行网络合规性检查和评估，并根据客户制定的检查标准，对不满足条件的终端提供修复向导。

2. 数据存储阶段安全防护

在数据存储阶段，需要保障数据的机密性和可用性。数据存储阶段的安全风险、安全措施和可选产品或技术如表 8-9 所示。

表 8-9　数据存储阶段的安全风险、安全措施和可选产品或技术

安全风险	安全措施	可选产品或技术
明文存储	存储加密	在终端安装文档安全管理系统，实现文档的存储加密
非授权保存	终端管控 存储数据防泄露	安装终端安全管理系统，禁止非授权保存的行为，对于非授权存储敏感信息的文件，通过存储数据防泄露进行敏感信息发现和告警

1）文档安全管理系统

文档安全管理系统是一款功能强大且易于使用的文档安全管理软件，该系统采用 256 位高强度加密算法实时加密文件，综合集成了动态文档加密技术、身份认证技术、硬件绑定技术等多种技术，对指定类型的文件进行实时、强制、透明的加解密；同时，对文档进行细分化的权限设置，确保加密信息在特定授权范围内进行指定操作。通过文档强制加密和实时权限控制，为企业提供安全授权下的机密信息共享机制，有效防止数据丢失或泄露，有助于更深入、更全面地实施数据保护，从而确保企业机密数据的高度安全。

2）存储数据防泄露

存储 DLP 为软件产品，需要安装在相应的服务器上。使用时先通过网络账号连接到文件系统和数据库，然后读取文件，并对其包含的其他数据进行扫描，扫描时按照设定的策略进行实时比对，发现敏感数据即可报警，并按照相应处理机制将敏感数据隔离到指定的安全位置。

对要保护的数据库表关键单元格形成结构化指纹库；在检测过程中，将待检测的内容指纹特征与受保护的结构化指纹特征进行比对，如发现含有数据库表的特征内容，则认为待检测的文档含有敏感数据。

3. 数据使用阶段安全防护

在数据使用阶段，需要确保具备安全的使用环境，同时保障完整性、机密性。数据使用阶段的安全风险、安全措施和可选产品或技术如表 8-10 所示。

表 8-10　数据使用阶段的安全风险、安全措施和可选产品或技术

安全风险	安全措施	可选产品或技术
非授权访问造成泄露、篡改	文档权限控制、数据库访问控制、数据库操作审计	在终端安装文档安全管理系统，实现文档的权限控制，在网络中部署数据库防火墙或数据库审计，对数据库的操作行为进行管控或审计
非授权打印、USB 拷贝造成泄露	对终端的打印、USB 管控，敏感文件禁止打印、USB 拷贝	在终端安装终端安全管理系统，禁止非授权打印、USB 拷贝的行为，对于非授权打印、USB 拷贝的敏感信息文件，通过终端数据防泄露（DLP-E）进行敏感信息发现和禁用打印及拷贝

1）终端安全管理系统

终端安全管理系统是由安全企业开发的具有自主知识产权的内网安全综合防护产品。系统从网络运行安全、终端运行安全及终端数据敏感信息检查构建一个完整的网络终端安全防护体系。终端安全管理体系是基于 PKI 及底层驱动技术，采用基于 SOA 理念而设计的面向服务的终端安全管理体系。终端安全管理系统覆盖网络环境安全管理、终端资产管理、终端行为安全管理、终端服务安全管理、终端数据安全管理及移动存储介质安全管理，是一个全方位、多层次、立体化的网络环境。

终端安全管理系统总体上从内网网络环境安全管理到终端桌面安全管理、从网络到终端、从终端到数据，有效保障单位网络及终端的安全运行，为管理者制定内网统一安全管理策略提供有效的技术支撑和服务。

2）数据库防火墙系统

数据库防火墙系统是一款专业的、主动的、实时保护数据库安全的解决方案。数据库防火墙具有虚拟补丁（VPatch）、SQL 防火墙、访问控制三大引擎，可提供黑白名单和例外策略、潜在风险评估和防护、用户访问权限控制，以及针对数据库漏洞提供的虚拟补丁，并且具有实时监控数据库活动和灵活告警的功能。

与传统的 SQL 防火墙（依赖于正则表达式、字符串等技术识别 SQL）不同，数据库防火墙可以智能地识别 SQL 类型，从而灵活地构建行为模型，且能够快速、准确地配置和定位策略。此外，通过智能的 SQL 识别，采用启发式风险评估，能够及时发现 SQL 的潜在风险，并进行控制（包括告警、拦截等），从而能够将攻击行为防患于未然。

3）数据库审计系统

众所周知，绝大部分应用系统都是基于浏览器、Web 服务器、数据库的三层部署架构。其中，数据库中存储着大量的企业客户信息、财务信息，甚至国家涉密信息。然而数据库在使用过程中缺乏必要的技术防护手段，使得存储在数据库里的大量敏感信息的安全性无法得到有效的保障，主要体现在以下几方面。

（1）内部用户可以很方便地利用内部网络通过各种通信协议进行刺探、获取、删除或者篡改重要的数据和信息。

（2）内部授权用户由于对于系统不熟悉而导致误操作，也时常给业务系统造成难以恢复的损失。

（3）外部非授权人员（如黑客）对数据库进行恶意入侵、获取或者删除数据库里的数据。

（4）所有针对数据库的安全事件发生后，无法进行有效的追溯和审计。

数据库审计系统可实现即查即显、实时报表，是国内唯一一款真正实现业务关联审计分析的产品，关联审计分析准确度高达 90%以上。数据库审计系统广泛支持 Sybase、DB2、SQL Server、Oracle、Mysql、Informix 等多种数据库审计分析，采用多核、云审计、量子云存储等多项独特技术及专利，旁路部署，支持多点多级和集中管理。

4）数据脱敏系统

数据脱敏系统采用基于 J2EE 的三层架构设计，给用户提供一个统一的、高可扩展的数据抽取与脱敏平台，用户可以在同一平台下实现针对多个业务系统数据库数据同时抽取与脱敏操作。

数据脱敏系统独特的数据抽取方法使用户能够快速创建小容量子集，由此提高数据库管理人员的工作效率。如图 8-7 所示，数据脱敏系统可以为不同的目标创建不同大小的测试数据子集，不仅加快了速度，提高了效率，而且减少了存储空间，节省了大量的存储成本。

脱密术用于保护敏感性专有数据，对数据脱密无法识别但具有高度仿真的数据实现数据保护。如图 8-7 所示，数据脱敏系统综合了多项数据脱密技术和算法，在保证随机性的同时还能保留数据的原始特性及参照完整性。系统内置适用于常见敏感字段的专用默认脱敏规则，如姓名、地址、社会保险号码、信用卡号及电话号码。

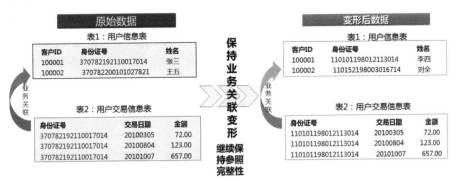

图 8-7　数据脱敏案例

4. 数据传输与数据共享阶段安全防护

数据在传输与数据共享阶段，需要保障数据的机密性和完整性。数据传输与数据共享阶段的安全风险、安全措施和可选产品或技术如表 8-11 所示。

表 8-11　数据传输与数据共享阶段的安全风险、安全措施和可选产品或技术

安全风险	安全措施	可选产品或技术
明文传输，造成信息泄露、篡改	IPSEC VPN、SSL VPN	对于移动接入用户和分支机构用户，采用 VPN 加密方式，防止数据泄露、篡改
非授权外发，造成信息泄露	数据防泄露	对于敏感信息文件的传输，通过终端数据防泄露（DLP-E）进行敏感信息发现和处理
管理员批量、文件级泄密	运维操作审计	通过部署堡垒机实现运维操作人员的操作审计
内外网隔离的网络环境	网闸、网络防泄露	通过网闸实现内外网的网络隔离，同时部署网络防泄露实现敏感信息的核对

1）VPN

VPN 融合了 IPSEC/SSL/PPTP/L2TP 等多种安全接入方式，通过 SSL 加壳或者加密隧道的方式为用户提供安全的数据传输途径，通过强加密算法（如 SM、SCB 等）防止数据在传输过程中遭到篡改或者破坏。保证数据的三要素，即数据结构、数据操作及数据的完整性约束。

2）网闸

内外网数据安全交换解决方案：本方案通过部署网闸和网络防泄露实现敏感数据的安全交换，利用深度内容识别技术，首先对单位定义为敏感、涉密的数据进行特征的提取，可以包括非结构化数据、结构化数据、二进制文件等，形成敏感数据的特征库，当有新的文件需要传输和交换的时候，系统对新文件进行实时的特征比对，敏感数据禁止传输，既可以使网络连通，又保证了数据交换的安全性，同时也极大地提高了工作效率。数据脱敏方案拓扑图如图 8-8 所示。

敏感数据安全交换系统的产品形态既可以是软件也可以是硬件，部署在前置机的前面。用户只需定义好哪些是敏感的数据不能被传输出去即可，敏感数据安全交换系统生成特征后进行按任务检测，一旦发现敏感数据就会上

报管理员，同时数据不能被送到网闸。

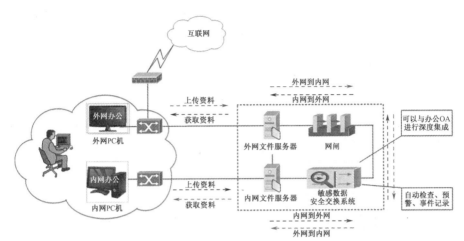

图 8-8　数据脱敏方案拓扑图

触发检查任务，一种是由系统 Web 页面的任务下发，另一种是和用户 OA 整合，系统提供相关的接口，用户可以选择在某个流程调用敏感数据安全交换系统的接口下发检测任务，告诉系统去哪个目录，用什么凭证对文件进行检测。一旦触发检测规则，系统会及时上报告警。

数据摆渡操作流程如下。

（1）内网数据传输到外网的操作流程：首先将内网终端 PC 上传数据到内网文件服务器，敏感数据安全交换系统自动获取检查，然后通过网闸将合规数据摆渡到外网文件服务器。外网虚拟桌面通过外网文件服务器下载数据并传输。

（2）外网数据传输到内网的操作流程：在外网虚拟桌面上传数据到外网文件服务器，通过网闸将数据摆渡到内网服务器之前，先经过敏感数据安全交换系统进行自动检测，待检测结束后系统再将合规数据摆渡到内网服务器。

3）堡垒机系统

堡垒机系统是一种被加固的可以防御进攻的计算机系统，具备坚强的安全防护能力。堡垒机系统扮演着"看门者"的职责，所有对网络设备和服务器的请求都要从这扇大门经过。因此，堡垒机系统能够拦截非法访问和恶意攻击、对不合法命令进行阻断、过滤掉所有对目标设备的非法访问行为。堡垒机系统具备强大的输入输出审计功能，不仅能够详细记录用户操作的每条指令，而且能够将所有输出信息全部记录下来；具备审计回放功能，能够模拟用户的在线操作过程，丰富和完善网络的内控审计功能。堡垒机系统能够在自身记录审计信息的同时在外部某台计算机上做存储备份，可以极大增强审计信息的安全性，使审计人员有据可查。

堡垒机系统还具备图形终端操作的审计功能，能够对多平台的多种图形终端操作做审计，如 Windows 平台的 RDP 方式图形终端操作，Linux/Unix 平台的 XWindow 方式图形终端操作。为了给系统管理员查看审计信息提供方便性，网络审计系统提供了审计查看检索功能。系统管理员可以通过多种查询条件查看审计信息。总之，网络审计系统能够极大地保护企业内部网络设备及服务器资源的安全性，使得企业内部网络管理合理化和专业化。

4）终端、网络数据防泄露系统

（1）数据防泄露体系架构。本方案通过部署数据防泄露系统，以深度内容识别技术为核心，形成了完整的数据防泄露解决方案。在数据存储、传输和使用过程中，发现并监控敏感数据，确保敏感数据的合规使用，防止主动或意外的数据泄露。通过对敏感数据的使用行为、安全事件、策略执行记录等内容的审计分析，为数据安全管理工作提供技术支持，从而达到敏感数据利用事前、事中、事后的完整保护来实现数据的合规使用，同时防止主动或意外的数据泄露，保障单位数据资产可控、可信、可充分利用。

（2）数据防泄露系统组成。数据防泄露系统由一个集中管控中心和三个子系统组成，分别是数据集中管控中心、终端监控与防护子系统（终端DLP）、网络监控与防护子系统（网络DLP）、存储扫描与保护子系统（存储DLP）。每个子系统都可以作为独立的系统进行部署，也可以联合部署。数据防泄露产品系列组成如图8-9所示。

① 数据集中管控中心：管控中心集中管控数据防泄露产品组件；集中制定、下发数据采集、防泄露策略；集中进行数据安全事件监控、处置、审计和

分析。该组件既可以独立部署，也可以嵌入终端、网络或存储在 DLP 产品中。

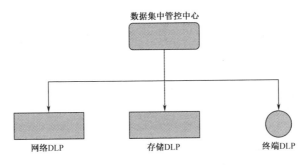

图 8-9　数据防泄露产品系列组成

② 终端 DLP：发现、识别、监控计算机终端的敏感数据；对敏感数据的违规使用、发送等进行策略控制；对敏感数据的终端使用行为进行监控。

③ 网络 DLP：在网络出口或安全域边界识别、控制传输中的敏感数据，控制或监视通过邮件、Web、FTP 等网络协议传送的敏感数据。

④ 存储 DLP：对存储在服务器、数据库、存储库中的结构化数据和非结构化数据进行扫描，根据策略发现、记录敏感数据，并对违规存储事件告警。

功能结构图即数据防泄露通过管理中心统一下发策略，在网络、终端/服务器、存储设备中获取数据，对其进行检测，并根据检测结果进行处置。数据防泄露系统功能架构如图 8-10 所示。

数据防泄露系统的工作过程分为以下三步。

第一步，数据采集，即根据数据采集策略，在网络、终端/服务器、存储设备上通过抓取、扫描等方式获取带分析的数据。

第二步，内容检测，即内容检测引擎模块对数据进行提取与归一化，检测数据格式与属性，并对数据内容通过指纹库、正则表达、关键字、标识、机器学习特征等规则进行检查，判断是否为敏感信息。

第三步，响应处置，即针对检查结果进行响应，包括记录、告警、阻断、隔离、加密、分类、启动工作流审批等。

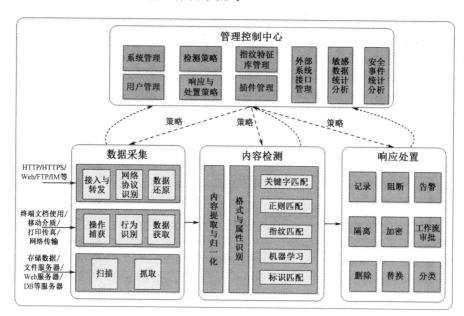

图 8-10　数据防泄露系统功能架构

5. 数据销毁阶段安全防护

数据销毁阶段的安全风险、安全措施和可选产品或技术如表 8-10 所示。

表 8-10　数据销毁阶段的安全风险、安全措施和可选产品或技术

安全风险	安全措施	可选产品或技术
系统管理员、用户主动泄露	运维操作审计	通过部署堡垒机实现运维操作人员的操作审计
遭到破坏的数据无法得到及时还原，导致业务中断	数据备份、容灾机制	备份容灾产品

存储备份系统一种集备份、磁盘阵列（FC SAN/IPSAN/NAS）、虚拟带库等功能为一体的软、硬件一体化备份平台。备份存储系统包含一整套阶梯式产品，完全可以服务于各种不同级别的数据备份存储需求。备份存储系统可采用 SATA、SAS、SSD 等多种磁盘，提供 FC 光纤、万兆以太网及千兆以太

网的扩展卡，以满足用户不同的应用需求。

备份存储系统具有最广泛的备份功能，支持多种数据类型的备份，如数据库备份、文件备份、应用备份、操作系统备份等，涵盖从 Windows、Linux 到 Unix 操作系统平台，备份的数据可以通过 IP-SAN、FC-SAN 或 DAS 方式进行存储，利用成熟结构来完成对数据的存储备份。

实现功能如下。

（1）网络架构更加优化，区域划分更加合理，按照功能将各部分区域进行有效隔离，可以有效制定边界安全策略。

（2）对网络进行冗余设计，避免业务高峰期，由单点而引起网络和业务中断。

（3）便于安全产品部署，提高网络与信息系统防护能力。

（4）满足未来发展需要，灵活性和扩展性更好。

（5）为将来的集中管理奠定技术基础。

四、数据安全保护技术展望

随着日益复杂的数据安全问题，传统单一的数据安全技术和安全产品已经无法应对来自内部和外部的安全威胁问题。以数据安全全生命周期为基础的数据安全防护体系建设将在未来成为数据安全保护方向的方法论，除此之外，还要整合法律法规、防护技术、安全产品、业务场景、组织架构、管理制度等维度构建综合保护体系。

（一）数据安全保护技术的发展现状

1. 电子水印效果甚微

部分企业单位的机密电子文件中增添了电子水印标记。当这些文件被非法泄露后，可根据文件中水印标记判定这些文档的原所有者，并根据法律手段进行维权。然而信息泄露所造成的严重后果是不可逆的，电子水印仅作为后期溯源的手段，效果甚微，形同亡羊补牢。

2. 口令保护形同虚设

部分企业单位通过口令等方式为系统及文档提供简单防护功能，然而由于它们使用的口令存在弱口令、弱加密等问题，可以通过暴力破解等方式对防护手段进行破坏，导致企业使用的口令保护形同虚设。

3. 数据安全内外兼忧

在外部，恶意攻击者可通过钓鱼邮件、注入攻击及社会工程学等方式窃取企业单位及个人的数据信息。在内部，人为失误带来的内部安全威胁也是导致数据泄露的关键性因素。

（二）数据安全保护技术的不足之处

1. 数据安全分类、分级无法达到统一标准

由于各个单位之间数据与业务的关联性不同，不同的行业、单位之间的业务差异较大，具体的分类、分级工作相互借鉴、协调统一的难度也增加了。分类、分级标准的不确定性导致无法进一步制定数据安全分级保护策略。同时，业务场景的多样性及数据流动方式的多样性需要相关单位使用多种监测手段对数据进行监测治理，并且数据动态变化的特性也造成了安全防护策略制定的复杂度。

2. 无法确定法律适用及明确法律边界

在相关标准及监管架构逐层细化的同时，数据运营者如何确定法律适用及法律边界成为难题。针对法律规范性文件而言，大部分的标准性文件并非强制性法律规范，在具体执法标准中作为执法标准，但在司法审判标准中又被排除在外。

3. 单一产品无法实现数据安全防护

数据安全问题日益复杂，传统单一的数据安全技术和安全产品已经无法应对来自内部和外部的安全威胁问题。数据安全运营者没有建立数据全生命周期的安全防护体系，所以无法从源头上对内部数据进行安全防护，容易造成数据泄露等严重安全事件。

（三）数据安全保护技术的未来趋势

1. 在保障安全合规的同时促进企业发展

近年来，关于数据安全保护技术的相关法律和标准频繁发布，未来将会有越来越多的细化标准出台，促使数据运营者在适应安全合规的同时促进业务发展。在内部管控上，高层决策者需要拥有多方协同调动和动态管理的意识，推动企业内部数据安全关联部门多方进行联合协作评估，将适当的法律规范渗透到企业的业务和管理层面。同时，企业需要根据自身的业务流程实施动态的管理方法，并及时按需调整安全合规方案。

2. 数据治理评估工作成为关键

首先，在构建数据安全保护技术体系前期，需要进行数据安全治理评估工作，针对客户的数据资产，按照数据的影响范围及敏感程度进行分类、分级，并制定差异化的分级保护策略。将数据安全产品及能力进行逐层细化，以满足愈加复杂多变的业务场景的需求。其次，构建覆盖设备、网络协议等方面的数据安全监测手段，实现覆盖数据全生命周期的监测治理工作。最后，采用安全标签技术作为策略控制参数，提高人员的工作效率及准确性。

关键信息基础设施安全保护之法

第九章

制度建设：打造可防可控安全之域

当前，大部分的网络攻击行为都涉及人为因素，如威瑞森通信公司发布的《2021年数据泄露调查报告》显示，人为疏忽是对网络安全最大的威胁。开展安全保护制度建设，就是对人员从事各类网络安全活动进行指导、规范和约束，从而最大限度地避免安全事件的发生。

《关键信息基础设施安全保护条例》的出台，意味着关键信息基础设施进入了强监管时代。关键信息基础设施运营者应严格落实主体责任，加强人员管理制度、网络安全检测和风险评估制度、网络安全事件和网络安全威胁报告制度等制度建设，提升关键信息基础设施信息安全防护水平。

一、管理风险分析

关键信息基础设施运营者在实际安全保护管理工作中，可能存在以下问题。

（一）人员管理不足导致风险攀升

一方面，安全防范意识淡薄造成风险点增多。近年来，因员工安全意识不足造成的网络安全事件层出不穷。员工通常非常熟悉企业内部网络结构，同时掌握着业务系统密码，若关键信息基础设施运营者不注重员工网络安全意识教育培训，则极有可能发生在具有严格访问权限的系统中大量使用弱口令、随意改动系统注册表而导致整个网络安全系统失效等问题，给关键信息基础设施运行带来极大的安全风险。另一方面，内部人员网络攻击行为危害性通常更高。若内部人员有意针对本企业发起网络攻击，如利用内部计算机对企业局域网络进行攻击、利用自身权限窃取或滥用存取凭证、窃取客户资料或敏感信息等，则可能造成生产系统网络瘫痪及敏感信息的泄露、篡改、破坏等严重后果。

（二）资产管理不够造成"家底不清"

随着新一代信息技术的发展，关键信息基础设施运营者也加快了数字化转型步伐，运用数字化手段赋能提质增效。与此同时，大量资产暴露在互联网上，网络攻击风险剧增。资产管理是"摸清家底"、认清风险、做好安全保护的基础。然而，当前大部分运营者未建立有效的资产管理制度，存在资产暴露面管理混乱、资产信息颗粒度不够精细、资产管理运营机制缺失等问题。如果梳理不清网络资产，就无法及时找出资产防护的薄弱环节，给网络犯罪分子留下可乘之机。同时，一旦发生网络安全事件，还会存在资产信息不完善导致应急响应工作效率较低、资产管理责任人不明导致事件追责难等问题。总体来看，资产管理能力不足将严重制约关键信息基础设施运营者网络安全水平的提升。

（三）安全管理缺失导致事件频发

关键信息基础设施的高价值属性使其成为网络犯罪分子的重点攻击目标。若关键信息基础设施运营者缺乏健全的安全检测评估、安全漏洞管理等制度或安全管理制度执行力度弱，则将导致病毒、漏洞等威胁无法及时识别、快速解决，这无疑是为恶意入侵行为"敞开大门"。例如，业务系统上线或更新时，未能在测试环境中进行网络安全测试就直接上线，就可能会造成系统带病毒运行、带漏洞运转，严重威胁正常业务的运行。2018 年的台积电 WannaCry 勒索病毒入侵事件便是由于在安装新设备时未事先确认无病毒再联网所导致的，直接造成台积电亏损 17.4 亿元。

（四）应急管理短板阻碍高效响应

建立应急管理制度是关键信息基础设施运营者有效开展安全事件应急处置的基础。若应急管理制度存在短板，一旦发生网络安全事件，则难以形成科学高效的应急响应体系，无法构建上下联动的应急协调机制、统一有效的应急处置流程，不能形成合力来及时处置各类突发网络安全事件。而应急响应不及时及缺乏高效的先期处置措施，极有可能造成网络病毒迅速扩散、事态进一步恶化、事件影响范围和影响程度显著扩大等严重后果，给关键信息基础设施运营者带来极大的损失。

关键信息基础设施运营者不能重技术轻管理，除了注重部署各类安全防护设备防止外来网络攻击，还应该围绕加强内部员工网络安全意识培训和权限管理、网络和资产管理、安全检测评估和安全漏洞管理、应急管理等方面，做好安全保护制度建设，同时注重管理制度的动态调整，结合实际情况不断完善制度建设，提高风险防范能力，保障关键信息基础设施安全稳定运行的可防可控。

二、管理机构与人员管理制度

关键信息基础设施运营者应严格落实《关键信息基础设施安全保护条例》等法律法规要求，将安全保护制度建设作为网络安全工作的重要内容，明确加强安全管理的重点领域和重要环节。同时，还应按照谁主管谁负责、谁运营谁负责、谁使用谁负责的原则，建立健全网络安全责任制。

建立健全网络安全责任制，需要明确关键信息基础设施运营者内部各机构、相关人员在关键信息基础设施安全保护工作中的责任，并建立健全各项工作机制，将关键信息基础设施安全保护责任逐一落实到具体部门、岗位和人员，确保领导到位、机构到位、人员到位、措施到位、资金到位。总体而言，关键信息基础设施运营者的主要负责人对关键信息基础设施安全保护负总责。关键信息基础设施运营者还应该设置专门安全管理机构，履行具体的安全保护工作职责。

（一）专门安全管理机构

在设置专门安全管理机构时，应首先明确该机构的具体职责包括哪些，其次按照职责划分为具体的工作小组，并指定各小组责任人及成员，确定工作目标及工作流程等，具体步骤如下。

1. 明确职责义务

按照相关法律法规、标准规范等要求，结合关键信息基础设施运营者内部安全保护需求，系统梳理专门安全管理机构应该履行的职责义务。例如，职责可以包括采取防范恶意攻击行为的技术措施，按规定存留网络日志，采取数据安全保护措施，制定网络安全事件应急预案，开展网络安全监测、检测和风险评估，报告网络安全事件，配合保护工作部门做好全国关键信息基础设施安全风险监测、评估、预警及通报工作等。

2. 设计组织架构

结合应履行的职责义务，设计专门安全管理机构的组织架构。

（1）安全保护工作领导机构。该机构由关键信息基础设施运营者的主要负责人组成，负责建立健全网络安全责任制并组织落实，统筹领导和组织关键信息基础设施安全保护各方面的工作。该机构一般由关键信息基础设施运营者的第一责任人担任最高领导。

（2）安全保护工作办事机构。该机构负责落实安全保护工作领导机构安排的各项工作任务，并指导安全保护管理机构完成各项工作任务。

（3）安全保护管理机构。根据职责分工，该机构可以具体划分为多个小组。例如，安全管理小组，负责制定各类安全管理制度、流程、规范与操作规程等文件，开展资产管理、介质管理、密码管理等工作；风险识别小组，负责资产识别、漏洞识别、维护关键信息基础设施清单、维护安全风险管理计划等；检测评估小组，负责开展网络安全检测和风险评估、报告发现的重大风险隐患等；监测预警小组，负责开展常态化的风险监测预警和信息通报等工作；应急处置小组，负责开展事件响应处置、溯源分析、调查取证分析、应急预案制定工作等。

专门安全管理机构的组织架构（示例）如图 9-1 所示。

3. 标识关键岗位

应对专门安全管理机构负责人和关键岗位人员进行安全背景审查和安

全技能考核。当人员发生变动或人员安全背景发生变化时，需要重新开展安全背景审查。

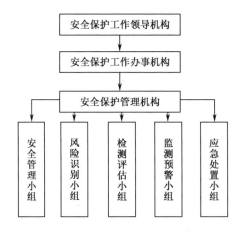

图 9-1　专门安全管理机构的组织架构（示例）

（二）人员管理制度

组建好专门安全管理机构后，需要制定相关制度，其中非常重要的一步就是建立人员管理制度。人员管理制度主要包括以下内容。

1. 教育培训

建立网络安全教育培训制度，定期对内部员工进行网络安全意识教育及专业技能培训，并开展技能考核。结合关键信息基础设施从业人员岗位性质的不同，规定对应的年度培训时长，针对关键岗位人员要制定更为严格的培训和考核要求。网络安全教育培训内容一般包括关键信息基础设施安全保护相关管理制度和规定、安全风险防范意识教育、安全保护通用技术、安全保护新型技术等。

2. 权限管理

对于在岗员工，应签订安全保密协议，严格控制敏感信息知悉范围。内部员工发生岗位调动时，应重新评估相关人员对关键信息基础设施的逻辑访问权限和物理访问权限，根据最新岗位职责及时变更其访问权限。若发生人员离职的情况，要及时终止离职人员对关键信息基础设施的所有访问权限，并及时收回与身份鉴别相关的软硬件设备等。

3. 考核奖惩

要制定严格的考核奖惩制度，对内部员工履行关键信息基础设施安全保护工作职责建立严格的检查、考核、绩效审计制度。对于未能有效履行职责的相关人员，要建立明确的问责、惩罚机制。对于在关键信息基础设施安全保护工作中表现突出的人员，要进行相应的表扬与奖励。

4. 第三方人员管理

针对某些特定场景，当企业需要第三方人员支持时，如外包人员定期以直接或间接的方式提供专业技术服务，关键信息基础设施运营者应与第三方签署服务合同、保密协议等，明确要求其保证运营者网络安全、敏感数据安全等。例如，第三方人员在提供技术服务之前，应告知关键信息基础设施运营者接口人到访的具体时间和工作内容概述，在出入企业办公区域时应接受必要的全面检查；技术操作期间，关键信息基础设施运营者接口人必须全程陪同和值守；第三方人员在接入受控网络访问系统之前应先提出书面申请，获得关键信息基础设施运营者批准后，再由专人开设临时账户、分配对应等级的权限，并在本次任务结束后及时清除第三方人员所有的访问权限等。

三、网络与资产管理制度

（一）网络管理

（1）在非必须联网的情况下，禁止关键信息基础设施直接连接公共网络。

（2）针对确实需要联网的情况，关键信息基础设施运营者应采取设置单向隔离及防火墙等措施加以防护，并定期进行风险评估，不断完善防范措施。网络接入终端应当指定专人负责管理和维护，应对使用情况和信息的导入导出进行监控和记录。应采取技术措施对网络接入终端的使用情况进行监控，联网时应采用实名制方式登录，并通过上网行为审计系统对上网时间、浏览网页、发送邮件、下载信息等进行监控和记录。

（3）非涉密移动存储介质一旦连接涉密计算机，可能存在破坏涉密信息系统物理隔离的重大隐患，关键信息基础设施运营者应严格控制在关键信息基础设施和公共网络之间交叉使用移动存储介质、便携式计算机等设备。

（二）资产管理

（1）编制资产清单，全面梳理与信息系统相关的资产信息。按照分类管理的原则，可以将资产清单划分为数据资产表、软件资产表、有形资产表等。数据资产表包括系统数据、应用数据、安全数据等数据库数据文件及用户手册、培训材料、存档信息等。软件资产表包括应用软件、开发工具、系统软件等。有形资产表包括计算机设备、通信设备、磁介质、机房等。

（2）建立设备管理制度。对关键信息基础设施网络设备的选型、采购、发放、领用、使用等过程进行规范化管理。例如，在设备采购时，应对设备安全服务方的基础资格、管理能力、技术能力和安全服务过程能力等进行全方位的评估，并在供货合同中或以其他方式明确供应商应承担的信息安全责任和义务，确保产品安全可控。

（3）建立资产安全管理制度。建立资产清查管理制度，成立资产清查小组，定期对固定资产进行清查、盘点，根据清查情况及时更新固定资产台账，保证账实相符。围绕资产的使用、传输、存储、维护或销毁等阶段，明确资产责任部门与责任人员、资产重要程度、资产物理位置等内容，规范资产管理行为。

在资产使用阶段，资产责任人应按照产品手册、操作规程、管理制度等相关要求正确使用资产，防止发生资产被盗、丢失、未经授权更改、信息泄露等事件。在资产传输阶段，应确保资产安全传输，防止敏感信息泄露、丢失等。在资产存储阶段，对于重要信息系统资产应指定专人保管。在资产维护阶段，应加强资产运行状况的巡检与监控，定期检查系统日志，及时报告并处理安全事件，在资产环境发生重大变化时应及时对系统和数据进行备份与恢复。在资产销毁阶段，应严格按照相关审批流程的要求进行资产销毁与回收。

（三）配置管理

（1）建立控制服务器等关键设备安全配置和审计制度。在配置方面，除了安装防火墙、入侵检测、防病毒，还要有统一的安全网关（UTM）、漏洞扫描、行为审计、身份认证、传输加密（VPN）、Web 应用防火墙（WAF）及虚拟浏览器等设备。关键信息基础设施运营者还应对操作系统的安全配置进行安全加固升级，提升服务器的安全保护等级。

（2）加强账户管理，遵循最小特权原则。根据工作需要合理分类设置账户权限，同时定期审计账户和权限，做好审计记录。例如，系统管理员负责系统的维护工作，可以设置账户开通、数据备份、应用安装等权限；系统安全员负责系统安全操作，可以设置权限分配、口令修复、日志管理等权限；安全审计员负责对系统管理员、系统安全员的行为进行审计，可以设置审计日志查看、备份、维护、导出等权限。还应注意，对于系统管理员、系统安全员、安全审计员，均不能配置允许以其他用户身份登录系统、增删改日志内容、任意查看和修改业务数据库中的信息等权限。

（3）建立强制性访问控制制度。在登录、访问计算机时应采用口令密码、USB 密钥、指纹、IC 卡等手段进行身份认证管理，采用口令密码时应设置强口令密码，并定期更新。对于关键设备、系统和平台的访问宜采用多因素认证。加强身份认证信息保护，禁止在不同系统和网络环境下共享。

（4）定期对账户、口令、端口、服务等进行检查，及时清理不必要的用户和管理员账户，停止无用的后台程序和进程，关闭无关的端口和服务。关键信息基础设施网络、重要系统报废或者退出使用后，除保留必要的资料外，其他资料和备份数据应清除或者销毁。

（5）加强对技术服务的信息安全管理，在安全得不到保障的情况下禁止采取远程在线服务。禁止从企业外部远程访问和维护服务器、路由器、交换机、DCS、FCS、SCADA 和 PLC 等网络关键设备。要保留并定期备份远程访问日志，安全审计登录账户、访问时间、操作内容等日志信息。禁止第三方未经国家授权对运行中的关键信息基础设施网络、重要系统进行渗透测试和攻击测试。关键信息基础设施网络、重要系统供应商在进行现场服务时，如需要访问系统，应提交工作内容、工作计划和安全措施，经企业审核批准后方可进行。

四、安全管理制度

（一）安全检测评估制度

关键信息基础设施安全检测评估是在等级保护测评的基础上，对关键信息基础设施安全防护提出更高、更具特色的保护要求，以预防和减少重大网络安全事件的发生。例如，在技术防护方面，检测评估应检验安全防护措施的全面性、有效性，及时识别各类安全风险、发现潜在的安全事件，并提出对应整改措施等。

关键信息基础设施运营者应从实际出发，建立安全检测评估制度。

（1）明确检测评估工作要求。关键信息基础设施运营者应规范检测评估工作流程，并提供必要的人员、资金、物资等保障。在检测评估周期方面，每年应至少进行一次网络安全检测和风险评估。检测评估方式可以选择自行开展检测评估或委托专业的第三方网络安全服务机构开展检测评估。对于检测评估过程中发现的网络安全问题，要及时予以整改，同时还应按照保护工作部门的相关要求，报送检测评估、安全整改等情况。

（2）制定安全基线要求。安全基线是评估关键信息基础设施运营者安全能力的基本参照。关键信息基础设施运营者应全面梳理开展检测评估需要遵循的法律法规、政策文件、标准规范等，并结合行业特点、本单位的网络环境、业务特点、面临的安全风险等因素，制定适用于本单位的安全基线要求，同时还应结合检测评估实践，动态更新安全基线。

（3）确定检测评估具体内容。关键信息基础设施运营者应参照安全基线，开展检测评估工作。检测评估内容可划分为管理和技术两个方面。

在管理方面，关键信息基础设施运营者可以通过人员访谈、文档查阅等方式，评估关键信息基础设施认定情况，避免发生漏报、误报、瞒报等情况；

评估专门安全管理机构设置和人员安全管理情况；评估安全建设、安全运维、日常监测、备份与恢复、应急响应与处置等工作落实情况。

在技术方面，一是应开展安全检测，主要采取技术核查手段，开展业务安全测试、社会工程学测试、无线安全测试、内网安全测试、安全域测试、入侵检测、安全意识测试、安全整改情况复查等工作；二是应开展安全监测，关键信息基础设施运营者应部署网络安全监测设备，对关键信息基础设施与网络进行状态监测、日志采集与事件管理、流量采集与行为分析、异常告警及关联分析等，及时发现、报告并处理设备状态异常、恶意软件传播、异常流量、异常诊断日志、端口扫描、暴力破解、敏感信息泄露等网络攻击或异常行为。关键信息基础设施运营者可通过人员核查、文档查阅等方式，核查是否在关键信息基础设施网络部署了网络安全监测设备；以技术核查手段，评估该监测设备是否可及时发现、报告网络攻击或异常行为，以及是否具备处理异常行为的功能。

（二）安全漏洞管理制度

关键信息基础设施运营者应建立网络安全漏洞管理制度，开展安全漏洞信息的收集、汇总和分析研判工作，并按照《关键信息基础设施安全保护条例》《网络产品安全漏洞管理规定》等相关文件要求，及时上报有关漏洞、风险和预警信息。

漏洞的获知方式通常有内部和外部两种途径。外部途径主要为来自软件、硬件厂商和国际、国内知名安全组织的安全通告，以及合作的安全厂商或友好的外部安全组织发布的漏洞通知。内部途径主要包括：使用安全漏洞评估工具开展漏洞扫描，关键信息基础设施运营者信息安全部门工作人员开展渗透测试，等等。因此，关键信息基础设施运营者建立安全漏洞管理制度，应重点加强人员管理、漏洞挖掘工具的合理使用及漏洞修复流程的建立。

（1）在人员管理方面，关键信息基础设施运营者应明确规定各部门职责分工。网络安全管理部门应定期对本单位各系统使用的应用软件及第三方组件开展漏洞监控和挖掘工作，并及时报告漏洞信息。IT 中心主要负责对生产网络操作系统、数据库、中间件、网络设备等系统或设备中的安全漏洞进行监控和修复。其他各产品开发部门重点负责发现并管理生产系统中可获取系统权限（如操作系统、数据库、中间件、网络设备、业务系统等）的漏洞。

（2）关键信息基础设施运营者应合理利用漏洞挖掘工具，对关键信息基础设施设备、系统及软件进行全面自动化检测和漏洞挖掘。漏洞挖掘系统能对已知漏洞进行扫描检测，并能对未知漏洞进行挖掘。对于已知漏洞的扫描包括资产探测管理、资产安全检测、设备深度分析、项目管理及结果管理；对于未知漏洞，系统可以创建疑似漏洞管理、用例库管理、漏洞库管理及厂商型号库管理等。在使用漏洞挖掘工具时，应注意不能影响生产系统、信息系统等的正常生产运行。

（3）应建立漏洞修复流程，同时不定期对漏洞修复执行情况进行检查，确保所有漏洞都按照流程进行了有效处理。对于可直接导致客户信息、交易信息、单位机密信息外泄的漏洞，以及可直接篡改系统数据的漏洞，应在48小时内完成修复。如果存在客观原因，无法按照规定时限完成修复工作，应在修复截止日期前向网络安全部门申请延期，并共同商定延后的修复时间和排期。

五、应急管理制度

关键信息基础设施一旦发生网络安全事件，可能造成网络或系统功能丧失、敏感数据泄露等严重影响，危害国家安全、国计民生、公共利益。建立健全应急管理制度，能够明确应急工作职责、理顺应急工作流程，形成科学、有效、反应迅速的应急工作机制，提高应对突发安全事件的能力，预防和减少安全事件造成的损失和危害。

（一）应急预案编制

应急预案是应急管理中的重要内容，是指导安全事件预防、应急处置开展、应急资源储备等的基本文件，在应对关键信息基础设施安全事件中起到举足轻重的作用，可提高应对关键信息基础设施安全事件的组织协调和应急处置能力，保障关键信息基础设施运营者的生产正常进行。

关键信息基础设施运营者在制定关键信息基础设施安全事件应急预案

时，应重点关注以下内容。

（1）结合实际制定预案。关键信息基础设施系统涉及众多行业，包括电力、交通、水利、能源等，不同行业发生安全事件后所造成的影响不同，处置流程不能一概而论。应细化关键信息基础设施系统安全事件类型，针对不同安全事件类型，制定具有针对性的处置流程，使应急预案具有可操作性。应确保事件发生后，预案能指导相关人员立即采取有效措施，防止事态进一步扩大，减少损失。

（2）明确安全事件分级。关键信息基础设施安全事件是指，由于人为、软硬件缺陷或故障、自然灾害等原因，对关键信息基础设施网络、信息系统或其中的数据造成危害，对社会造成负面影响的事件。根据安全事件的影响程度、影响范围等，安全事件可分为四级：特别重大安全事件、重大安全事件、较大安全事件、一般安全事件。

（3）明确组织机构与职责。应急领导小组一般由关键信息基础设施运营者的主要负责人组成，负责指导各项应急工作的开展。应急工作小组在应急领导小组的领导下，统筹协调各项应急工作。根据关键信息基础设施运营者实际组织架构及各部门职责，设置具体的工作小组，如应急处置组、系统运维组、信息通报组等。应急处置组负责实际的应急处置技术等工作，系统运维组负责日常系统运维、风险排查等工作，信息通报组负责安全事件上报等工作。应急工作组织架构如图9-2所示。

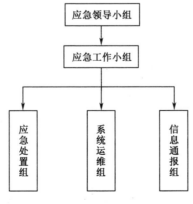

图9-2　应急工作组织架构

可以考虑建立《应急联系人清单》，一旦发生安全事件，可通过清单第一时间联系到相关责任人，使应急响应时间最短，提高应急处置效率。当责任人员发生变动时，应及时更新清单，确保清单人员信息的有效性。

（4）加强安全监测。关键信息基础设施运营者应加强对关键信息基础设施系统的安全风险监测和风险研判，对可能造成重大影响的风险和事件信息应及时上报至保护工作部门，必要时实行 24 小时零报告制度。同时，原则上，不在国家重要活动、会议等敏感时期对关键信息基础设施系统进行调整升级。

（5）加强安全事件处置。对于可能发生或已经发生的关键信息基础设施安全事件，各企业应立即开展应急处置，同时要做好事件报告，对于初判为特别重大、重大、较大安全事件的，应立即报告保护工作部门。

采取应急处置措施应确保科学有效，力争将损失降到最低，尽快恢复受损关键信息基础设施的正常运行。当事发关键信息基础设施运营者应急处置力量不足时，可请求上级保护工作部门协调应急技术机构提供支援。

关键信息基础设施运营者向保护工作部门报告事态发展变化情况和事件处置进展情况时，报告信息一般包括以下要素：事件涉及的关键信息基础设施名称及关键信息基础设施运营者名称，事件发生的时间、地点、原因、来源、类型、性质、危害、影响范围、发展趋势、处置措施等。

（6）建立应急演练制度。通过开展应急演练，可以锻炼关键信息基础设施运营者应对关键信息基础设施安全突发事件的组织指挥能力和应急处置能力，检验应急预案的有效性、合理性，提高应急资源的准备程度等。针对演练过程中发现预案存在的不足之处，积极探索更加有效、合理的事件应急处置流程和方法，在实践中不断优化应急预案，提高应急处置工作的水平和效率。关键信息基础设施安全应急响应流程如图9-3所示。

（二）常见事件应急处置措施

关键信息基础设施发生安全事件时，应根据实际情况判定危害的程度，采取不同的应急处置措施。针对攻击类事件、故障类事件等类型，可参照以下事件应急处置流程。

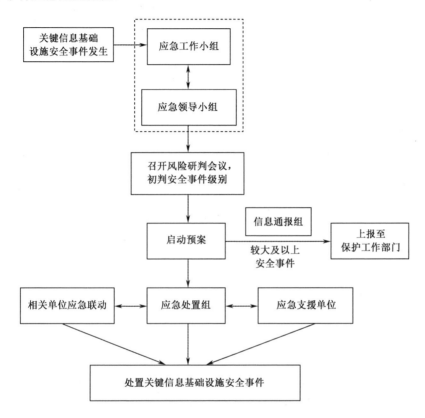

图 9-3 关键信息基础设施安全应急响应流程

1. 攻击类事件应急处理流程

1）黑客攻击紧急处置措施

（1）当通过入侵检测系统发现有黑客正在进行攻击时，应立即向系统运维组通报情况。

（2）系统运维组应立刻前往现场，将被攻击的服务器等设备从网络中隔离出来。

（3）应急处置组负责被破坏系统的恢复与重建工作。

（4）应急处置组协同有关部门共同追查非法信息来源。

（5）若情况严重，则立即按照有关规定向保护工作部门、公安机关报告。

2）病毒安全紧急处置措施

（1）当发现计算机感染病毒后，应立即将该设备从网络上隔离出来。

（2）对该设备的硬盘进行数据备份。

（3）启用反病毒软件对该设备进行杀毒处理，同时利用病毒检测软件对其他设备进行病毒扫描和清除工作。

（4）若发现反病毒软件无法清除该病毒，则应立即向应急工作小组报告。

（5）应急工作小组在接到通报后，应立即前往现场开展处置工作。

（6）经应急工作小组技术人员确认确实无法查杀该病毒后，应做好相关记录，并迅速联系有关厂商研究解决。

（7）若情况严重，则立即按照有关规定向保护工作部门、公安机关报告。

2. 故障类事件应急处理流程

1）软件系统遭受破坏性攻击的紧急处置措施

（1）重要的软件系统平时必须存有备份，与软件系统相对应的数据必须有多份备份，并将它们保存于安全处。

（2）一旦软件遭到破坏性攻击，系统运维组就应立即向应急工作小组报告，并将系统停止运行。

（3）应急工作小组负责软件系统和数据的恢复。

（4）应急工作小组检查日志等资料，确认攻击来源。

（5）若情况严重，则立即按照有关规定向保护工作部门、公安机关报告。

2）数据库安全紧急处置措施

（1）各数据库系统要至少准备两份以上数据库备份，分别存放在不同的计算机中。

（2）一旦数据库崩溃，就应立即向应急工作小组报告，同时通知各部门暂缓上传上报数据。

（3）应急工作小组应对主机系统进行维修，如遇到无法解决的问题，就应立即向软硬件厂商请求支援。

（4）系统修复启动后，将第一个数据库备份取出，按照要求将其恢复到主机系统中。

（5）若因第一份备份损坏，导致数据库无法恢复，则应取出第二份数据库备份加以恢复。

（6）若两份备份均无法恢复，则应立即向有关厂商请求紧急支援。

3）广域网外部线路中断紧急处置措施

（1）广域网主、备用线路中断一条后，有关人员应立即启动备用线路接续工作，同时向应急工作小组报告。

（2）应急工作小组应迅速判断故障节点，查明故障原因，立即予以恢复。如遇到无法恢复的情况，就应立即向有关厂商请求支援。

（3）若属电信部门管辖范围，则立即与电信维护部门联系，请求修复。

（4）若主、备用线路同时中断，则网站管理员应在判断故障节点、查明故障原因后，尽快与其他相关领导和工作人员研究恢复措施，必要时请求保护工作部门应急支援。

第十章

信息共享：打破威胁情报信息孤岛

近年来，互联网、大数据、人工智能同实体经济深度融合，制造业加速向数字化、网络化、智能化方向发展，与此同时，病毒、木马等传统网络威胁持续向工业控制系统蔓延。由于安全能力储备不足、信息不对称，工业组织往往处于被动地位。随着威胁的日益复杂化、规模化，依靠个体力量已经无法有效防止和应对安全事件，各种机构间进行信息共享、沟通、互动与协作成为必然趋势。威胁情报的交换与共享能够使威胁情报价值最大化，降低情报搜集成本，改善信息孤岛问题，进而提高参与共享各方的威胁检测与应急响应能力。网络安全威胁情报的共享交换作为一种"以空间换时间"的技术方式，可以及时利用其他网络中产生的高效威胁情报提高防护方的应对能力，缩短响应时间，从而形成缓解攻防对抗不对称态势的长效机制。

一、威胁情报概述

（一）威胁情报的概念

威胁情报旨在为面临威胁的资产主体（通常为资产所属企业或机构）提供全面的、准确的、与其相关的，并且能够执行和决策的知识和信息。威胁情报是网络防御和事件响应的重要组成部分，是信息共享与协作的主要对象。机构应通过主动收集威胁其环境的相关情报，实施有针对性的战术和战略防御措施。

美国 IT 咨询公司 Gartner 于 2014 年发布的《安全威胁情报服务市场指

南》中给出的威胁情报定义被普遍接受，即"威胁情报是一种基于证据的知识，包括情境、机制、指标、影响和操作建议。威胁情报描述了现存的或者即将出现的针对资产的威胁或危险，并可以用于通知主体针对相关威胁或危险采取某种响应"。《信息安全技术　网络安全威胁信息格式规范》（GB/T 36643—2018）定义威胁信息模型包含八个组件，分别为可观测数据、攻击指标、安全事件、攻击活动、威胁主体、攻击目标、攻击方法和应对措施，这八个组件又可划分到对象域、方法域和事件域中。根据威胁情报应用场景的不同，Gartner 将其分为以自动化检测分析为主的战术情报、以安全响应分析为目的的运营级情报及指导整体安全投资策略的战略级情报。

（二）威胁情报的特点

（1）及时性。威胁情报应当被快速传递，具有最小的延时，为接收方提供足够的机会来预测威胁并准备相应的响应。情报的及时性与环境相关，需要考虑威胁的波动性、攻击速度、对手的能力和 TTP。有些决策可能需要在几秒或几分钟内传递战术情报，以应对快速变动的对手。有些威胁变化比较缓慢，是蓄谋已久的，可能需要使用数小时、数天甚至数月的历史情报来有效处理和解决。

（2）相关性。威胁情报应具有接收者运行环境的适用性，说明机构可能要面对的威胁和可能遭遇的攻击，并描述接收者可能遇到的对手。威胁情报的接收者应进行风险分析，确定与特定威胁相关的风险。

（3）准确性。威胁情报应正确、完整和明确。不准确或不完整的信息可能妨碍重要的行动、引起不必要的行动、导致不恰当的反应或使接收者产生安全错觉。

（4）具体性。威胁情报应描写事件或对手的细节，触及有关威胁的凸出层面，使接收者理解威胁的可能影响，能够评估可以采取的行动。

（5）可操作性。威胁情报应提供足够的信息和背景使接收者能够确定对抗威胁可以采取的行动和制定应对威胁的恰当方案。

（三）威胁情报的来源

现实中有许多网络威胁情报的来源，机构可以内部收集和开发，或通过共享社区、公开源、业务合作伙伴、业界同行、产品供应商、商业网络威胁情报服务、客户、执法机构或其他事件响应团队等外部情报资源获取。任何有关对手目标和动机的发现都是非常有价值的情报，与可信个人或机构有关的人际关系是极好的信息来源。

内部威胁情报来源包括入侵检测和防护系统、安全信息和事件管理产品、防病毒软件和文件完整性检查软件的警报，以及操作系统、网络、服务和应用的日志等。应保留收集的内部威胁情报及相关证据，在机构安全策略允许的情况下与合作伙伴共享。

外部威胁情报可以通过行业共享社区（如金融、电力、医疗等）获得。在特定领域内运行的机构应考虑加入已建立的共享社区，或考虑与其他领域常常面临同样威胁和对手的机构形成共享社区。其他可能的外部威胁情报来源包括：服务于当地地区和政府执法部门等的社区；省、市和地方政府；应急响应人员和其他附属机构；提供类似威胁情报和其他收费增值能力的商业网络威胁情报服务供应商；等等。

许多可通过互联网访问的公开威胁情报公布了危害指示信息、黑名单、恶意软件和病毒信息、垃圾邮件发送者名单及其他新出现的威胁等信息。这些来源的信息可能需要人工收集和分析。

二、威胁情报共享的重要性

（一）有助于提升关键信息基础设施企业威胁感知水平

信息共享使得各组织在共同利益驱使下，应用其他共享主体的知识、经验和分析能力来补充单个组织的情报缺口。即使是微小的单一贡献也能提高整个社区的共享情报总量。业界同行之间的合作还可以帮助提高共享情报的质量，因为威胁和攻击通常针对特定行业，如工业、金融或通信。

除情报数量和质量的提升外，信息共享还能使威胁情报获得"1+1>2"的效果。当一些看似无关的观察结果汇聚在一起的时候，可能会产生相互关联的情况。这一数据丰富的过程提升了信息的价值，增加了现有的安全指标数量，改进了与特定事件、威胁或攻击活动相关的 TTP 知识，帮助企业在进行威胁检测和安全感知的过程中有更丰富的参考信息，可及时观察到异常变化。

（二）有助于增强关键信息基础设施企业安全防御能力

面对不断演变的威胁和不断专业化和复杂化的攻击手法，传统的防御方法和工具常常败下阵来，出现这种情况多是由于组织自身的防御规则老旧、安全知识不足，在面对新型威胁时"看不清、弄不懂、搞不定"。威胁情报共享是增强对外部威胁环境和自身安全状态认知、补充安全应急所需信息的重要途径，行业领导者能够通过共享信息更好地了解威胁状况，并深入了解同行的处理方式，从而更好地调整自己的做法，增强防御能力。

除了事前防御，情报共享还可以在企业应对安全事件时提供关键帮助：首先是对自身安全现状有更清晰的了解，"知己"才能从自身实际出发来分清优先级、找准风险点；其次是对攻击威胁有更清晰的了解，同类攻击案例可以辅助安全人员进行针对性的威胁分析，"知彼"才能在当前威胁环境下更有效地响应安全事件，并从事件中及时恢复。

（三）有助于构建关键信息基础设施整体网络安全屏障

各组织依照威胁信息进行补救，减少了攻击者可行的攻击载体数量，因此减少了漏洞，抬高了攻击门槛，打击了攻击者的嚣张气焰，在一定程度上可以保护那些还未受保护的成员。

除此之外，各组织进行威胁情报共享可以使情报信息池保持更新，各共享实体在监测、应对威胁时均可获益。同时，恶意攻击者的攻击手段难以有效施展，不得不寻求其他方法实施攻击，这大大增加了攻击者的时间成本和技术成本，在无形间为共享实体构建起了一道关键信息基础设施整体网络安全屏障。

三、威胁情报共享流程

机构一旦决定参与网络威胁信息共享活动，并制订了相应计划，就可以开展以下信息共享活动。

（1）建立并参与共享和协调关系。机构应识别可能被用于增加现有的内部威胁情报，以及建立信息共享和协调关系，以获取来自外部的威胁信息。

（2）获取来自外部的威胁信息。机构应建立获取来自共享合作伙伴的威胁信息机制，包括商业的或以行业为基础的开源漏洞、警报信息等。

（3）采用威胁信息以支持决策过程。机构要把从内部和外部来源接收到的威胁信息进行响应，使得可以预防或者在网络攻击早期部署对策和纠正措施。

（4）创建威胁信息。机构应建立生产威胁信息所需的基础设施、流程和培训，以及对事故数据进行详细和复杂的分析所需要的能力。

（5）与外部合作伙伴分享威胁信息。创建威胁信息的机构可与其他人分享相关的信息，一个既是生产者又是信息发布者的机构，能够给社区提供新的网络威胁信息，给社区带来活力。

四、威胁情报共享策略

（一）共享原则

1. 有效性原则

有效性原则，即需要确保共享的网络安全信息的有效性。有效的网络安全信息应具备及时性、相关性、准确性、具体性、可操作性的特性。

（1）及时性。快速形成的网络安全信息可以给信息接收者提供足够的时间来预测威胁和做出响应。及时性的定义与信息变化速度、攻击速度、攻击者能力、可能造成的影响等因素有关。

（2）相关性。网络安全信息应与信息接收者的信息系统运行环境相关。

（3）准确性。网络安全信息应该正确、完整和明确。不准确或不完整的网络安全信息可能妨碍重要的行动，引起不必要或不适当的响应行动，或使网络安全信息的接收者产生安全错觉。

（4）具体性。网络安全信息应该详细地描述网络安全事件、网络安全攻击者等信息的细节，以方便信息接收者清晰地了解威胁对他们的影响，并据此研判可以采取的响应措施。

（5）可操作性。网络安全信息应提供足够的信息和背景，使信息接收者能够制定应对方案和采取响应行动。

2. 敏感信息最小化原则

网络安全信息共享需要遵循保护个人信息、商业信息等相关敏感信息的原则。在共享网络安全信息前，应确保仅包含描述网络安全信息所必需的敏感信息。

3. 知情同意原则

对于接收到的网络安全信息的再利用，需要遵循知情同意原则，确保信息发送者知悉并同意接收者对信息的再利用。

4. 安全控制原则

对网络安全信息的存储、处理、利用等过程需要保证信息的完整性、可用性，对于不适合公开的信息还需要确保其知悉范围。

（二）合作关系

按照网络安全信息共享需要，参与主体一般包括国家网信部门等有关部门、网络运营者、关键信息基础设施运营者、网络安全相关研究机构及网络安全服务机构等。

威胁情报的共享模式根据共享参与者的组织形式不同，可分为企业内部共享、平行机构共享、政企共享、国际共享。

（1）企业内部共享。企业内部各部门如果仅依赖自身的搜索渠道和资源，独自采集情报，则很容易导致情报资源的重复，从而耗费大量人力、物力，造成资源和成本的浪费。企业若能以其整体产能为中心，根据各部门的业务需求，对威胁情报的采集和研究工作进行统筹部署，就会大大提高部门之间的协同合作效率，从而提升整个企业应对网络安全威胁的能力。

（2）平行机构共享。为达到合作共赢的目的，在相似度高的行业（如银行和金融等）之间进行威胁情报共享，能够营造互信互补的产业联盟关系。相比于各自为政的管理方式，达成平行机构之间的威胁情报共享能够使共享参与方有机会获得因自身信息渠道狭窄存在视野盲点而无法采集到的情报。

（3）政企共享。企业在自身与网络安全威胁进行对抗的同时，有责任和义务与国家和政府一同开展威胁情报共享体系的建设，深化政企合作，有利于提升我国公共基础设施的安全水平和防御能力。目前，我国应借鉴其他国家的实践经验，尽快实施符合我国国情的政企共享关系。

（4）国际共享。日益变化的国际形势因为网络攻击活动变得越发严峻和复杂。若各国能够达成深度合作，在相互尊重、彼此信任的基础上，建立有关威胁情报共享环境，则必定能一同战胜恐怖组织等邪恶势力，构建和平、稳定的国际形势。

（三）情报范围与规范

为进行高效的网络威胁信息共享，在开始获取或者发布威胁信息之前，需要做以下规划和准备工作。

1. 共享目标

在进行共享活动之前，企业需要结合自身情况确立威胁情报的共享目标。通常情况下，共享目标围绕以下几方面制定。

（1）拓展安全信息来源。通常情况下，由于缺少专业队伍，关键信息基础设施运营企业的威胁情报收集能力十分有限，进行威胁信息共享可以直接获取所有共享主体提供的情报。

（2）增加安全防御针对性。通过分析共享的威胁情报，可及时识别和发现潜在的风险，从而有针对性地进行漏洞防护，包括漏洞修补或者应用补偿性控制措施等，以达到安全防护目的。

（3）增强事前威胁感知力。通过获取与资产相关的漏洞、弱点等情报，及时做出防御调整，如企业通常不会部署两套及以上防病毒软件，而各家防病毒软件在实践中对于新生攻击则反应速度各异，通过恶意软件情报则可以基于补偿性控制增加防护层次，提高事前威胁感知能力。

（4）提高安全检测准确性。安全检测需要大量的安全信息和分析能力。

（5）提升应急响应灵活度。利用动态的威胁情报可以在进行安全应急响应时，及时获取信息，调整战术，大大提高应急响应速度。

（6）提升组织间沟通联动水平。当攻击者进行大范围有组织的攻击时，威胁情报共享可以有效地帮助各组织建立防御屏障。

（7）指导企业安全战略的制定。战略类情报多以报告、指南等形式供高级管理者阅读，此类威胁情报对组织制定安全战略有重要影响。

2. 共享范围

威胁数据共享范围的划定需要考虑多方面因素，除了大部分鼓励共享的威胁情报，还有一些威胁情报不可参与共享或需要严格依照相关法律法规的规定进行共享。

（1）组织内部数据不参与共享。此类威胁数据与组织的安全情况息息相关，包括：系统漏洞，网络和信息系统存在风险性、脆弱性的情况，网络的规划设计、拓扑结构、资产信息、软件源代码，单元或设备选型、配置、软件等的属性信息，网络安全风险评估、检测认证报告，安全防护计划和策略方案等其他可能被用于破坏组织正常运行的内容。

（2）损害国家利益的数据不参与共享。此类威胁数据与国家的安全情况息息相关，如关键信息基础设施系统漏洞、脆弱性、网络的规划设计、拓扑结构、资产信息、软件源代码等其他可能被用于危害国家安全的内容。

（3）法律法规明确规定不可共享的数据不参与共享。根据《网络安全威胁信息发布管理办法（征求意见稿）》，发布的网络安全威胁信息不得包含：" （一）计算机病毒、木马、勒索软件等恶意程序的源代码和制作方法；（二）专门用于从事侵入网络、干扰网络正常功能、破坏网络防护措施或窃取网络数据等危害网络活动的程序、工具；（三）能够完整复现网络攻击、网络侵入过程的细节信息；（四）数据泄露事件中泄露的数据内容本身；（五）具体网络的规划设计、拓扑结构、资产信息、软件源代码，单元或设备选型、配置、软件等的属性信息；（六）具体网络和信息系统的网络安全风险评估、检测认证报告，安全防护计划和策略方案；（七）其他可能被直接用于危害网络正常运行的内容。"

在对不参与共享的威胁情报信息进行甄别后，组织可按照自身能力水平，在保证威胁信息的准确性等前提下划定威胁共享范围。鼓励组织尽可能扩大共享范围。威胁信息类别细分表如表 10-1 所示。

表 10-1　威胁信息类别细分表

一级分类	二级分类	三级分类
运营级情报	基础情报	描述某个网络对象（IP/Domain/Email/SSL/文件）是什么，谁在使用它，如开放端口/服务、WHOIS/ASN、HASH、地理位置信息等
	威胁对象情报	描述与威胁相关的对象信息，如 IP 地址、域名等。简单地说，就是提供犯罪分子的犯罪证据和记录
	IOC 情报	威胁指示器（Indicator of Compromise），指检测或取证中具有高置信度的威胁对象或特征信息
	事件情报	综合各种信息后形成的外部威胁概况和安全事件详情，帮助运营者对安全事件进行针对性的防护
	其他	—
战术级情报	失陷检测情报	CNC 情报，即攻击者控制被害主机所使用的远程命令与控制服务器情报
	IP 情报	—
	其他	—
战略级情报		帮助决策者（如 CSO）把握当前的安全态势，辅助安全决策，如什么组织会进行攻击，攻击可能造成的危害有哪些，攻击者的战术能力和掌控的资源情况，攻击实例

3. 格式规范

统一的网络安全威胁信息格式规范是实现网络安全威胁信息共享和利用的前提和基础，一方面，可以帮助各个共享实体对不同来源的威胁信息形成统一认知，另一方面，一致的格式规范还便于组织进行自动化处理，使威胁情报以最快的速度应用到安全运营之中。

威胁信息格式规范主要包含两个方面内容：统一含义和统一格式。统一含义是指对某种特定威胁的描述，包含对子类及子类含义进行明确，如明确漏洞信息为："描述网络或信息系统，信息基础设施在需求、设计、实现、配置过程中，有意或无意产生的缺陷的相关信息。"其包含通用型和事件型两个子类，通用型漏洞描述为"第三方软件、应用、系统对应的漏洞"；事件型漏洞描述为"非通用型漏洞，主要是指互联网上应用的一个具体漏洞"。统一格式是指用若干个字段完整地描述某种特定威胁可能涉及的全部信息，并对这些字段的格式进行规范。例如，通用型漏洞的字段可规范为漏洞名称、漏洞编号、漏洞描述、漏洞评分、漏洞等级、漏洞类别、漏洞版本等，其中漏洞名称的格式规范为"厂商名称+产品名称+漏洞类别"。

《信息安全技术 网络安全威胁信息格式规范》（GB/T 36642—2018）定义了如表 10-2 所示的威胁信息格式规范。

表 10-2 《信息安全技术 网络安全威胁信息格式规范》定义的威胁信息格式规范

威胁信息格式规范	具体条目
可观测数据格式规范	DNS 基本记录
	电子邮件基本记录
	文件下载基本记录
	文件信息基本记录
	进程信息基本记录
	网址访问基本记录
	注册表信息基本记录
	用户信息基本记录
	系统信息基本记录

威胁信息格式规范	具体条目
攻击指标格式规范	—
安全事件格式规范	—
攻击活动格式规范	—
威胁主体格式规范	—
攻击目标格式规范	—
攻击方法格式规范	—
应对措施格式规范	—

除了该标准规定的威胁信息格式，漏洞信息、风险信息、经验信息、态势信息等也需要根据需要进行格式统一。

（四）共享机制

共享机制规定了整个共享体系的运作方式，是由各共享实体依照共享原则共同确立、共同遵守的规则。不合理的共享机制可能造成敏感信息泄露、共享积极性不高、情报利用困难等问题，因此，建立一套合理、安全的共享机制是保证共享体系高效运行的前提和关键。

1. 协作机制

威胁情报共享典型架构的基本信息共享体系架构如图 10-1 所示，包括中心共享式和点对点共享式。

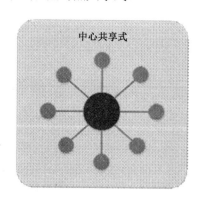
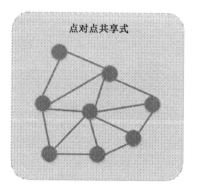

图 10-1 威胁情报共享典型架构的基本信息共享体系架构

不同的信息共享体系架构具有不同的特点，在选择信息共享体系架构时，应考虑以下关键因素：信息共享参与者的特点、可信性、能力和组成；政府、成员机构和赞助商支持共享承诺的程度；将要共享的信息类型和敏感程度；所需信息的分发频率、多少和速度。

1）中心共享式体系架构

中心共享式体系架构具有一个中心，用于存储或交换来自成员或其他来源的信息。由成员提供的信息被中心直接转发给其他成员，或由中心以某种方式处理后分发给指定的成员。中心所进行的信息处理包括：对多个来源信息的聚合和关联、消毒、去属性，通过提供附加背景丰富信息，进行趋势研究和分析，确定总体趋势、威胁和恶意活动等。

基于该架构的共享通常建立正式的数据共享协议，规定哪些信息可以共享、可以与谁共享、是否允许注明来源及允许的详细程度等。中心存储的信息可能会相当详细且信息量大，还包含带有属性的数据元素。存储库的概要形成、消毒和分发过程应按照数据共享协议处理数据，并根据需要为共享成员提供抽象、去属性的摘要信息。接收频繁、大批量应用的中心存储库可以选择自动化汇总和消毒过程。

中心共享式体系架构的优点在很大程度上取决于中心提供的服务。一些中心可能只以中间人的身份进行信息交换，另一些中心可能会执行附加处理，以丰富信息。中心提供的服务可能包括对多种来源的信息进行利用、汇总、关联、分析、验证、消毒、分发和存档等。使用开放、标准数据格式和传输协议的中心可以降低对参与者采用多种格式和协议进行信息交换的需求，并且参与者只需要进行较少的连接管理，一旦连接到中心点，即可通过中心基础设施相互连接。

中心共享式体系架构的一个潜在的缺点是信息交换系统完全依赖中心基础设施，使其容易受到系统故障、延迟或中心损坏等影响。当中心不能正常工作或性能降低时，参与共享的所有成员都会受到影响。另外，中心作为威胁情报的存储库，会成为很有吸引力的攻击目标。

分层中心共享式体系架构被广泛应用于美国联邦政府。图 10-2 描绘了用于整个联邦政府、特定部门和机构内事件响应小组的概念性中心共享式分层事件报告架构。在这里，响应小组是作为中心还是作为点参与，取决于响应小组在报告层次结构内的位置。在联邦政府内，信息从机构流向美国计算机应急响应小组（US-CERT）和/或工业控制系统网络应急响应小组（ICS-CERT）。在国防部（DoD）内，信息从作战指挥、服务、机构和现场活动流向美国网络司令部（USCYBERCOM）。USCYBERCOM 与 US-CERT 和 ICS-CERT 协调处理涉及 DoD 的网络安全事件、情报和报告。

信息共享和分析中心（Information Sharing and Analysis Center，ISAC）是美国政府中心共享式模型的另一个例子。1998 年，美国政府发布的总统决策令-63（PDD-63）将 ISAC 描述为收集、分析、消毒和分发从私营部门到行业和政府信息的中心。ISAC 也从政府向私营部门分发数据。参加行业 ISAC 是自愿的，ISAC 全国委员会确定了 17 个成员。

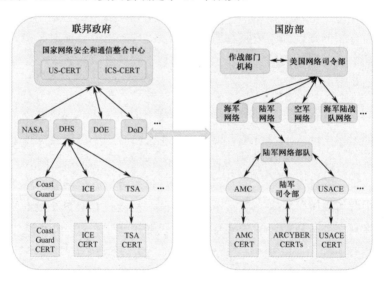

图 10-2　联邦政府中心共享式分层事件报告架构

在图 10-3 给出的模型中，ISAC 安全运营中心有多个参与者，包括成员组织、政府合作伙伴、外部共享社区、供应商等。

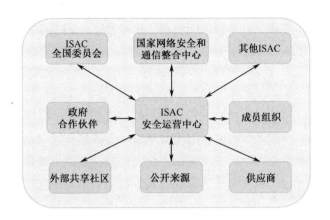

图 10-3　ISAC 中心共享式事件报告模型

2）点对点共享式体系架构

点对点共享式体系架构参与者彼此之间直接进行信息共享，各自负责利用、汇总、关联、分析、验证、消毒、保护和交换信息，机构间交换的信息只能是参与者获取、分析和分发的有限数据。信息交换的安全性、速度和频率等取决于相关机构的需求和能力。

在点对点共享式体系架构中，机构之间直接建立信任关系，并进行信息交换。其彼此信任的基础是支持共同使命，尊重规定共享规则，并愿意参与互惠共享。

点对点共享式体系架构的优点包括：参与者彼此直接共享，使接收者直接从源头获得信息，使信息得到迅速分发，为架构提供了很大的敏捷性；信息可以通过多种渠道获得，并且没有代表潜在单点攻击故障点或高价值攻击目标的中心，使架构表现出更大的弹性。

点对点共享式体系架构的缺点包括：架构实现不采用信息交换标准方法，机构必须支持多种数据格式和协议，使其难以扩展；随着参与者数量的增加，管理众多连接、数据和信任关系的成本将以指数增长。

机构与其互联网服务提供商、托管服务提供商、业务合作伙伴、业内同行、执法机构及其他事件响应小组和人员之间的信息交流，常常通过点对点互动完成。这样的共享，尽管不通过共享中心协调，仍不失为有效的应急响应能力的重要组成部分。

3）混合式体系架构

有时，需要结合中心共享式和点对点共享式的特点，实现混合式体系架构。目前，有中心和无中心的点对点共享式体系架构同时存在。在有中心的点对点共享式体系架构中，中心可用于资源发现、中间人请求或作为认证用途的可信第三方；在纯点对点共享式体系架构中，参与者管理其共享互动的各个方面。

在某些情况下，使用混合式体系架构可能是有利的，但它可能会增加成本，并且更加难以实施和操作。

一个机构可能使用点对点共享式体系架构交换低级别入侵指标信息，而将高级别事件报告发送给信息共享中心，形成混合式信息共享架构。另外，通过混合方案可以直接将相同的信息发送到单个组成员和中心，即通过直接、节点共享，对时间敏感的数据采取快速行动，实施有效的战术应对，又使用中心能力，收集、整合和分析来自多个成员的数据，用于制定更长期的战略和行动方针。

2. 激励机制

尽管威胁情报共享的重要性得到了普遍认同，但在实际实施中仍面临企业共享意愿度不高的情况，其中一个重要原因就是利益分配不透明、不均等。共享体系包含各种类型的共享实体，安全水平各不相同，要求所有实体提供同等数量或质量的情报是不现实的。想要做到公平，必然伴随成本与收益的权衡，应用合理的激励机制可以帮助各共享实体客观评估贡献、实施奖惩，实现各共享实体的利益最大化。2015 年，Tosh 等人基于博弈论的实验显示，当企业彼此之间共享更多信息时，参与交换的企业受激励程度会更高，而企业自身的安全投资还有助于最大化地获取来自其他公司的安全支持。

合理的激励机制遵守互利共赢、公平高效的原则。关键信息基础设施运营商、安全厂商、政府部门及供应链上下游各组织间的利益相互冲突、相互制约，信息共享机制要充分考虑到各实体间利益需求的特点，遵循多赢的利益分配原则。一方面，使各实体在合适的时间得到合理利益的激励，增强信息共享积极性；另一方面，要注意公平高效、统筹兼顾，以维护共享体系的健康运转。

常见的激励机制包括以下两个方面。

（1）利益补偿机制。尽可能降低信息提供者的负担或增加信息共享的奖励。美国国会曾提出一项网络信息共享税收抵免法案，以税收抵免的形式对共享威胁情报的组织实施财政激励。

（2）利益约束机制。建立规范的信息共享监测评价体系，科学评价各实体贡献，对具有自利倾向的实体进行惩罚。Liu 等人提出一种倾向于与威胁共享社区隔离的惩罚模式，如果一个实体决定不共享，而只使用威胁情报，那么惩罚机制就会撤销其许可权限，直到实体做出符合要求的贡献。

3. 信任机制

威胁情报在本质上是高度敏感的，由于共享者在不同的信任边界内操作，其产生的信任问题会导致对隐私和情报真实性的担忧。建立共享协作需要利益相关者之间的全面信任关系，而这被认为是威胁情报共享生态系统中最难获得的属性。

信任有两种视角，即提供者视角和使用者视角。

（1）从提供者视角上看。信任问题是指一旦威胁情报遭到泄露，情报共享者就可能受到不利影响，甚至受到攻击者的进一步利用，造成其声誉和经济利益受损。签订保密协议（NDA）或协议备忘录是保障情报共享者自身利益的重要途径，协议规定威胁情报共享者和其他参与者只能将情报用于成员内部共享。此外，共享体系运营者应审查所有成员，以确保他们是以合法目的成为交换体系成员的合法组织。

（2）从使用者视角上看。当把虚假的威胁情报用于重大决策中时，可能造成的负面影响是难以接受的。匿名机制在很大程度上可以保护情报共享者的隐私，但为保障共享体系的信任关系，共享体系运营者应知道提交者是被授权的成员，甚至可以获得提交者的有限信息。在共享体系中应用基于人工智能的威胁情报可信评估方法，可通过对威胁情报进行协同分析判断情报的可信度。区块链中的公有链具有开放、自治、去信任、双方匿名、不可篡改、可追溯等特点，在威胁情报共享中也可以在一定程度上解决信任问题。

4. 隐私机制

数据的非法使用及用户越权访问等问题侵犯了情报共享者的隐私，降低了情报共享活动的安全性和有效性，影响了数据共享方对情报共享的积极性，因此，保障各共享实体的隐私也是情报共享领域需要重点研究的内容。

数据脱敏需要建立数据脱敏规则，提供数据匿名化处理方法，并对个人的隐私信息进行匿名化处理。数据鉴权需要对个人的隐私数据提供相应的验证方法，限制各级用户对数据信息的访问权限。常用的威胁数据脱敏技术有同态加密、数值混淆、密文检索、区块链等。除此之外，欧盟发布的《一般数据保护条例》（GDPR）为共享的威胁情报定义了完善的保护级别，由国际电信联盟（ITU）建立的网络安全信息交换框架（Cybex）也关注到了信息交换过程中的数据隐私及访问控制问题。

5. 自动化分析机制

威胁分析的目的是通过分析异常信息，生成可供事件响应模块使用的威胁情报。威胁分析是整个体系建设中的难点，原因在于威胁分析难以量化且对使用者来说是个黑盒，使用者无法预料到威胁分析会有哪些产出物，以及对产出物没有衡量标准。一个情报从生成到被使用的全流程如图 10-4 所示。

传统的安全监测工具能够从网络行为、系统告警事件、异常的用户行为等海量的数据中采集到各种异常事件，但此时无法判断是否发生了安全事件，还需要借助其他信息进一步分析，威胁情报在这一步发挥了重要作用。例如，有入侵者利用 0day 漏洞开展入侵，没有产生任何的告警信息，但是因为有其他机构发现过这一入侵者的行为，且共享了威胁情报，那么威胁分析模块应该能根据情报中的网络行为和外部威胁情报发现这一入侵行为。这个过程极其复杂，通常需要人工研判，当海量情报持续产生时，人工效率就显得十分低下。

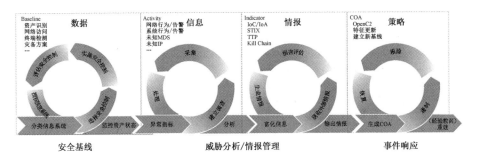

图 10-4 一个情报从生成到被使用的全流程

通过自然语言处理和人工智能技术对威胁情报进行自动化分析是目前自动化威胁情报处理的主流发展方向，如 Zhao 等提出一种可以自动识别威胁情报所属目标域的方法，同时识别不可见的妥协指标（IoC）。Gao 等提出一种可自动识别威胁情报中涉及基础设施节点和威胁类型的方法，进一步提升了威胁类型识别性能。

6. 沟通维护机制

组建威胁共享体系并不是一劳永逸的，当新的共享实体加入共享体系中时，需要一段时间将新的威胁信息来源应用到现有网络安全措施和安全工具中，新实体也需要参与培训；共享体系还需要维持持续性，保持各实体间的沟通关系，使实体间联系得更加紧密，也有利于自身网络安全实践的改善。

建立沟通维护机制有多种方式，如事件驱动型或周期性。确定沟通维护机制，规定沟通交流计划和内容，并在各共享实体间形成共识，是保证各异常事件得到及时处理、共享体系不断优化和长久维持的必要一步。

五、威胁情报共享标准化研究

（一）国外标准

1. 美国

作为互联网领域的先行者，美国率先完成网络空间安全防御理念的转变，积极从被动式防御转向主动式防御。在威胁情报领域，美国凭借其技术上的优势，先后推出了多种威胁情报共享标准，形成了集表征、共享、自动化于一体的网络威胁情报体系，且已经发展得十分成熟，并在实践中得到了广泛应用，下面针对其中较为主流的标准进行介绍。

1）CybOX

CybOX（Cyber Observable eXpression，网络指示器表达）规范定义了一个表征计算机可观察对象与网络动态和实体的方法。可观察对象包括文件、HTTP 会话、X509 证书和系统配置项等。CybOX 规范提供了一套标准且支持扩展的语法，用来描述所有我们可以从计算系统和操作上观察到的内容。在某些情况下，可观察的对象可以作为判断威胁的指标，如 Windows 的 RegistryKey。这种可观察对象由于具有某个特定值，往往作为判断威胁存在与否的指标。IP 地址也是一种可观察对象，通常作为判断恶意企图的指标。

2）STIX

STIX（Structured Threat Information eXpression，结构化威胁信息表达）提供了基于 JSON（2.x 版本）/XML（1.x 版本）数据格式表征威胁情报内容的方法。实践证明，STIX 规范可以描述威胁情报中多方面的特征，包括威胁因素、威胁活动、安全事件等。

3）TAXII

TAXII（Trusted Automated eXchange of Indicator Information）是基于HTTP（s）交换威胁情报信息的一个应用层协议，可兼容多种传输格式的数据，还可以支持多种共享模型，包括 hub-and-spoke、peer-to-peer、subscription。

当前的通常做法是用 TAXII 来传输数据，用 STIX 来进行情报描述，用 CybOX 的词汇。TAXII 在标准化服务和信息交换的条款中定义了交换协议，可以使 TAXII 在进行传输时，无须考虑拓扑结构、信任问题、授权管理等策略，而将其留给更高级别的协议和约定去考虑，这大大提升了传输的效率。

4）NIST SP 800-150

NIST SP 800-150 是美国国家标准与技术研究院（NIST）发布的《网络威胁信息共享指南》。该指南可帮助组织建立信息共享目标、识别网络威胁信息源、确定信息共享活动的范围、制定控制威胁信息发布和分发的规则、与现有共享社区互动，并有效利用威胁信息来支持组织的整体网络安全实践。

可以描述的网络威胁信息包括：入侵指标；威胁行为者使用的战术、技术和程序；检测、遏制或防止攻击的建议措施；事件分析的结果。

5）TLP

US-CERT 开发了 TLP（Traffic Light Protocol，红绿灯协议）。这个协议提供了一组名称，而不是一个数据格式，但是可以简单地被包含在任何相关的标准或规范之中。TLP 将可能被共享的情报分类，以控制共享范围。它定义了 4 个层次的共享（对应 4 种颜色）。

红色：该项目不能共享。

黄色：该项目只能在产生的组织内共享。

绿色：该项目可以在组织外部共享，但有范围限制。

白色：该项目可被广泛共享。

2. 欧盟

欧盟是最为关切网络威胁情报领域的组织之一。近年来，欧盟提出了许多法律法规以促进网络威胁情报共享，为全球相关法律的实践提供了经验。其中，较为重要的法规是 2016 年 7 月颁布的《网络和信息系统指令》（NIS）、《通用数据保护条例》（GDPR）及 2019 年颁布的《欧盟网络安全法》。《网络和信息系统指令》中，要求各成员国通过符合或改编自该指令的国家法规，建立信息共享与分析中心的有利环境，以促进欧盟成员国内与成员国间的网络威胁情报共享，从而保护关键基础架构领域的网络和信息系统。

3. 日本

随着日本、美国在军事一体化方面的加深，两国在威胁情报共享领域的合作越发紧密。日本、美国采取了搭建高级别的情报共享磋商平台、提升情报信息化共享水平、制定关于情报共享的法律法规等诸多措施，形成了相对完备的威胁情报共享机制。在情报传输标准方面，日本和美国签署的同盟协议中明确规定，日本自卫队所有骨干线路均须与驻日美军的数字线网相连，于是日本采用美国 LINK-11、LINK-16 等数据链作为标准通信格式。

4. 俄罗斯

2019 年，俄罗斯通过了最新网络安全法案《主权互联网法》。该法案呼吁建立一个互联网的备用基础设施，以便应对可能出现的网络威胁，这体现出俄罗斯在网络威胁情报领域对网络安全乃至国家安全方面的战略考虑。

（二）国内标准

在威胁情报共享的规范化与系统化发展方面，我国也在紧追国际发展趋势，大力推动网络安全威胁情报相关标准的制定、发布和执行。规范的威胁情报格式是实现网络安全威胁情报共享和利用的前提和基础，在推动网络安全威胁信息技术发展和产业化应用方面具有重要意义。

2018 年 10 月 10 日，我国正式发布了威胁情报的国家标准《信息安全技术 网络安全威胁信息格式规范》，该规范成为国内第一项关于威胁情报的相关标准。该规范给出一种描述网络安全威胁信息的结构化方法，其创建目的是实现各组织间网络安全威胁信息的共享和利用，并支持网络安全威胁管理和应用的自动化。为更好地实现这些目标，标准定义了一个通用的网络安全威胁信息模型，旨在对威胁信息进行统一描述，从而提升威胁信息共享的效率、互操作性，以及提升整体的网络安全威胁态势感知能力。

图 10-5 给出了与该标准匹配的威胁信息模型，它从对象、方法和事

件 3 个维度对威胁信息进行划分，采用包含可观测数据、攻击指标、安全事件、攻击活动、威胁主体、攻击目标、攻击方法、应对措施 8 个组件描述威胁信息。这些组件分别表达了网络威胁不同维度的特征，它们在结构上相互独立，在内容上相互关联，如"攻击指标"是用来识别特定"攻击方法"的技术指标，它是多个"可观测数据"的组合，是用来检测"安全事件"的检测规则。

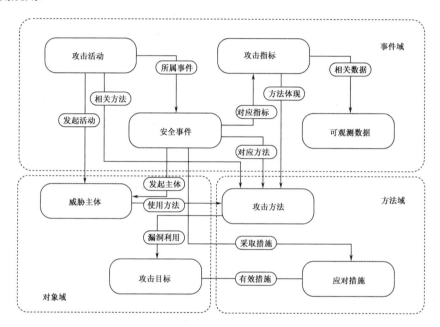

图 10-5　《信息安全技术　网络安全威胁信息格式规范》对网络安全威胁信息模型的定义

第十一章

供应链安全：夯实安全可靠发展底板

供应链这一概念最早出自 1985 年出版的《竞争优势》一书。该书从制造业角度来对供应链进行描述，将其概括为从原材料到最终产品的制造过程，并包含了全部物流、信息流、资金流所涉及的活动。

关键信息基础设施供应链包括软、硬件供应链，通常涵盖采购、开发、外包、集成等环节。关键信息基础设施供应链安全是指使用的网络产品和服务的供应链安全。随着关键信息基础设施供应链的全球化发展、供应链范围的延伸及提供商层级的增加，供应链生态系统更加复杂，通常涵盖来自全球各地的采购方、供应商、开发商、系统集成商、分销商、外部系统服务提供商及其他 ICT（Information and Communications Technology，信息通信技术）/OT（Operational Technology，操作技术）相关服务提供商，这些供应链参与者可以在研发、设计、制造、获取、交付、整合、运营、维护、处置等过程中利用或管理网络产品和服务，进而有意或无意地引入网络安全风险，导致脆弱性、漏洞、风险等广泛存在于供应链的各个环节。

在此背景下，针对网络产品和服务自身的安全性测试难以挖掘出所有潜在的风险点，因此关键信息基础设施运营者对网络产品和服务的安全性、可控性等掌控度明显降低。面对日益复杂严峻的国际形势，保障关键信息基础设施供应链安全的重要性进一步凸显。

一、供应链安全形势

（一）安全风险分析

关键信息基础设施供应链安全风险包括软件供应链风险、硬件供应链风险和第三方服务商风险。

软件供应链攻击方式主要包括：一是绕过软件代码签名，滥用用户信任，利用假冒软件获得合法身份；二是通过污染软件更新包，向其注入木马病毒，伺机发起攻击；三是通过攻击开源软件，设法植入恶意代码；四是直接攻击应用商店，取得突破口。软件管理工具提供商 Sonatype 发布的《2020 年软件供应链状况》显示，当前超过 90% 的现代应用融入了开源组件，平均每个应用包含超过 124 个开源组件，其中 49% 的开源组件存在高危漏洞；通过渗透开源项目、植入黑组件所引发的软件供应链攻击同比急剧增长了 430%。

硬件供应链攻击中较为典型的是攻击者以 ICT 物理基础设施为目标，如插入特殊芯片或在路由器上设置漏洞利用程序等。由于被攻击目标处于供应链下游，并且制造商已对硬件进行了电子签名（相当于身份验证），因此后期检测十分困难和复杂。即便是设计良好的产品，也可能在制造或组装过程中以难以识别的方式引入恶意组件。例如，一家开关工厂在生产过程中被安装了受污染的闪存卡，导致组件接连感染后续接入的系统，病毒在网络中大肆横向传播。目前，最知名的硬件供应链风险来自两大 CPU（Central Processing Unit，中央处理器）漏洞："熔断"（Meltdown）和"幽灵"（Spectre），通过植入恶意代码实施攻击，实现未经授权访问内存区域。在其影响下，个人计算机、服务器、云计算处理器、智能手机等均受到波及。

第三方服务商是指为关键信息基础设施运营者提供支持服务，可以经常访问、共享、维护对运营者至关重要的数据或设备系统的机构，包括数据管理公司、电子邮件提供商、网络托管公司、供应服务分包商等。根据知名评估机构波耐蒙研究所（Ponemon Institute）进行的一项调查，56% 的 IT 机构遭遇过因某个供应商或服务商缺陷导致的网络入侵。

（二）安全事件分析

近年来，关键信息基础设施供应链安全事件发生频率明显增加，涉及电子政务、公共服务等多个领域，波及范围广，影响程度深。下面重点分析几起典型的供应链安全事件。

1."棱镜门"事件

棱镜计划（Prism）是一项由美国国家安全局（NSA）自 2007 年起开始实施的绝密电子监听计划，该计划的正式名号为"US-984XN"。在该计划中，美国国家安全局可直接进入美国互联网公司的中心服务器挖掘数据、收集情报，包括微软、雅虎、谷歌、苹果等在内的 9 家国际网络巨头皆参与其中。其中，以思科公司为代表的科技巨头，利用其占有的市场优势在科技产品中隐藏后门，协助美国政府对世界各国实施大规模信息监控，随时获取各国的最新动态。思科公司多款主流路由器产品被曝出在 VPN（Virtual Private Network，虚拟专用网络）隧道通信和加密模块存在预置式后门，即技术人员在源码编写过程中已经将后门放置在产品中，利用后门可以获取密钥等核心敏感数据，几乎涵盖所有接入互联网使用的领域。

2."心脏出血"漏洞事件

2014 年 4 月，一个被称为"心脏出血"（Heartbleed）漏洞的 OpenSSL 加密软件包漏洞被公开披露。该漏洞可能导致缓冲区过读、内存敏感信息泄露等严重影响，早在 2012 年就存在于 OpenSSL 加密软件包中，使得大量使用该软件包构建的基于 TLS（Transport Layer Security，安全传输协议）的软件和网络服务受到影响。研究人员发现，可以利用这个漏洞找出中国铁路 12306、淘宝、微信、某些支付类接口等使用 OpenSSL 服务的一些内存信息，其中包含大量用户敏感信息等。"心脏出血"漏洞事件体现了一个软件模块的漏洞在该软件被引入下游其他软件的开发流程后，所能造成的惊人的影响和潜在的巨大破坏力。

3. solarwinds 事件

2020 年 3—6 月，solarwinds 供应链攻击事件爆发。基础网络管理软件供应商 solarwinds 的 Orion 软件更新包遭黑客植入后门。该后门可利用 solarwinds 的数字证书绕过验证，能够实现与黑客通信并将结果隐藏在众多合法的插件配置文件中。该软件的客户主要分布在美国，涉及美国财政部、司法部、商务部、国土安全部等大量政府机构及世界 500 强企业。例如，在此事件中，黑客植入的后门被用于渗透美国国土安全部的计算机网络，以获取部分电子邮件、监听政府部门通信等；全球最大的网络安全公司之一——FireEye 也遭到了攻击。

4. Kaseya 事件

2021 年 7 月 2 日，总部位于迈阿密的 Kaseya 公司发布声明，确认旗下产品 VSA 软件存在漏洞，已被黑客组织 REvil 利用、攻击，目前已经关闭了其 SaaS 服务器，并且建议所有客户关闭 VSA 软件服务器。Kaseya 为托管服务提供商 MSP 提供远程管理软件服务，已知受影响的托管服务提供商包括 SYNNEX Corp. 等，由于 MSP 的客户遍布全球，因此此次事件的影响范围颇广。例如，作为瑞典最大连锁超市之一的 Coop，受此次事件影响而被迫停止了全国 800 多家商店的服务。

（三）安全发展趋势

1. 硬件供应链发展趋势

关键信息基础设施供应链所涉及的硬件安全覆盖所使用的 ICT 产品的全部元件。以最具代表性的芯片供应链为例，当前，在这个链条中，处于国际领先地位的美国位于链条顶端，相比而言，中国主要从事低价值元件生产制造，处于较为底端的位置。但是从安全视角出发，无论是位于供应链顶端还是位于供应链底端，只要是参与方，就都能够影响供应链安全，因为漏洞、后门等可以在芯片任一组件的生产过程中被植入。从这个意义上讲，没有哪一个国家或哪一个公司可以单靠一己之力解决全链条的安全问题。可见，硬件供应链安全在未来的发展中一定会走向一条"国际轨道"，各个国家都要为之努力，并遵守相应的规则。

1）国际行为规范的建立

其实早在 2013 年 4 月，布鲁金斯学会就发表报告《在 ICT 全球供应链中建立信任 12 法》。具体建议包括：一是承认大多数供应链都属于企业私有，且解决方案的实施依赖公私双方通力合作这一现实；二是利用标签并跟踪芯片改善度量指标；三是部署身份认证系统；四是依赖独立评估；五是开发集成管理工具；六是加强信息共享；七是软件保护；八是制定标准，提高性能；

九是认证具有光明前景的程序与流程；十是鉴定表现优异者；十一是实施审计找出特殊问题；十二是区分低、中、高风险问题，并设计应对不同层次威胁的适当补救措施。

直到今天，这 12 个建议都具有相当大的现实意义，但总体上较偏重于从技术方案角度出发，对于除技术标准之外的行为规范的切入不够充分。这与当前硬件供应链安全治理的现状十分相似——相较于国际技术标准的探讨，行为规范的框架依然处于起步阶段。因此，推动建立供应链安全国际行为规范可能会成为今后供应链安全发展的重中之重。

2）原则性共识的达成

除了国际行为规范的建立，当务之急是还需要就一些原则性问题达成共识，并在此基础上形成具有一定影响力的文件或声明。比如，中国于 2019 年提交给联合国开放工作小组（Open Working Group，OWG）的立场性文件中提出，中国政府对于维护供应链安全明确提出各国应要求信息技术产品与服务供应方不得在产品中设置后门，在发现严重安全漏洞或缺陷时应及时通知合作伙伴与用户，共同维护公平、公正、非歧视的营商环境等主张。

但由于各个国家对供应链安全问题的认知和利益诉求具有较大的差异性，虽然大部分国家认可供应链安全治理的重要性，但对于治理中各主体，尤其是各国应该承担的责任和义务却无法迅速达成一致，因此共识难以达成。从未来发展趋势来看，针对供应链安全保障的原则性问题达成国际共识是非常重要也是必要的一步。

2. 软件供应链发展趋势

1）软件开源化趋势

当前，大部分商业程序中都包含开源软件，关键信息基础设施所用的软件系统也不例外。开源软件具有代码公开、易获取、可重用的特点，通过开源的方式，企业能够节省大量时间、降低成本、提高软件质量与业务敏捷性，因此开源软件的应用范围正在不断扩大。随着技术的进步，开源软件的数量也在激增，而开源软件的大量使用也导致软件供应链越发复杂。一旦开源软件出现安全漏洞，必将给开发、安全团队带来严峻的挑战。然而，开源漏洞信息往往散落分布在各大社区，很多漏洞信息不能及时被官方收录。同时，对于软件使用者而言，由于缺少漏洞信息跟踪能力，漏洞修复通常具有滞后性，这大大提高了软件被攻击的风险，增加了软件供应链安全管控难度。此外，开源软件还扩大了软件供应链的暴露范围，在未来很可能成为不法分子攻击软件供应链的切入点，因而软件的开源化趋势使得软件供应链安全面临极大挑战。

2）交付机制安全性趋势

软件供应链将作为商品的软件从作为供应链生产者的软件供应商转移到作为消费者的软件用户的计算机系统，这一过程被称为软件交付，其需要通过软件交付渠道进行。软件交付渠道最开始主要是传统的以光盘等存储设备为载体的物流体系，但随着互联网的发展及软件交付的优越性逐步显现，以互联网为交付渠道目前已经被供应链生产者与消费者广泛接受，并且出现了集中式的软件交付渠道，可以将软件快速地传播给大量用户。这一软件交付机制在降低成本、提高效率的同时，使得软件交付渠道的安全性受到网络安全因素的制约，并且在软件供应商和软件用户之间引入了不受软件供应商控制的第三方角色。在网络安全威胁形势日益复杂的情况下，如何尽可能地保障软件交付渠道的安全、可信和软件生态的纯净，并且使得供应链中的各方，特别是软件用户拥有识别恶意渠道的能力，是软件供应链安全中亟待解决的一个问题。

3）软件补丁部署高效化趋势

软件的生命周期并非在交付于用户后就结束了，而是直到软件被废弃为止。软件生命周期的这一特点为软件供应链引入了使用环节。即使水平再高的程序员，其开发的软件也会不可避免地存在缺陷与漏洞。因此，在软件的使用过程中，软件的提供商有义务监控相关的安全事件，并迅速提供安全补丁进行修补。与此同时，在软件生命周期中，如果用户需求随着业务发展产生了变化，软件提供商也会升级软件的相应功能。这些安全补丁或由于软件功能变化而产生的补丁，同样是软件供应链上流动的产品与服务的一部分，对软件的安全与业务逻辑非常重要，需要通过有效的渠道快速地将其部署到用户端，"有效"与"快速"就是对于软件提供商的能力的一大考验。如何构建高效的软件补丁部署体系，并建立起保障该体系平稳运行的安全防护体系，是软件供应链安全在未来的发展方向之一。

4）安全防护策略发展趋势

软件供应链的安全防护主要是为了应对利益驱动的网络攻击。软件供应链在为企业带来便利的同时，也不可避免地展现了软件的内部结构，这就使得软件原本被隐藏的缺陷暴露在了攻击者面前，大大降低了攻击者的攻击难度。供应链攻击为攻击者的恶意行为提供了天然的扩散渠道，具有超高的攻击价值。为了应对利益驱动的攻击行为，一方面需要引入有效的安全防护方案来提高软件供应链系统抵抗攻击的能力；另一方面需要根据软件供应链安全的实际情况，设计并开发检测此类攻击行为、追踪攻击者，以及对攻击行为做出响应的技术手段和工具。

近年来，软件供应链安全事件频发在一定程度上体现了攻击者对于攻击软件供应链的青睐，以及供应链攻击相较于传统攻击的特性。为了应对此类攻击，如何针对这一攻击类型设计系统防护措施，如何检测供应链攻击并做出响应，是软件供应链安全发展的必然趋势。

二、国内外供应链安全政策概况

（一）国外供应链安全政策概况

1. 将供应链安全上升至国家战略高度

美国最早提出供应链安全问题，并紧随 ICT 产业全球化发展趋势颁布了系列相关政策。2007 年，美国国土安全部发布了《增强国际供应链安全的国家战略》，明确提出了加强全球供应链、保障美国人民的福利和权益，以及国家经济繁荣的战略目标。2008 年 1 月，布什政府发布了 54 号国家安全总统令（NSPD54）和 23 号国土安全总统令（HSPD23），重点针对全球供应链安全问题倡议建立了全方位的风险管理体系。2012 年 2 月，奥巴马签发了《全球供应链安全国家战略》，力求通过加强全球供应链管理，构建可承受不断变化的威胁和危害且可迅速恢复的全球供应链系统。2021 年 2 月，拜登签署了《美国供应链行政令》，旨在加强美国供应链的弹性、多样性及安全性，振兴和重建美国国内制造能力，促进经济繁荣和国家安全。该行政令内容主要包括供应链风险审查、产业供应链评估、加强美国供应链的建议等。

2. 完善标准指南，提供管理指导

国际标准化组织针对 ICT 供应链制定了 ISO/IEC 27036 标准体系文件《信息技术 安全技术 供应商关系的信息安全》。该标准体系文件由多个标准簇集合而成，目的是为组织战略目标和商业需求提供安全指导，降低对供应商的过度依赖。该标准体系文件分为四个部分，其中第三部分《ICT 供应链安全指南》从实施层面为 ICT 供应链安全风险管理提供操作规范和管理实践。美国持续开展 ICT 供应链安全管理研究，已经逐渐形成较为完善的 ICT 供应链安全管理体系。2013 年，美国国家标准与技术研究院发布 NIST SP800-161《联邦信息系统供应链风险管理指南》（以下简称《指南》），旨在为联邦机构建立 ICT 供应链安全风险控制流程，帮助其识别、评估、实施风险管控，并形成最佳实践、缓解 ICT 供应链中的风险。《指南》提出 ICT 供应链风险来自三个方面：一是现有系统（或产品）的脆弱性/漏洞所引起的 ICT 供应链风险；二是生产制造、开发水平低所导致的供应链风险；三是 ICT 供应链全球化所带来的供应链风险。

3. 建立严格的安全审查制度

美国为维持本国的技术与产业优势，于 1988 年设立了美国外国投资委员会（CFIUS）。该机构由美国国务院、商务部、国防部、财政部、司法部、国土安全部、能源部等多个部门组成。依据《埃克森-弗罗里奥修正案》《外商投资与国家安全法案》（FINSA）、《外国投资风险审查现代化法案》（FIRRMA），该机构可针对涉及国防、高科技领域等的外商投资交易开展国家安全审查，并可建议总统否决该交易，以进一步维护其国家安全及企业的竞争力。在重要领域和行业，美国国防部根据《国防授权法案》《供应链风险

要求》对国防领域采购中的 ICT 供应链安全开展专项审查，将供应链风险作为选择合同商的评估重点。同时，美国国防部在采取这些措施时不必向承包商披露具体原因，也不接受对投标决定的申诉。

4. 实施供应链弹性评估项目

2017 年，美国开展"评估和强化制造与国防工业基础及供应链弹性"项目。该项目围绕美国国防工业基础的 16 个重点领域进行分析，成立了重点关注飞机、生化核和放射性、弹药和导弹、制造业网络安全、电子工业、机床和工控、软件工程等领域的 16 个工作小组，目的是明确影响美国制造与国防工业基础及供应链弹性的主要风险。2021 年 10 月，美国发布了《评估和强化制造与国防工业基础及供应链弹性》非密版报告，明确了影响美国制造与国防工业基础及供应链弹性的主要风险，包括单一来源供应、脆弱市场、脆弱供应商、产能受限、外国依赖、原材料短缺、人力资源不足、基础设施陈旧落后等问题，它们均为美国国防部供应链带来不安全因素，并围绕投资、政策、法规和立法等方面提出了一系列加强供应链弹性的建议，如提高美国国防部预算的稳定性、加强教育培训以提高国防采购人员的敏捷性及建立流程提升分析、评估和监视工业基础脆弱性的能力等。

（二）国内供应链安全政策概况

1. 市场准入检测制度

在信息安全管理方面，我国主要以市场准入的形式对产品开展检测，如工业和信息化部颁布的《中华人民共和国电信条例》、公安部颁布的《计算机信息系统安全专用产品检测和销售许可证管理办法》等，但大多侧重于功能符合性检测，即对照信息系统安全标准对信息技术、产品实现进行检测，通过对信息技术、产品各部件不同安全功能实现的检测及其数据的科学分析，得出信息系统安全保护实现与标准规定等级要求的一致性结果。当前，市场准入检测工作多侧重于合规性评定，缺少对产品特有功能中可能存在的后门、未知漏洞、隐藏功能、潜在隐患的挖掘及分析等深度安全评估工作。此外，现行工作主要围绕产品自身生命周期展开检测，缺少对产品周边情况的分析，如供应链上下游安全调查、评估等多角度、综合性分析，因此难以全面检测产品的安全可控性。

2. 网络安全审查制度

《中华人民共和国网络安全法》第三十五条明确规定："关键信息基础设施的运营者采购网络产品和服务，可能影响国家安全的，应当通过国家网信部门会同国务院有关部门组织的国家安全审查。"国家互联网信息办公室针对此条款制定了详细的落地方案，即出台了《网络产品和服务安全审查办法（试行）》（以下简称《办法》）。《办法》第二条明确指出，针对"关系国家安全的网络和信息系统采购的重要网络产品和服务，应当经过网络安全审查"；第四条明确了网络安全审查重点，其中包含"产品及关键部件生产、测试、交付、技术支持过程中的供应链安全风险"。因此，网络安全审查针对一定产品及服务范围构建了相应的供应链安全监管制度。

根据中央网络安全和信息化委员会《关于关键信息基础设施安全保护工作有关事项的通知》精神，电信、广播电视、能源、金融、公路水路运输、铁路、民航、邮政、水利、应急管理、卫生健康、社会保障、国防科技工业等行业领域的重要网络和信息系统运营者在采购网络产品和服务时，应当按照《办法》要求，申报网络安全审查。

网络安全审查立足可能带来的国家安全风险这一角度，重点评估关键信息基础设施运营者采购的网络产品和服务。其中包括：产品和服务在采购完成投入使用之后带来的关键信息基础设施被非法入侵、破坏或干扰，以及关键信息基础设施中的重要数据被窃取、泄密、损毁的风险；产品或服务供应中断对关键信息基础设施业务连续性的影响程度；产品和服务的透明性、开放性、安全性，来源的多样性，供应渠道的可靠性，以及可能由于政治因素、外交因素、贸易因素等导致供应中断的风险；产品和服务提供者遵守国家法律、行政法规、部门规章情况。除上述内容外，网络安全审查还包括其他可能危害关键信息基础设施安全和国家安全的因素。在正常情况下，关键信息基础设施运营者应当在与产品和服务供应商签署正式合同前申报网络安全审查。

3. 云计算服务安全评估制度

2019 年 7 月 2 日，国家互联网信息办公室、国家发展和改革委员会、工业和信息化部、财政部联合发布了《云计算服务安全评估办法》，旨在提高党政机关、关键信息基础设施运营者采购使用云计算服务的安全可控水平，降低采购使用云计算服务带来的网络安全风险，增强党政机关、关键信息基础设施运营者将业务及数据向云服务平台迁移的信心。其中，《云计算服务安全评估办法》特别提出了要重点评估"云平台技术、产品和服务供应链安全情况"。这就为云服务商提出了供应链安全的相关要求，云服务商需要提交供应链安全报告等材料方能通过云计算服务安全评估申请。这也从侧面帮助使用云计算服务的关键信息基础设施运营者把好供应链安全这道关。

三、供应链安全应对措施

（一）严格落实政策法规要求

关键信息基础设施运营者应明确关键信息基础设施供应链安全相关法律法规、政策制度、标准规范等提出的要求，并予以严格落实。当前，境外厂商经常以"设计缺陷"为由，在产品设计阶段引入后门、漏洞等，这一行为明显加剧了我国关键信息基础设施所面临的网络安全风险。关键信息基础设施运营者应按照《网络安全审查办法》等文件要求，明确各级部门在供应链安全管理中所应承担的责任与义务，围绕需求端到服务端，切实保障每个环节的安全，提升供应链安全保障能力。关键信息基础设施运营者还应明确供应链采购产品必须经过第三方权威认证，一旦发现产品具有某些安全隐患，就要有明确的应对措施。尤其是航空航天、核工业、能源、电力、石油石化、轨道交通等重点领域中所涉及的进口产品，需要切实落实网络安全审查制度，在经过充分安全评估后方可采购。

（二）建立供应链安全体系

建立供应链安全体系需要从管理和技术两个方面保障产品、服务各环节安全。对于供应链中的关键软件部件，还需要制定专门的安全防护要求，并对软件开发人员提出软件验证标准规范。

在管理方面主要涉及以下三方面内容。

（1）制定供应链安全管理的总体目标和原则。建立覆盖产品生命周期的供应链安全管理制度，包括采购、设计、研发、交付及运维等。在供应链整体环境发生变化时，应对供应链安全管理制度进行重新审定，对需要改进的地方进行修改。在管理制度中应明确供应链安全管理所需的资金和人员等资源。应定期开展供应链安全风险评估，制定应急预案以降低供应链安全风险。

（2）确定供应链安全管理职责。明确负责供应链安全管理的部门及其职责要求。一般情况下，部门负责人为供应链安全管理的责任人。应明确管理供应链安全的相关人员（第三方人员）的岗位职责和要求。应制订供应链安全相关的培训计划，将供应链安全管理培训融入企业的风险管理培训。培训应覆盖参与供应链管理的所有相关人员，尤其是采购人员、系统开发人员和运维人员等。

（3）使用供应链安全管理系统。供应链安全管理系统应能够实现对供应链中产品全生命周期相关活动和产品组件的追溯。应具备用户身份认证和审计相关功能，并且能够覆盖采购、设计、研发、交付、运维等环节中的相关要求。同时，还应对系统中的数据进行分级分类存储，以保证数据安全。

在技术方面主要明确供应链中的关键软件及相关安全防护要求。具体而言，关键软件主要涉及身份认证与访问管理软件、操作系统与容器环境软件、网络浏览器、终端安全软件、网络控制软件、网络保护软件、网络监控软件、运行监控软件、远程扫描软件、远程访问软件、备份与恢复软件等。

（1）身份认证与访问管理软件，是指集中识别、验证、管理组织用户、系统和设备的访问权限或执行访问决策的软件，如身份管理系统身份提供商、证书颁发者、访问代理、特权访问管理软件、公钥基础设施等。应确保只有授权用户、系统和设备，才能访问敏感信息和功能。

（2）操作系统与容器环境软件，是指建立或管理对硬件资源（裸机或虚拟化/容器化）的访问和控制，并向软件应用程序和/或交互用户提供访问控制、内存管理和运行时执行环境等公共服务的软件，如桌面和移动设备操作系统、支持操作系统及类似环境的虚拟程序和容器运营系统等，具有直接访问和控制底层硬件资源的高度特权软件，并提供最基本和关键的信任与安全功能。

（3）网络浏览器，是指通过网络处理 Web 服务器交付内容的软件，通常用作设备和服务配置功能的用户界面，如独立浏览器和嵌入式浏览器。网络浏览器提供多种访问管理功能，如支持浏览器插件和扩展、存储密码管理器凭证、为远程源代码下载提供执行环境、为存储的内容提供访问管理等。

（4）终端安全软件，是指安装在终端上的软件，通常具有较高的权限，这些权限支持或有助于终端的安全操作。终端安全软件功能包括全磁盘加密、密码管理器、搜索、删除或隔离恶意软件、报告终端安全状态的软件（漏洞和配置）、收集有关固件状态、操作系统、应用程序、用户和服务账户及运行环境的详细信息等。终端安全软件拥有对数据、安全信息和服务的访问特权，以实现对用户和系统数据的深度检查，提供信任的关键功能。

（5）网络控制软件，是指实现协议、算法及配置、控制、监视和保护网络中数据流功能的软件。常见的网络控制软件有路由协议、DNS（Domai Name System，域名系统）解析程序和服务器、软件定义的网络控制协议、虚拟专用网络（Virtual Private Network，VPN）软件、主机配置协议等。发动数据窃取等复杂网络攻击通常需要获取关键网络控制功能的访问特权，因此网络控制软件面临遭遇恶意软件破坏的风险。

（6）网络保护软件，是指防止恶意网络流量进入或离开网段、系统边界的产品，如防火墙、入侵检测/防范系统、应用防火墙和检查系统等。

（7）网络监控软件，是指基于网络的监控和管理，能够改变各种系统的状态或安装有代理或特权的软件，如网络管理系统、网络配置管理工具、网络流量监控系统等。网络监控软件具备权限提升、远程安装代理监控、配置企业 IT 系统等功能。

（8）运行监控软件，是指用于报告远程系统的运行状态和安全信息的软件，以及用于处理、分析和响应这些信息的软件，如安全信息和事件管理

（SIEM）系统等。运行监控软件对事件检测、响应及安全事件溯源分析等至关重要。该软件也可能遭到试图禁用或逃避它的恶意软件的攻击。

（9）远程扫描软件，是通过对公开的服务执行网络扫描来确定网络终端状态的软件，如漏洞检测和管理软件等。远程扫描软件通常具有访问网络服务的特权，能收集有关其他系统漏洞的敏感信息。

（10）远程访问软件，是指用于远程系统管理、配置端点或远程控制其他系统的软件，如策略管理系统、更新/补丁管理系统、应用程序配置管理系统、远程访问/共享软件、资产发现和清单系统、移动设备管理系统等。远程访问软件通常对终端用户的可见性或控制性很低。

（11）备份与恢复软件，是指用于创建副本和传输存储在端点或其他网络设备上的数据的软件，如备份服务系统、恢复管理器、网络附加存储（Network Attached Storage，NAS）和存储局域网（Storage Area Network，SAN）软件等。备份与恢复软件支持对用户和系统数据的特权访问。发生网络事件（如勒索软件攻击事件）后，备份与恢复软件对执行响应和恢复功能至关重要。

（三）保障供应链各环节安全

供应链各环节安全主要包括产品与服务生命周期、供应商管理及外包供应商管理等各个环节的安全。

（1）在产品与服务生命周期方面，主要涉及研发环节、交付环节和运维环节。

在产品开发过程中应建立安全开发流程，流程中要包括安全架构设计、安全编码、安全测试、补丁管理等内容；建立配置库，用于管理开发过程中的文档、代码、工具等，同时要加强配置库的安全管理，避免出现信息泄露等安全风险；对于外包交付的产品要明确接口和功能；建立发布和变更流程；应要求外包供应商按照安全开发流程进行开发，并提供相关的证明材料；软件发布前要对二进制与源代码的一致性进行验证并进行防病毒检查，以防止被篡改；要保障软件的完整性。对于产品开发中工具的使用，要建立相关的管理制度，确定"可使用工具白名单"，评估工具使用的安全风险。对于组件的使用，要确定关键组件清单并定期更新；分析选用的关键组件可能面临的安全风险，明确选用原则；确定关键组件的使用流程。

研发环节应建立安全开发流程，流程中要包括安全架构设计、安全编码、安全测试、补丁管理等内容；建立配置库，用于管理开发过程中的文档、代码、工具等，同时要加强配置库的安全管理，避免出现信息泄露等安全风险。对于组件的使用，要确定关键组件清单并定期更新；应依据关键组件清单，对采购的关键组件进行完整性和真实性的检查；对关键组件建立身份标识，用以记录关键组件的流转状态。评估产品开发使用工具的安全风险，并制定相应的应对措施；建立工具使用规范和使用白名单，采用网络安全检测、正版授权、验证等措施进行白名单准入控制。对研发过程中的关键环节进行控制，保障产品的完整性；要建立独立的研发和测试网络环境；对研发环境的物理访问采取严格的安全措施；建立应急响应流程，用以管理研发过程中设备故障和产品安全漏洞等信息。对外包合作方的安全要求不低于组织的安全要求；应要求外包供应商按照安全开发流程进行开发，并提供相关的证明材料；要对外包过程进行监控，包括研发过程中安全要求的落实情况及相关人员的安全意识等；对于外包交付的产品，要明确接口和功能；软件发布前要对二进制与源代码的一致性进行验证，并进行防病毒检查，防止被篡改；同时要保证软件的完整性。

交付环节应分析交付过程中的安全风险，并制定相应的应对措施，避免产品被植入后门及遭篡改、替换、伪造、破坏、滞留、丢失等；应保护交付过程中的敏感信息，避免出现泄露情况；在接收物品时，应对待接收物品的运载工具、包装等的完整性进行检查。出现异常时要与供应商进行核实，只有确认可信的产品方可使用，并应做好相关记录。

运维环节应分析运维过程中可能面临的安全风险，并制定相应的应对措施；对运维过程进行安全监控和审计；运维人员要安全可信且经过需求方认可备案，并在经过需求方授权的范围内开展运维工作；对运维过程中产生的数据进行安全管控，避免出现数据被泄露、被篡改的安全风险；供应链中的产品提供者或者服务提供者要建立漏洞管理流程，对产品和服务生命周期中发现的漏洞进行收集、处理和披露；对运维过程中产生的数字资产要进行有效保护。

（2）在供应商管理方面，在对供应商进行认证的同时，分析供应商加入供应链后可能带来的安全风险；制定供应商的认证标准和流程；制定供应商审核制度，实施针对供应商的安全管理措施，如从行业资质、管理体系、技术先进性、产品生产质量、产品资质认证等多个角度，对供应商进行综合安全评估；要求供应商能够保障自身的供应链安全并提供相关证明。建立并维护供应商目录，尽量避免单一来源供应商，定期评估供应商的风险并制定相应的应对措施；对于不符合要求的供应商，应进行重新认证，并且向其明确告知供应链安全要求。

（3）在外包供应商管理方面，要评估可能带来的安全风险，并制定相应的应对措施；要明确外包的条件、外包供应商的选择，以及相关数据的管理规定；应明确外包供应商的安全责任。采购环节应分析采购过程中可能面临的安全风险，并制定相应的应对措施；避免产品被篡改或者敏感信息泄露；采购的产品或服务应制定安全评估标准。

第十二章

人才培养：共同构筑安全保护之基

当前，我国进入全面信息化和网络化时代，关键信息基础设施运营行业大部分都完成了"两化融合"建设和发展，线上运营的关键信息基础设施面临的最大威胁已经发生转变，网络空间中存在的威胁成为关键信息基础设施稳定运营的主要威胁。网络安全成为新时代关键信息基础设施运营和发展的基石，没有网络安全，关键信息基础设施运营就如被釜底抽薪，难以得到保障。

随着新一代信息技术的快速演进，越来越多的战略性新兴技术被应用到关键信息基础设施行业中，网络空间变得越来越复杂。在此背景下，建立关键信息基础设施网络安全人才培养体系、完善关键信息基础设施网络安全人才培养市场、培养满足新时代关键信息基础设施网络安全供求关系的复合型人才，成为未来关键信息基础设施可持续发展、稳定运营、创新突破的重要工作。

一、网络安全人才培养对关键信息基础设施建设至关重要

2021 年 8 月 17 日，我国正式公布了《关键信息基础设施安全保护条例》（以下简称《条例》）。《条例》规定了关键信息基础设施的定义及范围，通过配套立法进一步保障国家关键信息基础设施安全。可以看出，关键信息基础设施在国家网络空间战略中占据着非常重要的地位。关键信息基础设施一旦遭到破坏，导致其功能丧失或数据泄露，可能直接危害到国家安全、国际民生及公共利益。关键信息基础设施网络空间的安全竞争成为保障国家安全稳定发展的重要因素，而保障关键信息基础设施的网络空间安全，则永远离不

开从事网络空间安全行业和热爱网络空间安全工作的人才。

下面分享一个小故事。很久以前，有两个国家总是对峙，战争频发，各有损伤。于是，两个国家的国王都想通过一次突袭将对方击败，然后将其吞并。而突袭的基本条件是要有强壮的士兵和日行千里的千里马。但是千兵易得，一马难求。于是两个国家都张贴告示，寻求千里马，并重赏进献千里马的人。这时，有一个人牵着一匹马到其中一个国家进献，对这个国王说："我这匹马虽然是 500 里马，但是它具备成为千里马的素质和条件，只要多加调教和培养，肯定能成为千里马。"这个国王闻言大怒："我要的是千里马，不是 500 里马！"说完就把这个人赶了出去，并打了他一顿。随即，这个人又牵着这匹马到了另一个国家，并对这个国家的国王说了同样的话，国王非常高兴地款待了他，并向他询问培养和发现千里马的要领，还把他留下来辅佐自己。

结果可想而知，拥有能培养和发现千里马人才的这个国家经过几年的养精蓄锐，培养和发现了很多千里马，很快就把另一个国家吞并了。

若将这个小故事中的千里马比作关键信息基础设施，那么培养和发现千里马的那个人就是人才，他的重要程度甚至可以打破两个国家之间的平衡，最终实现吞并对方的目标。

当前，互联网在全球范围内迅猛发展，人类已经进入信息时代，网络空间成为陆、海、空、天之外人类活动的"第五空间"。人才是维护好网络空间这一非传统领域安全的关键要素。习近平总书记明确指出，人才是第一资源；网络空间的竞争，归根结底是人才竞争。习近平总书记的话，更加明确了人才对于关键信息基础设施建设和发展的重要性。

二、关键信息基础设施网络安全人才现状难以满足现实需求

（一）形势严峻，关键信息基础设施网络安全人才需求迫切

关键信息基础设施行业运营的工业控制系统，经过近些年的发展，已经

从集中式控制系统向分散式控制系统进行转变。随着计算机和网络技术的普及，分散式控制系统（Distributed Control System，DCS）也在发生着变化，如今 DCS 已经发展到了第四代。

现场总线控制技术自 20 世纪 90 年代走向实用化后，经过发展已经在世界各国的关键信息基础设施行业运营的工业控制系统内逐步得到了应用。如今，现场总线控制技术已经集成到了关键信息基础设施工业控制系统的实际控制层，可以直接通过系统的监控层向关键信息基础设施设备发送指令，这给网络攻击提供了充足的条件。近年来，关键信息基础设施攻击事件屡屡发生，攻击目标不断升级，严重威胁国家网络空间安全和经济稳定运行。

考虑到关键信息基础设施所处行业的特性，以及网络攻击手段更加隐蔽、更加安全且成本更低的特性，关键信息基础设施在具备网络攻击条件后，必然成为恶意人员、恶意团队、恶意机构甚至国家战略攻击的首要目标。事实也是如此，历史上国内外出现过多次由网络安全引发的关键信息基础设施攻击事件，我们仅以电力关键信息基础设施为例，统计近十年来的网络安全事件。

（1）2010 年，伊朗布什尔核电站震网病毒事件爆发之后，人们把目光更多地聚集在工业控制系统安全上。由美国 ICS-CERT（Industrial Control Systems Cyber Emergency Response Team，工业控制系统网络应急响应小组）提供的安全事件统计数据分析结果可知，近年来工业控制系统相关的安全事件呈现快速增长的趋势，且这些事件多分布于能源、关键制造业、市政、交通等涉及国计民生的关键基础设施行业。

（2）2016 年，BlackEnergy 攻击乌克兰电网导致停电事件，波及伊万诺-弗兰科夫斯克州数十万个用户。事件发生 1 个月后，安全专家证实了这起停电事件是黑客恶意软件攻击电网造成的。

（3）2016 年 4 月，德国 Gundremmingen 核电站的计算机系统在常规安全检测中发现了恶意程序。此恶意程序是在核电站负责燃料装卸系统的 Block B 信息网络中发现的。该恶意程序仅感染了计算机的 Block B 信息系统，却导致核电站的全部系统都被恶意关停。专家推测，恶意程序从外部引入，如通过 USB 存储装置。

（4）2017 年，俄罗斯黑客入侵和调查美国电力公司，黑客所使用的 NotPetya 勒索软件攻击渗透能力已经足以截获实际的控制面板，操纵电力系统，从而展示其破坏电网的能力。

（5）2018 年 3 月 21 日，印度 Uttar Haryana Bijli Vitran Nigam（UHBVN）电力公司的网络系统遭到了匿名黑客组织侵入，黑客在获取其计算机系统访问权限后，进一步侵入计费系统并窃取和锁定了大量客户计费数据，同时向 UHBVN 电力公司勒索价值 1 000 万卢布(约 15 万美元)的比特币作为赎金。

（6）2018 年 4 月 24 日，乌克兰能源和煤炭工业部网站遭黑客攻击，网站瘫痪，主机中的文件被加密，主页上留下要求支付比特币赎金的英文信息，以此换取解锁文件。

（7）2019 年 3 月 7 日，委内瑞拉最大的电力设施古里水电站计算机系统控制中枢遭到网络攻击，包括首都加拉加斯在内的大部分地区停电超过 24 小时，在委内瑞拉 23 个州中，一度有 20 个州大面积停电。停电导致加拉加斯地铁无法运行，造成大规模交通拥堵，学校、医院、工厂、机场等都受到严重影响，手机和网络也无法正常使用。

（8）2019 年 7 月，南非电力公司遭勒索病毒攻击，导致无法缴纳电费。约翰内斯堡市电力公司应用程序和数据库被黑客恶意加密，其外部服务基本上都瘫痪了，居民无法通过网上支付系统购电，供电中断。

（9）2019 年 8 月 24 日，乌克兰国家安全局在南乌克兰核电站内逮捕了一批窃取核电站电力以获取数字货币的工作人员和驻军。据悉，该团伙在核电站内建立了一个小型局域网，可以通过使用视频卡、硬盘等许多未经授权的计算机部件及光纤和网线接入互联网，严重损害了核电站网络保护安全，造成核电站实物保护系统机密信息泄露。

（10）2019 年 9 月 5 日，美国西部一家电力公司因边界防火墙受到网络攻击，导致其控制中心与多个电厂之间的通信中断。据悉，电力公司使用的防火墙固件存在安全漏洞，攻击者可以远程发起攻击，导致目标设备连续重新启动并中断网络通信。

（11）2019 年 10 月 30 日，印度核电公司正式证实，库丹库拉姆核电站感染了黑客组织开发的恶意软件，导致核电站域控服务器受到控制，第二核电站机组关闭。据悉，该恶意软件已于同年 9 月 4 日前就被发现其针对印度核电公司的网络攻击活动——通常用于侦察目的，并用作其他恶意软件有效荷载的投递器。其样本包括核电站内部网络的硬编码凭证，这就证明了恶意软件经过专门编译以在核电站 IT 网络内传播和运行。

（12）2019 年 3 月，法国电力集团下属的一座英国核电站疑似遭到网络攻击，攻击者涉嫌侵入电站内部网络，可能获得极高的系统控制权限。该电力集团通过隔离受害主机、分批重新安装系统也无法恢复业务，只能向英国国家网络应急管理机构寻求技术支持。

通过上述事件我们可以看出，全球范围内长期、持续地发生着电力系统受到漏洞攻击或加密勒索攻击的恶性事件，严重影响了经济社会正常运转。关键信息基础设施的威胁源无论基于什么目标对关键信息基础设施出手，所造成的利益、军事效益、政治效益损失都是巨大的。随着信息技术的广泛应用和新兴态势的发展，越来越多的关键信息基础设施将暴露在网络空间中。这些暴露在网络空间中的关键信息基础设施，无疑将成为威胁源觊觎的"香饽饽"，不具备足够的网络安全防护能力或者说安全防护能力跟不上系统本身发展的关键信息基础设施，无疑将成为未来网络空间战的众矢之的。

当前，关键信息基础设施网络安全空间环境非常严峻，我国从国家层面高度重视。2017 年 6 月 1 日正式施行的《中华人民共和国网络安全法》中明确规定："建设关键信息基础设施应当确保其具有支持业务稳定、持续运行的性能，并保证安全技术措施同步规划、同步建设、同步使用。"如果想要达到关键信息基础设施自身发展和安全发展的同步建设目标，则需要大量关键信息基础设施网络安全人才的支撑和沉淀，而目前的关键信息基础设施网络安全人才严重不足，培养关键信息基础设施网络安全人才的需求非常迫切。

（二）供不应求，关键信息基础设施网络安全人才严重缺乏

随着信息技术的广泛普及和网络空间的快速发展，关键信息基础设施行业大部分都实现了"两化融合"的工作模式，同时也面临着来自网络空间的威胁，需要关键信息基础设施相关网络安全保障工作与时俱进，传统的单一应用型人才已经不能满足运营在信息时代下的关键信息基础设施的网络安全需求了。未来，关键信息基础设施行业不仅需要业务领域专业人才，还需要既懂业务又懂网络安全的复合型人才，这种新型人才需求的出现，无疑成为关键信息基础设施行业人才供需方面的新挑战。

从《网络安全产业人才发展报告（2021 版）》（以下简称《报告》）对网络安全人才市场的分析结果来看，2021 年网络安全人才需求量是 2019 年的 2 倍多（见图 12-1）。《报告》中指出，"在网络安全人才需求持续升温的人才市场状态下，网络安全人才供给虽每年都在稳步递增，但仍形成了一个供小于求的网络安全人才市场局面，不容乐观。"

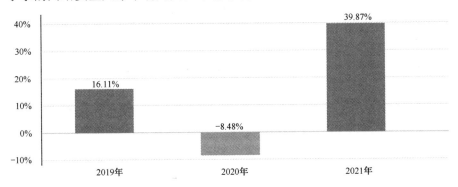

图 12-1 2019—2021 年网络安全人才需求量

《报告》以历年企业网络安全岗位数量和每年院校网络安全专业毕业的学生总数为基础，得出网络安全人才市场每年的平均需求量与供给量之比约为 2∶1 的结论。用"需求占比"指标除以"供给占比"指标可得到供需系数（见表 12-1）。

表 12-1　不同城市网络安全人才供需系数

城　　市	需求占比	供给占比	供需系数
北京	26.13%	21.43%	1.22
深圳	15.97%	20.99%	0.76
杭州	7.97%	4.72%	1.69
上海	6.87%	6.43%	1.07
成都	4.23%	4.91%	0.86
南京	4.11%	5.69%	0.72
西安	3.38%	4.28%	0.79
武汉	3.24%	2.49%	1.30
广州	3.14%	2.71%	1.16
济南	2.47%	1.41%	1.75

从表 12-1 中可以看出，北京、杭州、上海、武汉、广州和济南的网络安全人才供需失衡情况较为严重，需求量远高于供给量。根据数据来看，面对如今供小于求的网络安全人才市场局面，加之信息时代关键信息基础设施行业对新型复合型人才的数量和质量的需求进一步增加，关键信息基础设施行业更加成了网络安全市场人才补给的"重灾区"。面对关键信息基础设施安全人才市场难以满足现实需求的现状，培养和提升当前关键信息基础设施行业从业人员的网络安全专业素质，为关键信息基础设施网络安全人才队伍建设不断输入"新鲜血液"刻不容缓。

三、关键信息基础设施网络安全人才培养经验

（一）加强关键信息基础设施网络安全人才培养

关键信息基础设施网络空间安全问题在世界范围内引起高度重视，针对关键信息基础设施网络空间安全，各国均采取了建立关键信息基础设施仿真环境的方式来进行针对性的网络安全研究、学习和演练，以培养关键信息基础设施网络安全人才。

从时间上看，美国最早关注和执行网络安全空间战略研究，并着手培养

关键信息基础设施网络安全人才。2008 年年初，美国颁布了《国家网络安全综合计划》（*Comprehensive National Cybersecurity Initiative*，CNCI）。在推出一系列安全法案的同时，美国政府在 2009 年年初正式启动了著名的"国家网络靶场"（National Cyber Range，NCR）项目，由美国国土安全部、国家安全局等多家重要国家机构共同推进。虽然该项目由美国政府部门实施推进，但其目标用户和涵盖范围未局限于军事领域，还面向学术、政府、工业等众多领域。

"国家网络靶场"项目的实施和开展，一方面提供了一个大规模、高级别的网络空间基础设施；另一方面促进了如 Emulab、DETERLab、PlanetLab 等重要网络仿真实验床的发展，使其在学术、工业领域得到了广泛关注。

在 2002 年甚至更早时，犹他大学计算机学院 Flux 团队就提出了 Emulab 实验床，希望能够为网络协议的研究和分布式系统的设计和验证提供便于控制和部署的实验环境，而分布式系统的应用场景就普遍存在于国家的关键信息基础设施。该实验床由一定数量的计算主机节点、服务器节点、网络路由设备等物理设备构建而成，通过读取用户输入的 NS 配置文件，Emulab 在所管理的主机节点上安装用户所需的操作系统，部署用户要求的系统软件及应用软件，在可编程的交换机上部署和配置网络拓扑，从而创建一个用户需要的网络环境。总体来说，Emulab 通过一定程度的虚拟化技术，以软硬件相结合的形式，较好地实现了网络环境的模拟和仿真。从技术角度来说，Emulab 集成了众多功能和特性，包括使用 NS 来描述实验环境、在实验节点上自动化安装和部署许多操作系统、在可编程交换机上实现 VLAN（Virtual Local Area Network，虚拟局域网）以构建用户网络拓扑等。众多功能技术的引入及免费开源的方式，让 Emulab 成了一个研究网络协议和网络安全技术的重要选择。

不过，相比 Emulab 的复杂功能，以其为原型构建的 DETERLab，则更专注于网络靶场本身的功能需求。2004 年，美国国土安全局、国家科学基金会和国防部携手南加利福尼亚大学、加利福尼亚大学伯克利分校等研究团队推出了 DETERLab 实验床。DETERLab 实验床不仅开源了架构本身，也提供了一系列用于网络拓扑生成和结果分析的工具模块，希望实验人员通过共享实验数据、环境搭建过程、软件部署方法、实验流程和结果等信息帮助其他实验人员能够从中学习经验从而实现培养人才的目标。可以说，DETERLab不仅实现了实验环境的分享，更注重实验过程和实验经验的共享。除此之外，美国众多知名院校，如罗切斯特理工学院、纽约州立大学、伊利诺伊大学、北卡罗来纳州立大学等也都建立了自己的网络安全实验室，用于网络安全的学术研究、实战测试及人才培养。

除了美国的国家网络安全研究建设项目，其他国家也为抢占网络空间资源推出了众多研究项目。

英国拥有包括联邦网络实验靶场（Federated Cyber Test Range）和 Breaking point 系统在内的网络实验平台，进行网络流量和网络攻击的仿真和测试。日本的情报通信研究机构于 2002 年就开始了星平台（StarBed）的规划研制，并不断升级拓展，在安全性、服务质量、网络仿真等方面都有所研究。加拿大的维多利亚大学也基于 Emulab 部署实现了 CASElab 项目，形成了云计算和大规模网络安全领域的研究能力。

我国在网络安全研究建设方面，国防科技大学、国家互联网应急中心等科研院所有了一些尝试，积累了一定的经验。在关键信息基础设施行业的安全企业中，珞安科技、永信至诚、合天智汇等公司也进行了一些探索，并开始提供一些商业的网络安全空间研究仿真平台。其中，珞安科技更专注于关键信息基础设施控制系统方面的网络空间安全研究及人才培养。

可见，随着信息化时代的到来，世界各国都在顺应时代发展的变革，为争夺未来第五空间"网络空间"做着努力。但不得不承认，在起步阶段，我国稍晚于欧美等发达国家。

（二）建立关键信息基础设施网络安全人才培养体系

随着网络技术的快速发展，网络和传统行业融合加深，需要相应人员具备一定的技能，因此加强关键信息基础设施网络安全人才队伍建设，是保障关键信息基础设施安全的重要基础。建立和完善网络安全人才培养体系对于提高我国关键信息基础设施网络安全产业自主创新能力和核心竞争力、突破产业关键技术具有重要意义。因此，要从国家层面制定网络安全人才培养战略，建立网络安全人才培养体系，培养跨领域、多学科交叉的多样化人才，满足国家现实需求和填补网络安全人才供需不平衡的人才缺口。

1. 搭建关键信息基础设施网络安全人才资源支撑平台

可以将打造从相关人才学校到企业到行业到社会环境的整体培训架构，制定从中职到高本的学习绿色通道，建设关键信息基础设施安全仿真环境等几个方面有机结合，以搭建人才培养资源平台。实验仿真环境是伴随着学校、企业及行业的培训架构的关键设施，实验仿真环境全面完成建设且技术设计相对成熟之后，可以推动行业人才快速成型，为关键信息基础设施运营机构输送可满足各种层面需求的相关安全保证人才，可为关键信息基础设施行业领域提供研发、实验基地、科研验证，以促进行业整体的可持续发展，从而整体提升关键信息基础设施网络空间安全能力。

2. 完善学科体系，培养"产业-安全"复合型人才

实现关键信息基础设施安全保护人才培养的体系化建设，不仅需要强化网络安全和学科体系建设，使专业人才形成"产业-安全"双层知识结构，而且需要顺应产业升级需求，加快人才成型速度，提升人才培养质量，促进人才基数提升。产业人才越多，沉淀越厚，国内相关基础设施行业的技术思路的创新和突破就越快，从而促进从基础设施本身需求到安全需求两个方面的同步发展，最终带动产业全面稳定转型、升级、突破，促进关键信息基础设施行业适应新时代的现代化发展，提升整个行业及国家的竞争力及影响力。

3. 构建安全防御，提高关键信息基础设施网络安全人才基数和水平

在网络时代，关键信息基础设施行业发展到今天，如果关键信息基础设施内部的相关设备、信息系统及相关安全规划没有相应的安全策略和相应的人才作为支撑，那么其生存和发展必然会在某些要害时刻遭受致命威胁。提高关键信息基础设施安全人才基数和水平，就是提高各大关键信息基础设施所在行业抵御未来可能面临的网络和信息安全重大事故挑战的能力，可以减少网络和信息安全重大事故造成的损失，确保重要关键信息基础设施的信息系统、设备、数据及作业的连续性，避免引起社会重要服务功能的严重中断，

起到保证社会经济稳定发展的作用。

4. 注重行业安全需求，培养关键信息基础设施创新型人才

通过关键信息基础设施网络安全人才培养体系的全面构建，提高和培养关键信息基础设施人才在各方面的实战能力，将大大提升我国关键信息基础设施控制网络安全技术的研发能力、实验分析能力、突破创新能力及战略规划能力，将培养出大批在关键信息基础设施网络安全行业各领域的高端人才、专业人才。同时，结合各领域的关键信息基础设施仿真环境来对外开展关键信息基础设施网络安全人才和工程人员人才队伍的安全意识、理论知识、实战能力的培养，可以提升我国关键信息基础设施网络安全的整体水平，包括创新水平、发展规划水平、安全应急水平等。

5. 优化人才支撑环境，助力高端关键信息基础设施网络安全人才培养

网络安全人才的需求增长需要国家层面出台和完善网络安全领域的专门人才计划，提升网络安全人才培养的质量，强化网络安全专业和学科体系建设。另外，通过关键信息基础设施行业各领域机构及社会的助力建设的关键信息基础设施网络安全人才培养生态，在保障未来关键信息基础设施网络安全人才需求得到满足的前提下，充分补充人才数量和提升人才质量，使关键信息基础设施网络安全人才的数量和质量形成足够的沉淀，为人才向着高端层面的进阶提供方向，促进人才及人才团队的良性竞争，为关键信息基础设施安全保护方面的从业人才提供不断奋进的生态环境，为行业高端人才的孕育提供温床奠定基础。

四、关键信息基础设施网络安全人才培养体系建设思路探索

关键信息基础设施的发展离不开网络安全，而网络安全的保障离不开人才，因此，沿着"集众智者成大事"的思路，积极培养和沉淀属于我国关键信息基础设施安全防护方面的智者，探索一条专属于我国的专业的、成体系的且能持续发展的关键信息基础设施网络安全人才培养道路，为我国关键信

息基础设施智能转型发展保驾护航，是未来顺应时代发展的主要工作之一，也是我国走向新时代强国地位的重要保障因素。

（一）多元协同，体系共建

关键信息基础设施网络安全人才培养体系建设是一项长期的、系统的工程，涵盖了竞赛实训、技能培养、学历教育、人才交流等多种方式，需要学校、研究机构、关键信息基础设施运营企业、网络安全企业等多元主体共同参与。通过整合社会力量和优质资源共同参与人才培养全过程，加强"产学研用"深度融合，形成多元协同、机制灵活、功能互补、有机衔接的人才培养体系，为关键信息基础设施建设运营提供有利的人才保障（见图12-2）。

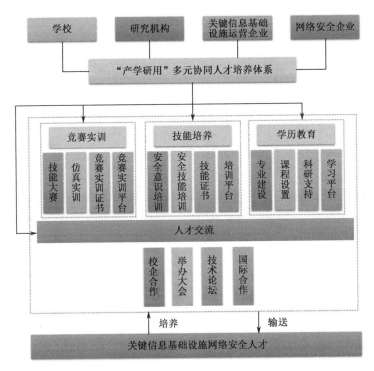

图12-2 关键信息基础设施网络安全人才培养体系

（二）重视竞赛实训，培养实战人才

1. 技能大赛

关键信息基础设施网络安全本身具备极强的应用性，其人才培养不仅要注重理论性，还要重点关注实用性和实践性，可通过技能大赛等形式提升专业水平，形成"以赛促学、以赛代练"的学习模式，培养专业人员解决复杂安全问题的综合能力。

关键信息基础设施网络安全竞赛主要分为三大类，分别为 CTF（Capture The Flag，夺旗赛）类、漏洞挖掘类和实网攻防类。

（1）CTF 类竞赛包括三种模式：一是解题模式，按解出赛题的分值和时间排名，一般用于在线选拔赛；二是攻防模式，参赛队伍之间互相进攻和防守，挖掘网络服务漏洞并攻击对方服务来得分，同时修补自身服务漏洞进行防御；三是机器对抗模式，参赛队伍利用自己制作的软件自动挖掘漏洞、利用漏洞、加固软件及自动进行安全防护。

（2）漏洞挖掘类竞赛包含两种模式：一种是安全应急中心（Security Response Center，SRC），企业通过建立 SRC 平台，鼓励安全技术人员从目标产品中挖掘漏洞或安全问题，并给予一定奖励；另一种是国家漏洞库，具有代表性的有美国国家工控系统行业漏洞库（ICS-CSET）、国家信息安全漏洞共享平台工控漏洞字库（ICS-CNVD）、工业控制产品安全漏洞专业库（CICSCV）等。

（3）实网攻防类竞赛依托实网组织模拟攻防演练，具有代表性的有美国网络风暴（Cyber Storm）竞赛，其以全天网络安全防御演习的形式模拟能源行业面临的威胁。

赛事可以发展成为针对关键信息基础设施不同行业、不同地域的，具备地方性、专业性、针对性的人才交流大赛，包括但不限于如下几个方面：

（1）各省、市根据自身地域人才市场环境的现实情况，开展关键信息基础设施网络安全人才技能大赛，培养属于各地自己的关键信息基础设施网络安全人才队伍，营造各地人才竞争的氛围。

（2）各关键信息基础设施运营行业根据各自的专业特性，开展针对性的人才技能大赛，帮助行业内的人才交流，培养具备针对性和专业性的网络安全人才队伍，营造行业内的人才竞争氛围。

（3）各大职业学校、高等院校、行业培训机构，开展基于学院交流形式的关键信息基础设施网络安全人才交流技能大赛，全方位地提升学生的专业技能。

2. 仿真实训

关键信息基础设施网络安全人才需要的是理论能力和实战能力相结合的复合型人才，仿真环境的建立，可以帮助安全技术人员进一步接近实战、系统化地提升安全问题应对能力。

学校建立的配套仿真实训环境，需要与实际教授的专业课程相匹配，并至少具备两个方面的基本能力。

（1）关键信息基础设施生产环境的仿真，包括但不限于关键信息基础设施的关键工艺架构及其组成设备、工具、应用、功能。针对学校建立的仿真环境，需要充分考虑建设的仿真环境的全面性。关键信息基础设施涉及的行业众多，仿真环境要想满足不同细分行业的能力培养需求，就需要学校建立的仿真环境不仅要对应基础课程内容，还要具备全面性，需要满足基础课程理论知识涉及不同关键信息基础设施行业课程理论的实践和验证能力，确保整体教学的适用性、对应性、完整性和全面性。

（2）关键信息基础设施运营面临的安全问题环境的仿真支持，包括但不限于物理安全、网络安全、攻击仿真、防御仿真、工具教学、安全防护的设备/应用/软件等，同时安全环境的仿真还需要具备高恢复性，保障实验室环境的高复用性、耐用性和拓展性，建议这个部分的建设多采用校企结合的模式，前沿的企业能够充分地接触现实需求，可以帮助院校充分考虑人才市场需求的针对性，也可以成为基础课程体系建设和更新的依据。

企业方面建立的仿真实训环境，则需要考虑服务行业的针对性，关键信息基础设施所涉及的行业众多，涉及的专业知识领域有所不同，企业在建立仿真实训的人才培养机制时，应更加具备针对性。

关键信息基础设施运营企业，可以建立目标更加明确的仿真实训环境，针对不同的合作机构，制定不同类型的实训目标，建立针对性的关键信息基础设施安防实验环境。例如，网络安全企业和关键信息基础设施运营企业之间的仿真实训，可以充分考虑关键信息基础设施运营企业的行业针对性。关键信息基础设施运营企业的从业人员，其知识架构大多缺少网络安全方面的内容，而更多的是具备企业本身的生产环境应用岗位的能力，通过与网络安全企业的合作，可以直接建立针对该关键信息基础设施运营企业的实际环境的1∶1攻防仿真实训环境，以对这类从业人员进行培养，使其快速转化为关键信息基础设施安全防护的复合型人才。

（3）任何人才培养机构的培养环境都没有1∶1的攻防仿真实训环境更加贴近现实，这类关键信息基础设施的仿真可以做到完全与现实结合，模拟内容也可以更加具有针对性，甚至可以成为关键信息基础设施运营企业未来新的品牌能力，如行业的产品验证能力品牌、行业应急能力演练评估品牌、新产品开发验证品牌、人才实战能力攻防演练能力评估品牌等。

3. 竞赛实训证书

构建关键信息基础设施网络安全竞赛及实训证书体系，完成对人才培养结果的认证，有助于进一步规范关键信息基础设施网络安全人才培养模式，拓宽人才遴选渠道。构建关键信息基础设施网络安全竞赛及实训证书体系，需要考虑以下两方面。

（1）明确证书专业侧重点。竞赛实训往往聚焦于某一领域，证书应与竞赛实训的内容紧密结合，突出领域及专业的侧重点。

（2）保证竞赛实训的质量。保证证书含金量，需要对竞赛和实训进行规范管理和质量把控，如竞赛在公平公正的基础上需要具有一定难度，实训则需要对训练内容、考核评估机制有所要求。

4. 竞赛实训平台

工业和信息化部在统筹开展 "护网杯"网络安全防护赛暨工业互联网安

全大赛之后，逐步开始探索和研究关键信息基础设施网络安全人才培养体制。通过建立一个统筹各方面体系的竞赛实训平台，来完成人才实战培养各方面的有机整合和关联，是保障关键信息基础设施网络安全人才培养各方面体系能够得到有效发挥的关键。竞赛实训平台的主要内容至少包括实战系统、行业资讯、竞赛资讯、优秀表彰、成果展示等方面。

其中，实战系统是针对网络安全人才培养目标定制化开发的实景训练系统，以实验靶场为核心构建各种安全应用场景，供相关专业学生及安全从业人员进行竞赛及实战训练。

（三）强化技能培养，打造过硬队伍

1. 安全意识培训

安全意识培训是关键信息基础设施运营企业安全管理中的重要一环，其实施力度会直接影响企业安全策略被理解的程度和被执行的效果。安全意识培训需要企业的各级管理人员、技术人员、用户等共同参与，将因缺乏安全意识而造成危害的潜在可能性降到最低。安全意识培训要点包括关键信息基础设施网络安全防护的重要性说明、普遍存在的安全问题、安全问题可能造成的影响、企业的网络安全管理制度、员工的责任和义务、应对安全事件的方法等。

企业应制定相关培训课程，在新员工入职阶段对其进行培训，并定期开展内部培训和考查活动，如检查安全措施是否到位，进一步强化员工的网络安全意识。良好的网络安全意识教育能够全面提升各个岗位人员的安全意识与安全防护能力，调动全体员工积极参与到安全意识和专业技术提升的工作中来。只有培养网络安全习惯，才能有效地防范网络攻击。

2. 安全技能培训

关键信息基础设施的不同行业都有专属于自身的关键工艺和技术，针对不同行业关键信息基础设施安全技能的培训需要满足复合型人才培养的理念，通过理论知识结合仿真实训的方式来培养从业人员的安全技能，安全技能培训需要遵循系统性、实用性、前瞻性、层次性等原则，具体实施方法如下。

1）构建网络安全培训体系

结合行业特点和岗位需求，设计相关培训课程，定期组织安全技能培训，并进行相关考核。实行绩效激励机制，将培训效果与职工绩效进行关联，以进一步提升培训效果。

2）开展岗位资格认证培训

为切实提高关键信息基础设施安全管理人员的业务素质和能力，应开展岗位资格认证，把专业培训与岗位资格认证有机结合起来。相关研究机构应组织专家在安全技能培训体系基础上，制定岗位培训标准，包括培训大纲、培训教材、培训方案、考核题库等，开展岗位资格认定培训考试，推动相关岗位人员持证上岗。

3）举办专题培训班

围绕特定领域中的热点、痛点问题，邀请领域网络安全专家开展技术交流培训会，结合实际问题进行技术探讨，不断提升培训人员的专业能力。

3. 技能证书

关键信息基础设施安全保护行业企业培养人才的核心思想是，以关键信息基础设施安全保护为导向，通过设计、制造和运行来实现关键信息基础设施安全保护目标，而目标导向培养、快速适应能力要求，本身就是企业培养人才或使用人才的理念。没有企业会愿意花费高成本、高周期来培养人，这个理念来自企业本身具备的特性"市场营销"、关键信息基础设施行业内的运营和营利机构，更期望能够快速、高效地找到自己需求的人才，快速解决岗位人才缺失问题。而关键信息基础设施行业内缺少具备含金量的认证证书，以及无法帮助人才和机构达成快速的认可和了解，也是在人才培养体系建设过程中应该完善的部分。

通过打造具备含金量的认证证书，构建关键信息基础设施安全保护行业内的专属认证体系，可以很好地完成这种证明和衔接，认证证书更偏向于人才培养结业时的一种证明，与社会学科的文凭类似，在培训人员完成关键信息基础设施网络安全人才方面的完整培训后，培训机构可以为其颁发相应的结业证书，用于证明该培训人员完成了哪一方面的学习，从而在让人才享受获取学习成果的成就感的同时，保障人才和寻找人才的机构更快速地达成相互认可。

目前，市面上关于网络安全方面的证书有很多，如 CISSP（Certification for Information System Security Professional，信息系统安全认证专业人员）、CISP（Certified Information Security Professional，注册信息安全专业人员）等。从网络安全方面的证书来看，云方面的安全认证证书都已经完成了建设和发布，而我国针对关键信息基础设施安全防护方面的专业安全认证证书还存在缺失，建设和发布相关的安全技能认证证书，也是人才培养市场的重要工作之一。

4. 培训平台

培训平台是安全技能培训的形式补充，基于培训平台，不同地区、不同身份的人，只要对关键信息基础设施网络安全防护技术感兴趣，就可以进行训练提升，这大大拓展了网络安全人才来源。培训平台通常包括以下五个方面。

（1）培训课程：用户可以根据个人情况选择合适的培训课程，并在线完成学习。课程应针对不同职业、不同领域、不同水平的用户设立层次化的课程体系，以满足不同人群的学习需求。

（2）技术资料：培训平台应汇聚关键信息基础设施网络安全相关的学习资料，并具备相应的检索功能，作为课程的辅助手段。

（3）考试题库：学习与自我检验是相辅相成的，考试题库应涵盖所有课程内容，帮助用户检视自己的学习成果。

（4）知识竞赛：除了独立学习，培训平台还应具备共同学习的机制，如定期开展线上知识竞赛，使不同用户间形成竞争、互相促进。

（5）交流社区：学习与交流密不可分，培训平台设立的交流社区可以帮助用户间交流学习心得，将知识融会贯通。

（四）完善学历教育，持续输送高素质人才

1. 专业建设

关键信息基础设施网络安全人才是更偏重于职业能力的人才，而我国的职业学校在针对关键信息基础设施安全保护方面的人才培养方面缺少体系化的专业，需要从中职教育到高职教育再到本科教育尽快建立针对关键信息基础设施安全保护方面的专业课程，让有相关兴趣的人可以得到体系化的教育。

此外，关键信息基础设施网络安全人才培养体系建设还需要考虑是否应该建立针对关键信息基础设施安全保护行业的中职、高职、应用型本科的学制贯通体系，打通从中职到高职再到本科的晋升通道，填补关键信息基础设施安全保护人才缺乏体系化知识架构的空缺，进一步完善针对关键信息基础设施安全保护人才培养的目标定位，为未来关键信息基础设施网络安全人才市场建立一条技能型—技术型—工程型—工匠/大师人才培养绿色通道。

院校关键信息基础设施教学体系（见图 12-3）主要涉及下述四个方面内容：一是建立针对性的基础课程体系；二是建立与课程配套的关键信息基础设施仿真环境；三是规定培养的内容；四是考核培养的结果。

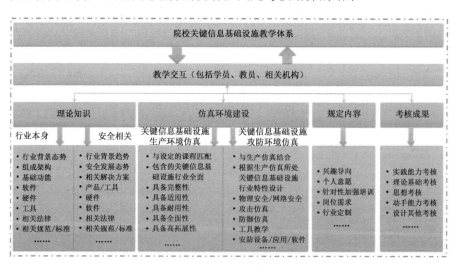

图 12-3　院校关键信息基础设施教学体系

2. 课程设置

《关键信息基础设施保护条例》明确规定了关键信息基础设施所在的行业和定义，基础课程体系需要包含关键信息基础设施所在行业的行业知识和技能，如基础设施行业背景及发展趋势、基础设施的组成架构、基础设施的功能、基础设施运营所需的软件/设备/工具及关键信息基础设施行业相关标准和规范等。同时，基础课程体系还要包含针对关键信息基础设施网络安全保护方面的行业知识和技能，如网络安全行业背景及发展趋势、关键信息基础设施保护发展的安全态势、网络安全保护的行业产品及工具、关键信息基础设施网络安全需求及解决方案，以及相关法律、标准、规范等。

中等职业教育课程要重基础、强应用，让学员初步建立职业概念；高等职业教育课程要重实践、强能力，让学员发挥主观能动性。具体来讲，中等职业教育的人才培养目标是培养与我国现代化关键信息基础设施安全建设、安全运营和稳定发展的要求相适应的，德、智、体、美、劳全面发展的，具有综合职业能力的，在生产、服务一线工作的高素质复合型应用技能人才。高等职业教育的人才培养目标则是教育者按照关键信息基础设施行业的特定需求，采用一系列的教学方法，把受教育者培养成直接适应当今关键信息基础设施安全保护各个层面岗位需求的复合型人才。

学校的课程设置，需要注重围绕基础文化知识、关键信息基础设施行业涉及的技术技能、工匠精神的协调发展进行各个层面复合型人才的培养，促进全面发展，教育出受新时代关键信息基础设施行业各方面机构欢迎的有用之才。复合型人才应具备的技能如图 12-4 所示。

3. 科研支持

不断地在关键信息基础设施网络安全领域内探索、突破和创新是能够顺应未来时代发展的必备能力。而科技力量的研究不能只靠某一个单一的机构来完成，闭门造车的方式是无法得到真正发展的。因此，基于关键信息基础设施科技研究的支持，需要同时具备足够的人才基数、完善的科研支撑场所、开放的思路环境、开拓活跃的交流环境，以及关键信息基础设施整个行业甚至社会各方面的支持和支撑。

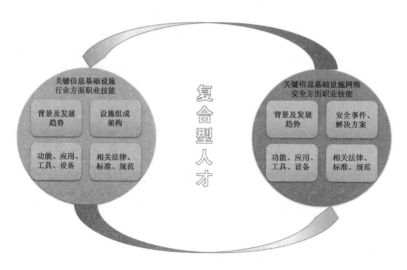

图 12-4　复合型人才应具备的技能

（1）通过关键信息基础设施人才培养体系的全面构建，打造从相关人才学校到企业到行业到社会环境的整体培训架构，制定从中职到高本的学习绿色通道，加强人才产业的快速成型，沉淀人才积累，从而实现集万众智者共同科研、共同创新、共同突破的目标。

（2）通过国家的支持，加强财政对关键信息基础设施基础研究的支持力度，建立针对学校、科研机构、科学家、从事相关安全防护研究方面的科研团队及企业组织的长期稳定支持及鼓励机制。

（3）通过针对关键信息基础设施行业建立和完善针对性的重大科研基础设施、重点实验室、专项课题研究基地等，来支持关键信息基础设施安全防护的研究工作。

（4）通过进一步深化关键信息基础设施安全防护科研项目和经费管理的体系建设，完善符合行业发展特性及科技研究规律的项目组申报、评审与决策机制，在遴选基础研究项目时更加注重对研究方向、人才团队及其创新能力的考察，简化项目任务书和预算书，落实法人单位和科研人员的经费使用自主权，使科研人员有充足的时间开展科学研究，让经费为人的创造性活动服务。

（5）通过建立完善的、符合基础研究特点和规律的评价机制，开展基础研究差异化评价试点，针对不同的高校、科研机构实行分类评价，制定相应的标准和程序，完善以创新质量和学术贡献为核心的评价机制，支持高校和科研院所自主布局基础研究，扩大高校与科研院所学术自主权和个人科研选题的选择权，健全完善科技奖励等激励机制，提升科研人员的荣誉感。

（6）通过建立相应的激励机制，充分建立鼓励创新、宽容失败的容错机制，鼓励从事关键信息基础设施安全防护方面的从业人才或专业的科研人才大胆探索、挑战未知。

4. 学习平台

在关键信息基础设施人才培养体系建设过程中，学习平台的建设也是重要的工作，学习平台有别于其他两类平台，是更加注重人才知识完整性架构培养和教学的平台。

通过研究机构、学校、企业的通力合作，在学习平台上制定帮助学员快速选择学习方向的方案、教学学习的过程指导方案、教学课程的内容发布及制定考核的内容，从而完成将从业人员转变为从业人才的过程。学习平台包括但不限于理论知识、实践题库、动手实战能力、相关考核及匠心/思想等内容。

（五）加强人才交流，促进人才能力整体提升

人力资源平台组织作为多主体协同推进人才全球化集聚的重要组成部分，要通过不断完善人力资源服务来向"走出去"企业和其他主体提供全球人才信息，与其人才需求形成良好对接，并支撑及推进人才全球化集聚。一是构建国际人才信息交流平台，共享国际人才资源信息。通过技术手段和市场力量的支持，采集、汇总、分析并提取与"走出去"重点领域、细分行业发展相关的各类国际人才信息，为企业选聘人才提供数据支持，实现中国国际人才信息收集的科学化与规范化。二是构建与东道国各界精英的交流平台。高校（科研机构）可组织开展国际学术会议、社会交流活动、座谈会，吸收并学习东道国地区的相关政策、制度信息、相关法律法规，同时也为弘扬中

国文化、扩大中国高校的影响力提供渠道，便于日后办学任务的开展。通过建设国际人才大数据平台，共享国际人才资源信息，按需制定人才培养方案，助力落实人才全球化集聚战略。

1. 校企合作

校企合作，是指关键信息基础设施行业中的关键信息基础设施运营企业、网络安全企业、研究机构等同院校类机构开展合作的人才培养模式，三大类企业在各自领域积累的经验可以成为学校培养人才的助力，帮助学校完成人才培养体系的建设，甚至直接提供现场的教学或讲学。开展校企合作人才培养的主要措施包括以下几个方面：一是投资合作建设或者直接捐建专门的职业技术学校或者建立专门的系部/学科；二是提供具备能力的工程师开展教学、讲学；三是提供教学依据和需求；四是帮助院校建设符合实际情况的仿真环境；五是提供技术指导与咨询，等等。

校企合作是相互的，学校精于学术研究，企业则精于实战和能力变现，上述五大措施完全可以反过来，即由学校提供企业支撑，帮助企业建立制度，帮助企业完成培训，帮助企业进行产品的定位、研究与开发，提供技术指导与咨询，等等。

2. 举办大会

关键信息基础设施的安全防护人才培养，可以通过政府组织或者通过行业内的各类机构自主自发地组织举办相关交流大会。通过定期或者不定期地举办包括但不限于攻防演练、应急演练、产品展示、科技展示、技术交流等方面的大会，来促进行业人才及人才团队的良性竞争，为关键信息基础设施安全保护方面的从业人才提供不断奋进的行业生态环境，为行业高端人才的孕育提供温床。行业交流大会的举办类型包括但不限于如下几个方面。

（1）举办技能大赛。

（2）举办人才招聘大会。

（3）举办先进科技成果展示和交流大会。

（4）举办产品交流方面的大会。

（5）举办人才辩论大会。

（6）举办优秀从业人员、优秀科研人员、优秀学生等方面的人才表彰大会。

3. 技术论坛

在信息化时代，网络空间的线上交流才是人们学习、放松及获取信息最活跃的场景，网络空间的便利性、高效性及隐蔽性，都能更好地推动人类天性的释放，线上交流可以更加天马行空，具有无限的创造力。为关键信息基础设施安全防护行业建立健康且具备足够分量的线上交流空间，建立丰富的技术论坛，是促进整个行业人才培养及行业外的安全素养提升的关键。技术论坛的建立措施包括但不限于如下几个方面。

（1）关键信息基础设施本身运营设施的技术交流论坛。

（2）关键信息基础设施攻防黑客技术论坛。

（3）关键信息基础设施意识交流普及论坛。

（4）关键信息基础设施前沿资讯交流论坛。

（5）专门提供关键信息基础设施专业安防从业人员或学习人员线上交流的技术论坛。

4. 国际合作

早在 2006 年，经俄罗斯倡议，"金砖四国"外长于 2006 年 9 月联合国大会期间举行了首次金砖国家外长会晤。首次会晤的举行开启了金砖国家合作的序幕。2009 年 6 月，金砖国家领导人在俄罗斯叶卡捷琳堡举行首次会晤，并发表了《"金砖四国"领导人俄罗斯叶卡捷琳堡会晤联合声明》。经过多年的发展，金砖国家在经贸、财政、金融、农业、教育、卫生、科技、文化、禁毒、统计、旅游、智库、友城、地方政府合作等数十个领域开展了务实合作。而如今，关键信息基础设施行业安防人才的培养，应积极地参与到开放的国际环境中，让行业内的人才可以充分地接触和了解国际最前沿的发展态势、最新的科技成果及最前沿的技术成果，从而促进关键信息基础设施安全防护的建设性力量突破，国际合作方面的措施包括但不限于如下几个方面。

（1）将技能大赛举办到国际上去，建立关键信息基础设施技能大赛从地方到国家再到国际的贯通型大赛体制，将世界各国关键信息基础设施安全防护人才聚集到一起进行切磋，可以使得我国关键信息基础设施保护人才了解到彼此的优劣势，促进关键信息基础设施保护人才的技能提升，打造关键信息基础设施保护行业人才领域的最高荣誉，为国争光的同时，还能促进国际友谊的和谐发展。

（2）积极开展针对关键信息基础设施安全防护方面的科技研究、学术研究、产品设施研究等双边甚至多边的合作项目，充分利用不同国家的不同思维模式，来推动行业科技的整体发展。

（3）积极开展针对关键信息基础设施安全防护事件的国际应急合作，通过接触更多的关键信息基础设施安全事件和问题，来提升人才解决问题的能力。

（4）积极开展针对关键信息基础设施安全防护领域不同技术类型的交流，如监测技术、防御技术、渗透技术及其他相关技术。

（5）积极开展关键信息基础设施安全防护领域人才培养体系方面的研究交流，学习国外先进的人才培养机制、人才培养制度、人才培养措施，来完善国内的相关体系，推动国内关键信息基础设施人才培养体系的不断健全、高速发展及创新突破。

| 行业篇 |

第十三章

电力行业：发电企业网络安全防护技术应用案例

一、概述

电力行业作为关键信息基础设施行业，其生产控制系统网络安全对于电力行业安全生产至关重要。当前，火力发电仍是我国主要的发电方式。火力发电企业普遍采用高度自动化的生产技术装备和高度信息化的运营管理手段，在为企业带来生产便利的同时也面临着极大的网络安全风险，一旦敌对势力、恐怖组织、商业间谍、内部不法人员、外部非法入侵者利用系统上的漏洞或管理上的疏漏侵入火力发电企业网络，就有可能造成系统瘫痪、敏感信息泄露、系统运行遭恶意控制等严重后果。

（一）行业背景

火力发电企业生产系统主要包括：火电机组分散控制系统、火电机组辅机控制系统、火电厂级信息监控系统、调速系统和自动发电控制功能、励磁系统和自动电压控制功能、梯级调度监控系统、网控系统、继电保护、故障录波、电能量采集装置、电力市场报价终端等。为了提升发电生产控制系统抵御网络攻击、破坏的能力，国家发展和改革委员会颁布了第 14 号令《电力监控系统安全防护规定》，国家能源局发布了第 36 号文《电力监控系统安全防护总体方案》，确定了电力二次系统安全防护的总体框架，指导全国电力系统信息安全体系化的建设。

（二）行业安全风险

火力发电企业生产系统存在脆弱性，并且缺乏足够的安全防护措施，导致其容易遭受网络攻击。具体而言，火力发电企业生产系统存在的安全风险主要包括以下几个方面。

1. 网络结构风险

通常，火力发电企业会在 DCS 网络和外部网络之间设立一个 DMZ（Demilitarized Zone，隔离区），使连接尽可能最小化。但这种网络结构并不能保证外网接入安全，无法确保对主机和应用系统资源的合法使用及用户身份的合法性。

2. 区域边界风险

火力发电企业生产系统的现场控制层与监控层之间存在区域边界风险，由于缺乏边界保护，现场控制层容易受到信息网络和相邻生产系统的安全影响，各区域间存在网络安全威胁互侵的可能。

3. 通信网络风险

按照《国家电网公司关于加快推进电力监控系统网络安全管理平台建设的通知》的要求，火力发电企业通常会在电力生产系统Ⅰ区和Ⅱ区中部署网络安全监测装置，对服务器、工作站网络设备安全防护等监测对象进行数据采集和分析，但缺乏对生产控制大区网络流量的监控，无法及时发现网络中的各种违规及侵入攻击行为，无法感知未知设备、非法应用和软件的侵入，难以进行网络攻击溯源。

4. 终端设备风险

火力发电企业生产控制系统的操作终端大部分采用 Linux 和 Windows 的操作系统，为保证过程控制系统的相对独立性，同时考虑到系统的稳定运行，现场工程师、操作员等在系统开车后通常不会再进行补丁升级，导致终端通常带毒运行，易遭入侵。同时，由于缺乏严格的 U 盘等移动介质管控措施，终端登录无身份认证措施，应用软件存在使用默认密码和用户口令粘贴于显眼位置现象，未部署安全技术措施等，导致终端设备存在易被攻击的风险。

5. 通信协议风险

基于火力发电企业生产系统对数据的实时性和周期性要求，工业通信协议往往缺乏有效的用户安全认证，数据传输的加密、解密等基本信息安全手段缺失。协议的相关信息可以通过公开渠道获取，攻击者很有可能利用协议的漏洞对工控网络发起攻击。

6. 安全管理风险

火力发电企业生产控制系统设备复杂，网络设备、控制设备、监控主机服务器等运行情况、告警日志等难以统一管理，并且存在企业大多数维护人员不具备专业安全分析能力、运维管理人员对电厂设备状况了解不清等问题。一旦生产系统出现故障，维护人员不清楚网络状况，不能及时发现病毒、业务访问异常、网络入侵行为等问题，就无法采取有效的先期处置措施，可能会造成病毒蔓延甚至系统直接停机等后果。

7. 离线测试风险

火力发电企业工业控制系统在上线前通常不会进行安全性测试，然而系统在上线后可能存在大量网络安全漏洞，网络安全配置难以及时更新、存在薄弱环节甚至部分系统带病毒工作的现象屡见不鲜。

二、案例分析

案例主要是实现某热电企业 DCS 主控和辅控系统网络安全防护改造，确保技术防护工作的顺利实施并满足国家和行业对生产系统的要求。

（一）建设需求

现场安全调研分析发现，企业的安全需求主要包括以下七个方面。

1. 安全加固需求

安全基线检查是指通过基线检测工具或人工查看系统安全配置，以确认目标对象安全策略设置是否符合要求的一种方法。主要包括主机基线检查、网络设备基线检查、安全设备基线检查、应用基线检查等，基线检查可以确定安全策略执行及日常管理工作的执行情况。

需要通过安全基线检查，结合企业基线要求，为用户提供主机及网络设备安全加固服务。

2. 区域隔离防护

需要在生产控制大区Ⅰ区和生产控制大区Ⅱ区网络边界位置部署逻辑隔离设备，通过有效抵御各类针对工控系统的网络攻击和恶意破坏，为生产控制系统的稳定运行提供安全保障。

3. 边界入侵防范

需要对网络进行检测，提供对内部攻击、外部攻击和误操作的实时监控，提供动态保护以提高网络的安全性。需要合理设置检测规则，检测发现隐藏于网络边界正常信息中的入侵行为，分析潜在威胁并进行安全审计。

4. 安全审计需求

需要建设具有内网安全监视功能的系统，实现对企业生产网络中的网络流量、异常事件、操作行为和数据内容等的安全审计，对异常行为进行实时警报，并提供追踪溯源分析。

5. 主机安全防护需求

上位机多采用 Windows、Linux 等主流操作系统，系统漏洞极多，容易被利用攻击。需要选用工控防护软件，通过在 DCS 的服务器和工作站部署工控防护软件，采取黑白名单技术措施，实现对病毒的免疫，保障服务器和工作站的系统安全。

6. 统一安全管理需求

网络安全设备缺乏统一安全管控，难以实现对各类安全设备的状态监控、审计管理和策略管理等的集中管控。需要通过构筑安全管理中心平台，提升整体网络安全防护和运维管控水平。

7. 移动介质防护需求

针对移动介质安全管理，企业只制定了相关管理制度，缺乏必要的技术防护措施，APT（Advanced Persistent Threat，高级长期威胁）恶意程序极易利用移动介质传播到生产控制网络中。需要积极采用技术手段加强移动介质安全防护。

（二）设计框架

针对热电企业生产控制系统，根据被保护对象业务性质进行分区，针对功能层次技术特点进行信息安全等级保护设计。根据"一个中心"管理下的"三重防护"体系框架，构建在安全管理中心支持下的通信网络、区域边界、计算环境三重防御体系。采用分层、分区的架构，结合工业控制系统总线协议复杂多样、实时性要求强、节点计算资源有限、设备可靠性要求高、故障恢复时间短、安全机制不能影响实时性等特点进行设计，以实现可信、可控、可管的系统安全互联、区域边界安全防护和计算环境安全。热电企业生产系统框架如图 13-1 所示。

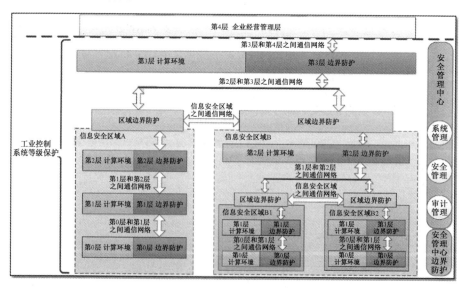

图 13-1　热电企业生产系统框架

（三）设计依据

热电企业生产系统网络安全防护改造设计依据的法律法规及相关标准文件如表 13-1 所示。

表 13-1　网络安全防护改造设计依据

序号	文件名称	发布年份
1	工业和信息化部《关于加强工业控制系统信息安全管理的通知》	2011 年
2	国家电力监管委员会《电力行业信息系统安全等级保护基本要求》	2012 年
3	国家发展和改革委员会第 14 号令《电力监控系统安全防护规定》	2014 年
4	国能安全 161 号《防止电力生产重大事故的二十五项重点要求》	2014 年
5	ISA99/IEC 62443《工业过程测量、控制和自动化网络与系统信息安全》	2014 年
6	《工业控制系统信息安全第 1 部分：评估规范》（GB/T 30976.1）	2014 年
7	《工业控制系统信息安全第 2 部分：验收规范》（GB/T 30976.2）	2014 年
8	《关于印发电力监控系统安全防护总体方案等安全防护方案和评估规范的通知》〔国能安全 36 号〕	2015 年
9	《中华人民共和国网络安全法》	2016 年
10	国家能源局国能综安全〔2016〕92 号	2016 年
11	工业和信息化部《工业控制系统信息安全防护指南》	2016 年
12	《关键信息基础设施安全保护条例》	2021 年

（四）设计原则

对于发电行业工控系统网络安全建设，应当以适度安全为核心，以重点保护为原则，从业务的角度出发，重点保护重要的业务系统。具体而言，在方案设计中应当遵循以下原则。

1. 适度安全原则

在电力企业工控系统网络安全防护体系的建设过程中，要综合考虑安全需求、安全风险及安全成本，不能一味追求更高的安全防护策略而忽视了其带来的成本增加、运维复杂等后果。因此，不仅要严格遵循安全防护基线要求，从物理环境、通信网络、计算环境、网络边界、安全管理等层面部署安全防护措施，还要将成本、业务等纳入考虑范畴，针对电力企业工控系统的实际风险，提出相适应的网络安全防护策略。

2. 技术管理并重原则

很多网络安全问题都是人为因素造成的，仅依靠部署安全产品无法完全保障电力企业工控系统的网络安全。因此，必须坚持技术措施和管理措施相结合，构建技术和管理两个部分的建设方案，才能更有效地保障电力企业工控系统、信息系统的整体安全性。

3. 分区域建设原则

结合电力企业各类信息系统的特点及重要程度，划分不同的安全区域，将具有类似特点的信息系统划分在一个区域内，进行总体防护和集中管理，部署一致的安全防护策略。同时在各个安全区域之间，结合实际业务需求，部署安全隔离、访问控制等边界防护安全措施，做好区域安全隔离，有效防止网络病毒、安全事件等在整个网络内的迅速扩散、蔓延。

4. 标准性原则

设计电力企业工控系统网络安全保护体系建设方案时，在技术部分应参考《信息安全技术 网络安全等级保护安全设计技术要求》等标准，在管理部分应参考《信息安全技术 网络安全等级保护基本要求》及 ISO 27001 信息安全管理体系，以便建成后的网络安全防护体系具有更好的实用性。

5. 动态调整原则

网络安全防护策略应随着企业管理策略、组织架构、信息系统和操作流程的改变而做出相应调整，同时还要结合企业面临的网络安全威胁发展趋势做出动态调整，以确保安全防护策略的适应性、有效性。

6. 成熟性原则

设计电力企业工控系统网络安全保护体系建设方案时，应采用技术成熟、已有成功应用先例的网络安全防护措施和产品，确保能够切实解决企业面临的网络安全问题，并且不会给企业带来已知的网络安全风险。

（五）防护架构及功能

1. 主控防护架构

DCS 主控系统防护架构如图 13-2 所示。

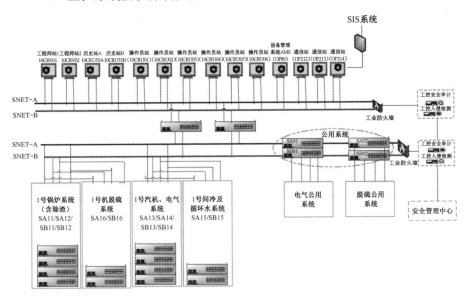

图 13-2　DCS 主控系统防护架构

2. 辅控防护架构

DCS 辅控系统防护架构如图 13-3 所示。

3. 核心功能

1）深度检查

面向应用层特有的工业通信协议进行内容深度检查，告别病毒库升级缺陷。

2）工业主机安全加固

在工业主机上部署工业主机安全卫士，通过白名单式管控技术，一键固化系统当前运行环境，阻断震网、Havex、沙虫等工控病毒及其变种等已知和未知病毒木马攻击，细粒度管控外设接口，切断移动介质传播木马的途径。采用双因子认证、注册表保护、重要文件行为审计等功能，确保主机身份鉴别、访问控制、恶意代码防范、入侵防范得到有效控制。

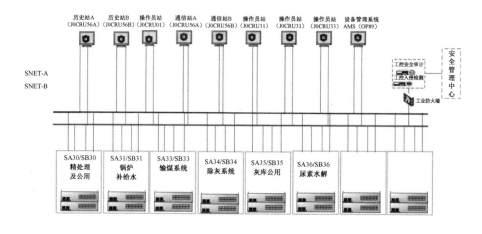

图 13-3　DCS 辅控系统防护架构

3）工控网络流量安全审计

对网络流量进行集中收集、自动分析，及时发现各种违规行为及病毒和黑客的攻击行为；对全网流量进行协议级审计，发现异常行为及病毒木马，实时监控控制网络状态，实现网络安全审计、流量分析和告警。

4）威胁检查

部署于网络边界的威胁检测系统能够快速准确地发现入侵监控系统的病毒和恶意代码，实施清除并报警。对网络进行检测，提供对内部攻击、外部攻击和误操作的实时监控，实现动态保护。在入侵攻击对网络系统造成危害前，及时检测到入侵攻击的发生，并进行报警。在系统被入侵攻击后，提供详细的攻击信息，便于取证分析。

5）实时报警

所有部署的工控信息安全产品都能由管理平台统一进行实时监控，对各种安全设备（工业防火墙、工控安全审计系统、工业主机安全卫士等）进行统一管理、配置、授权和响应，任何非法的（没有被组态允许的）访问，都会在管理平台产生实时报警信息，确保故障问题会在原始发生区域被迅速地发现和解决。

（六）实现目标

依据电力行业已发布的国家与行业标准规范，设计、建设DCS主控及其辅控系统信息安全加固防护体系。网络安全防护建设完成后实现了以下目标。

1. 满足安全合规要求

本方案满足《中华人民共和国网络安全法》的要求，并遵从《信息安全技术网络安全等级保护基本要求》（GBT 22239—2019）中的相关技术、管理要求，结合企业的生产业务特点开展工控系统安全防护建设。

2. 优化资源配置

本方案在满足合规要求的前提下，最大限度地利用了企业现有资源，有效地结合了企业上级单位的运营模式，结合了企业实际需求，大力提升了网络安全防护水平。

3. 提高企业安全防护性

本方案为热电企业工控网络安全稳定运行提供了基础保障，实现了病毒、木马等恶意程序的防护，可防范内外部人员攻击、软件后门利用等多种威胁，显著加强了企业工控系统在当前愈加恶劣的网络环境下的防范能力，助力保障国民经济的稳定发展。

4. 树立标杆形成示范

本方案针对工控系统的技术特点及电力行业自身的业务特点，设计了较为完善的管理和技术防护策略，很好地满足了监管及企业未来业务发展的需要。同时还起到了良好的示范作用，推进了发电企业中的其他平行企业积极建设网络安全防护体系。

三、效益分析

（一）生产效益分析

本方案助力热电企业打造了工控系统网络安全纵深防御体系，可有效降低企业生产业务中断风险，提高工控网络安全防护水平，保障生产业务系统安全稳定运行。在工控安全建设方面实现了以下效果。

一是满足合规要求，同时为后期推广提供相关依据。

二是预防安全风险，防止因安全事故造成生产停线。

三是安全事件基于网络拓扑结构，分析攻击过程，定位攻击源头，提升了安全事件应急响应的能力。

四是消除"安全孤岛"，安全设备统一管理模块提升整体安全防御能力。

五是开展网络安全审计、事件溯源，基于工控网络的协议、流量、内容及行为进行全方位的审计，为用户生成完整记录，便于安全事件追溯。

六是合理划分网络区域并进行有效隔离，明确各业务边界，避免因网络混乱造成各类安全事件。

（二）推广价值分析

本方案提高了热电企业工业控制系统的安全防护能力，可推动方案成果在集团及下属生产单位中的广泛应用。

本方案应用了针对工业控制系统的安全防护手段，构建了以安全可控为目标、监控审计为特征、持续安全运营为一体的电力企业控制系统新一代主动防御体系，提高了电力企业工控系统整体安全性。方案的成功实施，将为我国电力企业的工业控制系统网络安全防护体系建设开创行之有效的安全建设模式，提高我国电力企业工控系统一体化安全防护的能力。

　　本方案采用了基于构建可信主机系统及可信的网络环境和白名单机制的安全防护技术及威胁预警平台系统来设计构建安全防护体系，通过应用工业控制协议的深度解析与人工智能学习技术，以全面的工业漏洞库为支撑，助力安全防护产品具有更强的基于行为的主动防御能力。安全防护体系更为贴近电力企业工业控制系统环境应用，安全防护更加准确，在保证稳定性要求的同时，实现了安全防护效率更高。方案成果具有很强的推广价值，适合在集团、行业等其他生产单位工业控制系统中进行推广应用。

第十四章

电力行业：高仿真虚拟化融合工控安全实验室

一、行业特点

电力在能源系统中处于枢纽地位，属于关键信息基础设施。电力系统不仅涵盖对电网稳定具有重要影响的工业控制系统，同时还涉及大量敏感信息。因此，保障电力行业网络安全，尤其是电力行业工控安全意义重大。随着电力行业数字化、智能化、移动化、国际化的发展步伐不断加快，其面临的网络安全威胁也不断加剧。总体来看，电力关键信息基础设施安全保护面临的安全风险和防护难点如下。

（一）电力关键信息基础设施成为国家间对抗的重点目标

近年来，全球网络空间安全形势日益严峻，电力系统已成为"网络战"的重点攻击目标之一。伊朗核电站"震网"病毒攻击、乌克兰电网"12·23"停电、委内瑞拉大面积停电等事件表明，电力系统极易成为有组织黑客甚至具有国家背景的攻击团伙破坏国家关键进程、影响国计民生等的首选目标，而敌对势力已具备利用网络攻击成功破坏电力等国家关键信息基础设施的能力。

（二）电力系统的结构特征导致安全防护难度大

一方面，电力系统中仍有大量工控软硬件设备是国外品牌的，部分设备中存在安全漏洞甚至后门，然而由于漏洞修补难度大、产品替代进度缓慢等，导致电力系统面临巨大的网络安全风险，漏洞一旦被恶意利用，极可能造成系统停运、敏感数据泄露等后果。另一方面，电力系统普遍具有分布节点广泛、系统结构复杂、网络交互性强等特点，系统存在的安全风险点较多，安全防护难度大。

（三）电力行业智能化转型助推风险面扩大

随着智能电网的发展普及，智能电力调度监控系统、智能变电站、智能交互终端等大量应用迅速涌现，电力数据的采集监测、统计分析和调度控制等自动化、智能化手段更加丰富，在给生产生活带来巨大便利的同时，也导致电力系统原有封闭隔离的网络边界模糊化，进一步增加了网络攻击渠道、显著扩大了网络安全风险面，电力系统容易遭受控制指令篡改、重要数据丢失、用户信息泄露等安全风险。

二、案例分析

（一）客户现状与需求分析

日益复杂的电力行业网络安全形势对于电力工控网络安全防护、网络安全人才培养、整体安全防护意识的提升等都提出了更高的要求。为加强电力行业网络安全保障，国家发展和改革委员会第 14 号令及其配套文件 36 号文明确要求从"安全管理、测评保障、技术布防、安全监测"等四个方面加快建设电力工控安全防护能力，提出了加强工控系统漏洞挖掘、完善电力工控安全靶场、提升工控系统信息安全意识、培养工控安全复合型人才等具体要求。

××省电科院积极地落实着电力工控安全防护能力建设等要求，2017 年初步完成了工控信息安全实验室建设，从工艺上覆盖了发电、配电等环节，安全产品应用方面采购了工业防火墙、工控网络监控审计，可初步进行工控信息安全攻防展示和解决方案的部署验证。

一期工程利用所采购的设备完成了基础的电力控制系统搭建，能够基本支撑开展攻防案例分析、安全意识培训、安全解决方案验证和应急演练等工作的需求，但不足以提供更丰富的展现效果、演练效果。为了支撑攻防技术研究、安全人员梯队培养提升等工作，还需增加工控安全仿真环境等软硬件系统，并改进优化已有系统。

本案例为工控安全仿真环境建设项目，将基于已部署系统开展定制化建设，进一步丰富技术深度、演练环境、案例展示等内容。建设内容包括工业安全仿真环境中虚实结合电力系统靶场平台，以及围绕靶场管理平台开展的沙盘优化、工控案例定制化、组态软件及 DCS、PLC 对接等工作。通过将各类虚拟资源和物理资源纳入靶场管理平台中，为电网工控系统提供安全分析、设计、研发、集成、测试、评估、运维等全生命周期保障服务，解决无法在真实环境中对复杂大规模异构网络进行安全测试、风险评估等的难题，助力提升电力工控系统安全风险发现能力、安全保障能力。

（二）解决方案

1. 整体架构

电力行业高仿真虚拟化融合工控安全实验室的系统架构如图 14-1 所示。网络架构整体设计符合典型工业现场的常见网络结构，所选用的工控系统软硬件方案也具有代表性，整个测试演练平台具有稳定性好、可信度高、扩展性强、便于维护的特性。

2. 核心功能

1）核心软件资源介绍

实验室的主要组成软件包括系统结构组态软件、控制策略组态软件、人机界面组态软件、数据中心管理软件、动态系统仿真软件、攻防演练攻击套件。

（1）系统结构组态软件。

系统结构组态软件用于工业控制系统的结构配置与组态。系统结构组态软件以面向控制对象的组态形式，采用多级编码结构，系统数据层次分明；以设备为基本组成单位，提供标准的设备模板库，帮助用户迅速构建出工程管理架构和 IO 体系；将工业自动化系统的所有数据信息以设备为集合，有效地提升了对数据信息的管理和维护的效率。

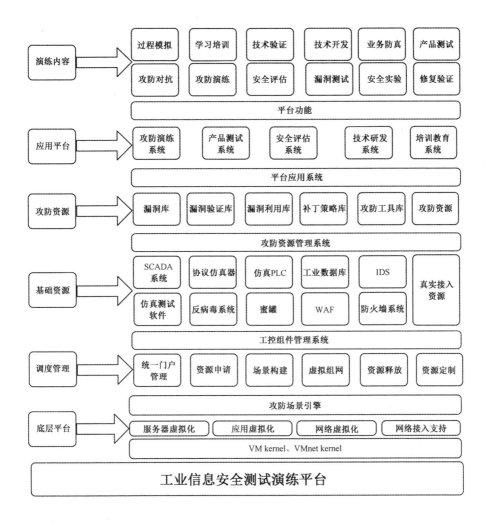

图 14-1　电力行业高仿真虚拟化融合工控安全实验室的系统架构

（2）控制策略组态软件。

控制策略组态软件用于控制算法构建、装载、监控与调试。控制策略组态软件将各种不同的控制算法封装为控制组态元件后，按照一定的拓扑排列演化出千变万化的控制策略，能够适应各种不同的控制类型，为不同行业用户提供了一个标准的、通用的组态环境。

（3）人机界面组态软件。

人机界面组态软件用于人机交互环境构建与生产控制过程的实时监控。通过人机界面组态元件，将种类繁多的工艺设备抽象为有限个组态元件，实现无脚本组态方式；同时提供实时趋势、历史趋势、实时报警、历史报警、操作日志、智慧导航、操作记忆、CCTV 智能联动等功能，为运行人员的操作提供了极大的便利。

（4）数据中心管理软件。

数据中心管理软件针对现场数据进行统一管理，为整个过程控制系统的过程数据提供大容量的数据存储和服务，同时提供外部接口，是工业控制系统的数据管理中心。

（5）动态系统仿真软件。

动态系统仿真软件用于模拟工业生产现场各设备的运行，并通过模型参数的不断修正调整，实现仿真系统与实际系统的一致性。

（6）攻防演练攻击套件。

攻防演练攻击套件用于对目标业务系统中的 PLC、DCS、上位机、工程师站、数据服务器等做模拟攻击。

2）虚拟化融合靶场工控组件管理系统

工控组件是实验室中最基础的资源。作为实验室系统的基础支撑环境。工控组件管理系统内集成了存储和管理所有实验室环境及流程任务所需要的软硬件组件，其中包括工控设备、网络设备、SCADA、组态软件、网络安全设备、协议仿真器、软 PLC 等。

本案例利用虚拟化技术实现了对这些工控组件的创建、使用、管理。工控组件的资源有两种类型，具体如下。

（1）内置模版。

针对软件（SCADA、工业数据库、协议仿真器、软 PLC）类型，通过将对应的软件安装到携带有对应 Windows、Linux、Unix、BSD 操作系统的虚拟机（Virtual Machine，VM）上，形成标准 OVF 模版，以便管理、备份、恢复。

（2）真实工控设备接入。

针对真实的硬件（工控设备、PLC、HMI、交换机、路由器等），可以使用以太网的方式将硬件接入虚拟化环境的 VM Network，使接入的真实工控设备可以访问虚拟机系统，也使得 VM 系统可以访问工控设备。真实工控设备接入示意图如图 14-2 所示。

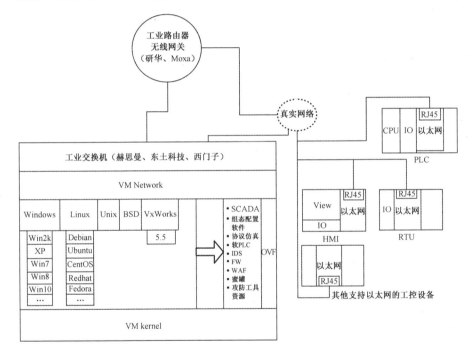

图 14-2　真实工控设备接入示意图

本实验室的所有软件应用和操作系统资源均并入虚拟化的虚拟机并使用 OVF 统一管理。

实验室支持和内置多种操作系统的虚拟机，所有 SCADA、协议仿真软件、软 PLC 均不需要用户自行安装，平台内置的组件与模版均已完成安装，用户只需自行恢复对应的组件到运行态即可。平台同时为用户提供多种操作系统资源（Win/Linux）供用户自行安装其他应用。

3）虚拟化融合靶场攻防资源管理系统

虚拟化融合靶场攻防资源管理系统主要由多个攻防测试资源组成，这些资源主要以数据库和主机服务资源形式存在，用户可以在实验室的环境内远程调用。攻防资源管理系统为用户在现有的基础测试环境上提供了攻击、防御、测试等多种资源，用户可以根据需求进行整合和利用。

4）攻防资源管理系统漏洞库

攻防资源管理系统漏洞库内置了 CVE、CNVD 和 CNNVD 最新的工控系统漏洞信息，漏洞库支持自动爬取 CVE、CNVD 和 CNNVD 最新的漏洞条目信息，从而使资源管理系统漏洞库保持最新状态，如表 14-1 所示。

表 14-1　攻防资源管理系统漏洞库

漏洞利用程序	厂商或软件
abb_wserver_exec.rb	abb
advantech_webaccess_dashboard_file_upload.rb	advantech
citect_scada_odbc.rb	citect
codesys_gateway_server_traversal.rb	codesys
codesys_web_server.rb	codesys
daq_factory_bof.rb	daq
factorylink_csservice.rb	factorylink
factorylink_vrn_09.rb	factorylink
ge_proficy_cimplicity_gefebt.rb	ge
iconics_genbroker.rb	iconics
iconics_webhmi_setactivexguid.rb	iconics
igss9_igssdataserver_listall.rb	igss
igss9_igssdataserver_rename.rb	igss
igss9_misc.rb	igss
igss_exec_17.rb	igss
indusoft_webstudio_exec.rb	indusoft

续表

漏洞利用程序	厂商或软件
moxa_mdmtool.rb	moxa
procyon_core_server.rb	procyon
realwin.rb	realwin
realwin_on_fc_binfile_a.rb	realwin
realwin_on_fcs_login.rb	realwin
realwin_scpc_initialize.rb	realwin
realwin_scpc_initialize_rf.rb	realwin
realwin_scpc_txtevent.rb	realwin
scadapro_cmdexe.rb	scadapro
sunway_force_control_netdbsrv.rb	力控
winlog_runtime.rb	winlog
winlog_runtime_2.rb	winlog
yokogawa_bkbcopyd_bof.rb	yokogawa
yokogawa_bkesimmgr_bof.rb	yokogawa
yokogawa_bkfsim_vhfd.rb	yokogawa
yokogawa_bkhodeq_bof.rb	yokogawa

5）工控攻防演练系统

工控攻防演练主要以攻击对抗的思路掌握黑客攻击各阶段常用的攻击方法和原理，寻找对相应网络攻击的防护策略和手段。

在工控攻防演练系统中，一方面，攻击技术手段有了再现的场景，可以实现攻防方法的演示再现甚至对抗性的攻防演练；另一方面，将实际攻防对抗操作中产生的攻击行为限制在一定的范围内，防止对互联网的实际网络和服务造成干扰和破坏。

工控攻防演练系统就是要解决网络攻防的演示和实验操作环境方面的问题。工控攻防演练系统作为工业信息安全实验室的主要环境，一方面，选择了某些实验内容并搭建适当的环境，对攻防演示和课程相关的验证性实验提供特定场景；另一方面，为工控安全知识的应用提供了综合实验环境，支持攻防对抗演练。

（1）攻防演练评分体系设计。

在本攻防演练场景中，靶机环境存在不同的难度级别和漏洞危害程度各异的靶机，而在完成整个攻防演练时系统将会参考两套评分标准，对攻防对抗的多方进行攻防演练的评分与评判。

① 通用安全评分体系（CVSS）。

CVSS 2.0 由基础得分、临时得分和环境得分三框架构成。基础得分主要是评价漏洞自身的严重等级，不受时间和环境（应用场景）因素的影响，其评分的主要度量值为访问形式、访问复杂性、认证、机密性影响、完整性影响、可用性影响。临时得分根据漏洞被利用的时间窗的风险大小来评分，评分的主要度量值为可利用性、修复级别、报告的可信度。环境得分通常由最终用户根据自己的使用场景给出，作为最终风险管理的参考，其评分的主要度量值为附带损害、目标分布、安全需求。基本得分和临时得分通常由安全产品卖主、供应商给出，因为他们能够更加清楚地了解漏洞的详细信息；环境得分通常由用户给出，因为他们能够在自己的使用环境下更好地评价该漏洞存在的潜在影响。

② 通用漏洞评分方法（Common Vulnerability Scoring Method，CVSM）。

由于漏洞评分在应用时主要依赖于基础得分，所以该方法主要研究区别于基础得分的度量值和计算，临时得分和环境得分与 CVSS 相同。CVSM 的评分体系如表 14-2 所示。

表 14-2　CVSM 的评分体系

度量值	可选值	得分
攻击矢量	网络/局部网络/本地/物理	0.85/0.62/0.55/0.20
攻击复杂性	无/低/中/高	0.00/0.77//0.53/0.44
所需权限	无/低/高	0.85/0.62/0.27
用户交互	不需要/需要	0.85/0.62
机密性影响	无/低/高	0.00/0.22/0.56

度量值	可选值	得分
完整性影响	无/低/高	0.00/0.22/0.56
可用性影响	无/低/高	0.00/0.22/0.56

（2）演练效果展示系统。

展示系统由电视墙、矩阵控制器和实物沙盘的摄像头等硬件系统组成，其目的是将攻击操作区、现场仿真区、工控信息安全区和控制操作区这四个区域的实际情况进行集中展示。展示系统中的电视墙是由多块屏幕拼接组成的大屏幕，还可统一展示实验室的介绍视频等内容，为参观者提供丰富直观的展示效果。

6）攻防场景引擎系统

结合总体设计场景需要，将已经采购的产品划分成攻击操作区、现场仿真区、工控信息安全区、控制操作区。

（1）攻击操作区：计算机一台，接入局域网，可实现对实验室所有设备的方案实施，并在上面部署若干个攻击工具。

（2）现场仿真区：计算机一台，需根据案例场景开发现场仿真软件，以展示整个工厂的布局和攻击植入点。

（3）工控信息安全区：计算机一台，可连接工控信息安全统一管理平台，配置所有实验室工控信息安全产品，展示所有工控信息安全产品的告警事件和日志，形成工控信息安全管理中心。

（4）控制操作区：计算机一台，展示控制系统的组态软件。

7）培训教育系统建设

针对在电力行业网络安全人才培养过程中，培训人员实操能力无便捷的和体系化的支撑平台的问题，建设网安人才的实操教育体系，通过体系化试验教学、体系化能力评估、规模化演练场景、规模化竞赛支撑、规范化行为评判等方法，建立健全教学体系、试验课件、场景支撑库。培训教育系统具备八种技能评估和三种岗位技能评估的能力，并且具备对外开放的能力。建设方案如下。

（1）电力行业网安人才实验课程体系建设。

实验课程体系按照方向分为信息安全基础、系统安全、软件安全、安全编程、Web 安全、企业安全、恶意代码、数据安全、网络安全。通过数据安全的学习掌握各种加密算法的原理及常用加解密工具的使用。通过系统安全的学习掌握各种操作系统的安全配置、安全审计、容灾和备份。通过网络安全专业课程的学习掌握注入的实现与防御、网络攻击的方法与防御、移动设备的攻击与防御、安全类软件的配置，以及网络安全工具的使用。通过软件安全的学习，掌握常用的脚本语言、分析工具的使用、恶意代码的编写与防护、存在安全隐患的代码分析。通过综合的实战测试，加强技能，巩固理论知识。

（2）电力行业网络安全能力评估体系建设。

通过基于知识点评估、能力评估和岗位评估三个层级，设计网络安全的评估体系。采用由网络环境、角色、任务三个方面组成的场景作为能力评估的载体。在知识点层级，建设单个的满足技能考评需要的实验场景；在能力评估层级，构建一组经过编排的具有对单一能力进行支撑的场景；在岗位能力评估层级，则建立一组经过编排的对多种能力进行支撑的场景。场景的任务定义了任务目标及任务完成的验证方式和能力的评估方法，以支持量化的能力评估。

8）攻击案例系统开发

结合电力行业工控安全现状和所建设的场景，本案例已实现以下几个场景。

（1）震网病毒事件：通过移动介质，将病毒带入控制系统，最终实现现场操作和控制系统界面的不一致，从而欺骗控制管理人员，造成实际的工控安全事件。

（2）乌克兰电厂事件：从管理网络入侵，散布到工控环境，发动网络风暴攻击，并形成短时间内无法清除、反复发作的状况。

结合案例场景库，还开发了实验室展示汇报材料和应急预案演练方案，提供了一个高仿演练环境，使得用户在部署工控安全解决方案之前，可以开展完整的仿真实验和系统性的实操培训，助力电力行业进一步加强工控安全工作。

3. 方案的创新点

1）提出了网络靶场高扩展体系的基本标准

标准包括网络靶标统一描述标准、异构异域靶场互联标准、实现应用服务与用户行为模拟描述与接口标准、攻击行为仿真测试描述标准、网络安防策略仿真描述与接口标准、多源数据采集接口标准、联动数据分析框架接口标准、多维网络安全态势展示框架接口标准。通过这些标准，网络实验室可以实现高度的开放性和融合性，可创建并维护良好的靶场生态环境。

2）开发了高可扩展性的虚实互联仿真技术

针对高度可扩展目标网络构建需求，以全虚拟化、轻量级虚拟化为基础，通过实物节点的灵活可配置透明接入、模拟节点 IP 报文级的透明接入，实现实物网络节点、全虚拟化节点、轻量级虚拟化节点、离散事件模拟节点四种尺度融合的可伸缩虚实互联仿真，有效兼顾了仿真成本与仿真规模。

3）构建了网络安全人才能力评估体系

基于知识点评估、能力评估和岗位评估三个方面，设计网络安全的评估体系，采用支撑场景来支持评估体系的实施，并抽象场景的操作结果来设计具备防伪功能的验证方法和能力评估算法，自动或半自动完成对评估对象的能力评估。

三、效益分析

（一）应用效果

本案例致力于推动网络安全高仿真技术在电力行业的应用，在确保业务平稳运行的前提下建立完整的虚实结合的工控安全实验室。××省电科院以实验室构建的火力发电真实网络环境为基础，开展了一系列的培训和研究工作。

（1）对常见的电力行业工控系统网络安全事件开展复现研究，验证解决方案的有效性。

（2）对电力专用网络安全防护产品进行功能测试，验证其是否满足实用性、可靠性和可维护性的要求。

（3）在平台上进行电力工控系统专用设备、专用应用软件、专有协议的漏洞挖掘，实现工控系统漏洞预警。

（4）进行设备、系统、软件的补丁测试工作，验证其兼容性和可用性。

（5）开展运营人员网络安全培训和实操。

该案例建成了电力行业高仿真虚拟化融合工控安全实验室，并集成了平台级应用系统及引擎支撑系统。平台应用包含工控组件管理系统、攻防资源管理系统、攻防场景引擎系统、攻防演练系统、技术研发系统、培训教育系统。

（1）工控组件管理系统。

① 工控设备：支持西门子、施耐德、欧姆龙等不少于 8 个品牌的 PLC接入。

② 网络设备：支持赫思曼、东土科技等不少于 3 个品牌的工业交换机接入，支持 Moxa 等不少于 2 类工业路由器接入，支持多款串口设备接入。

③ SCADA：支持 Intouch 等不少于 3 个品牌。

④ 工业数据库：支持不少于 4 个品牌。

⑤ HMI：支持接入。

⑥ 组态配置软件：支持不少于 10 个品牌。

⑦ IDS：支持不少于 5 款。

⑧ FW：支持不少于 10 款。

⑨ WAF：支持不少于 3 款。

⑩ 蜜罐：支持不少于 5 款。

⑪ PC：支持不少于 3 种 OS。

（2）攻防资源管控系统。

① 漏洞库：包括不少于 1 000 个工控漏洞。

② 漏洞验证库：验证库覆盖不少于 10 个品牌 PLC、4 个工业交换设备、12 个 SCADA、8 个 RTDB。

③ 漏洞利用库：包括不少于 3 万个。

④ 补丁策略库：不少于 400 个。

⑤ 攻防工具库：不少于 3 款漏扫、2 款 fuzzing 工具等。

（3）攻防场景引擎系统。

① 资源申请：支持组件管理系统的组件接入虚拟网络，每个组件申请运行都小于 5s。

② 资源释放：小于 10 个组件的环境，释放时间小于 20s；大于 10 个组件的环境，释放时间小于 5min。

③ 场景（剧情）构建：支持模板场景和自定义场景，场景构建时间小于 2min。

④ 场景保存、释放：释放剧情小于 30s。

⑤ 虚实结合组网：小于 10 个节点的环境，组网时间小于 1min；大于 10 个节点的环境，组网时间小于 5min。

（4）攻防演练系统。

① 靶场环境：不少于 10 套软件、硬件、协议漏洞利用靶机。

② 演练剧情库：低级剧情至少包括 3 个漏洞及其利用方式，中级剧情包括 9 个漏洞及其利用方式，高级剧情包括 27 个漏洞及其利用方式。

③ 评分方式：支持比赛评分。

（5）技术研发系统。

① 开发环境：包括 10 套开发环境。

② 验证环境：包括 10 套测试验证环境。

（6）培训教育系统。

① 单课程库：包括 15 个初级课程、10 个中级课程、5 个高级课程。

② 演练培训：包括 5 个剧情课程。

③ 实战培训：包括 5 个场景，每个场景 3 个等级，每个场景支持 10 人实战，并且支持 3 个场景下的同步实战。

（二）客户效益

整个方案收益如下。

1. 提升企业安全防护能力

基于高仿真虚拟化融合工控安全实验室，企业可以开展工控产品漏洞挖掘、网络安全事件复现研究、网络安全解决方案测试验证、风险评估等工作，助力电力行业企业加快提高整体的网络安全风险管理水平，保障业务安全稳定发展。

2. 协助企业建立快速培养人才的能力

高仿真虚拟化融合工控安全实验室是集合了教学、实验、攻防演练的一体化支撑平台。依托实验室，电力行业企业可以建立内部安全人才在线教育平台，人才培训不受时间地点限制且培训技术覆盖面广，可以快速缩短人才培养的周期，多方位锻炼人才网络安全防护能力。

3. 具备一定的成本效益

通过建设高仿真虚拟化融合工控安全实验室，信息安全教育资源从不确定、不清晰向标准化转变。实验室中所有的教学资源，均可以被重复使用。教学不再是重复投入，而是一次投入、重复使用，为用户带来显而易见的成本效益。

总体而言，高仿真虚拟化融合工控安全实验室有利于企业信息安全人才的培养，能有效提升企业信息安全建设水平。

（三）推广价值

本案例可以助力关键信息基础设施领域运营者加强网络安全人才培养、提升风险评估水平。

一是人才培养价值。通过建设高仿真虚拟化融合工控安全实验室，能够有效地解决网络安全人才培养资源分散、目标不明确的问题。用户可以结合行业网络安全特点，明确培训课程的方向定位和具体内容。基于实验室，可以增强用户员工的信息安全意识和兴趣，提升安全从业人员的专业技能水平，还可以举办竞技活动来检验人才队伍的能力。

二是风险评估价值。通过建设高仿真虚拟化融合工控安全实验室，能够有效增强企业的风险评估能力。实验室采用了最先进的工控系统攻防技术，结合当下运用最多的攻击套件，帮助用户自主进行企业网络风险评估工作，以攻防对抗技术揭示用户自身工业控制网络中存在的安全问题和风险点，助力用户提升自身安全防护能力。同时针对用户安全管理机制不充分、安全检查没有指导、安全操作没有标准等问题，将出具一系列指导手册并安排专人培训，帮助用户避免人为因素导致的安全问题。

第十五章

交通行业：城市轨道交通行业网络安全案例

一、行业概况

（一）概念和特点

城市轨道交通是指采用轨道结构进行承重和导向的车辆运输系统，依据城市交通总体规划的要求，设置全封闭或部分封闭的专用轨道线路，以列车或单车的形式，运送较大规模乘客流量的公共交通方式。轨道交通业务范围涵盖轨道及车辆设计和建设，运营、维修和管理及企业管理等方面。

城市轨道交通是城市公共交通的骨干，具有节能、省地、运量大、全天候、无污染（或少污染）、高安全、高可靠等特点，属绿色环保交通体系，特别适合百万人口以上的中型、大型、特大型城市。

（二）网络通信情况

当前，典型的城市轨道交通网络理念和实现都采用分层架构、动静结合，兼顾技术、经济和社会等多方面的利益。国内城市轨道交通普遍采用线网指挥中心、线路控制中心和车站综合控制室三级运营监控、调度指挥、运营维修及运营管理模式；也可根据需要优化运营管理层级和系统层级。

城市轨道交通网络体系包括地面网络、车载网络及车地通信网络。地面网络包括线网指挥中心网络、线路控制中心网络、车站网络、车辆/停车段/场/所等停/检/修基地网络、线路区间网络等；车载网络包括车载控制网络、乘客信息网络等；车地通信网络通过车载设备与地面设备间的多种无线通信技术实现信息传输。

二、行业网络安全现状

计算机和网络技术的快速发展，特别是数字化、网络化与城市轨道交通行业的加速融合，给城市轨道交通带来便利的同时，也带来了巨大的安全风险，具体体现在以下两个方面。

（一）边界安全面临挑战

城市轨道交通生产网系统较多，系统间接口复杂，系统内很少进行安全域划分。随着行业内数据共享需求的不断增加，传统生产网封闭的状态已被打破，面临着巨大的安全风险，如信号系统产品越来越多地采用通用协议、通用硬件和通用软件。同时，信号系统的接口众多，接口关系复杂，容易造成病毒、木马等威胁向信号系统扩散。一旦信号系统的网络安全出现漏洞，不论横向还是纵向，其影响范围均较广，将对城市轨道交通的生产运行，乃至国家安全造成重大隐患。

（二）终端安全隐患突出

城市轨道交通的生产系统在运营控制中心、车段、车站内均部署有一定的服务器和操作工作站，通常在线路开通运营前没有关闭多余的系统服务，缺少对终端的安全控制和病毒防护措施，在运营期间没有及时进行补丁修复、漏洞隐患严重。

此外，工业控制系统滞后的系统运行环境及难以实施更新，导致了其面临着比传统信息系统更为严峻的网络安全问题。而且，工业控制网络与传统办公网络有着本质上的区别，防火墙、漏扫等传统信息安全防护设备起不到实质的安全防护作用，甚至会影响工控系统正常运行。同时，不同于传统信息系统，工业控制系统设计使用寿命一般为15～30年。工业控制系统使用寿命长，但未做工业控制系统信息安全规划。

三、行业网络安全案例

这里以贵阳轨道交通 1 号线基于通信的列车自动控制（Communication Based Train Control，CBTC）系统的网络安全建设方案为例，介绍项目需求、解决方案、核心技术等情况，总结了技术难点、创新点，以及项目实施效果。

（一）安全需求分析

1. 网络安全

基于通信的 CBTC 系统与综合监控系统（Integrated Supervisory Control System，ISCS）、乘客信息系统（Passenger Information System，PIS）、公共广播系统（Public Address system，PA）等多个外部系统互联互通，不同系统之间的防护等级不同，CBTC 系统内部分为安全系统、非安全系统、维护系统等多个子系统，各子系统的安全防护等级不同，与外部互联的方式不同。各子系统与外部系统之间、内部不同子系统之间缺少隔离防护手段，之间互联互通，从外部系统可直接入侵信息系统，甚至直接进入列车自动保护（Automatic Train Protection，ATP）系统、列车自动驾驶（Automatic Train Operation，ATO）系统等安全子系统，影响列车运行。建立信号系统的信息安全管理体系，有利于对安全防护设备的综合管理和运维，避免了各设备"单打独斗"，形成了安全合力。

2. 主机安全

传统的防病毒软件对信号系统的应用无法识别，经常出现"误杀"的情况，传统的防病毒软件样本库更新和升级频繁，与互联网隔离的信号系统操作困难，虽然信号系统的主机、服务器的 USB 接口不允许随便接入存储设备，但没有技术支撑，管理制度就形同虚设。CBTC 系统的控制设备多为嵌入式系统和应用，由供应商开发，很多系统存在未知漏洞，容易被黑客利用，但运营者却对这些漏洞不清楚。

3. 数据安全

CBTC 系统的网络入侵行为的隐蔽性非常强，会使用正常的应用开展异常的操作，没有专门的设备很难发现入侵行为。出现安全事件后，如果没有审计记录和追溯的手段而不了了之，也没有掌握信号系统的主机、服务器、控制器的生产厂家、型号、版本等信息，就很难采取有针对性的防御措施以防止下次入侵。

（二）解决方案

1. 整体架构

结合等级保护（三级）基本要求及信号系统的特殊安全需求建立了基于纵深防御的分域安全防护与运维保障体系，提升并加强了信号系统的整体安全防护能力。

在充分了解 CBTC 系统、ISCS、PIS 等系统的网络结构和安全现状的基础上，深度融合轨道交通业务系统，构建从边界防护、流量检测审计、主机终端安全、持续运维安全的纵深防御技术体系。在不破坏原有网络结构的情况下，轨道交通解决方案能切实有效地保护系统安全，防止木马、蠕虫、黑客等各种威胁和攻击，保障轨道交通安全稳定运行。

2. 实施路径

依照等级保护条例要求对系统安全项进行整改，实施路径如图 15-1 所示。

3. 典型场景

1）网络边界安全

通过在信号系统控制中心列车自动监控系统（Automatic Train Supervision，ATS）与互联系统（PIS、ISCS、PA）等边界处部署智能工业防火墙，实现隔离与访问控制，能够根据数据包的源地址、目的地址、传输层协议、应用层协议、端口、时间、用户名等信息执行访问控制规则，即只允许信号系统和其他互联系统正常业务数据穿过该平台，其他访问均被禁止。

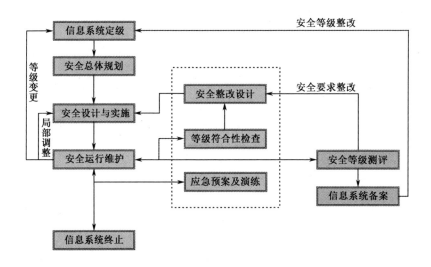

图 15-1　系统安全项整改实施路径

2）流量行为安全

通过旁路部署监测审计平台，对 ATS、列车自动控制系统（Automatic Train Control，ATC）、维护网的网络流量、网络数据、事件进行实时监控和实时告警，并对网络中存在的所有活动进行行为审计、内容审计，生成完整记录便于事件追溯。

3）主机终端安全

在信号系统全线的所有工作站和服务器部署工控卫士，监控工控主机的进程状态、网络端口状态、USB 端口状态，以白名单的技术方式，禁止非法进程的运行，禁止非法网络端口的打开与服务，禁止非法 USB 设备的接入，从而切断病毒和木马的传播与破坏路径，彻底解决不能安装杀毒软件的问题或病毒库升级后影响程序运行的问题。

4）持续运维安全

在信号系统控制中心维护网交换机上部署安全监管平台，方便对信号系统部署的所有安全防护设备进行统一管理和维护，以及提高全面的安全态势感知能力。在控制中心维护网交换机上部署威胁评估平台可满足信号系统等级保护三级等级测评要求，提升网络安全风险自评能力，形成定期风险评估的可持续性安全运维模式。

（三）核心技术

1. 灵活部署

产品采用 Web 配置，不需要串口线、命令行界面（Command-Line Interface，CLI），方便现场实施部署，所有黑名单规则、白名单规则可以统一调入规则库，进行一键式部署，方便快捷，可自动调整安全规则及保护策略之间的冲突，简化部署过程。

2. 安全硬件

硬件方面适应工控系统冗余、时延、可靠性、环境等各方面的要求，支持硬件加密。扩展性强，无风扇全封闭设计，达到工业级的可靠性和稳定性，以及多电源冗余和端口故障时的自动硬件旁路转换。端口设计上采用与数据网分离的管理网端口。

3. 深度协议解析

已经支持的工控协议深度解析是 GOOSE、SV、MMS、IEC104、DNP3、OPC、S7、Modbus/TCP、Profinet、Ethernet/IP 等协议，并可对协议数据包进行深度解析。

4. 统一管理

安全设备可由管理平台统一控制配置、管理安全终端，对安全终端部署安全规则，监测终端所在网络的通信流量与安全事件。对于保护终端所产生的安全事件和平台系统事件进行行为关联性追踪。

（四）实施效果

该项目在前期进行风险评估和安全咨询，结合等级保护（三级）基本要求及信号系统的特殊安全需求建立了基于纵深防御的分域安全防护与运维保障体系，完成项目安全集成，提升并加强了信号系统的整体安全防护能力，并提供后续对系统的安全运维服务。在项目建设过程中，在充分了解CBTC、ISCS、AFC、PIS 等系统的网络结构和安全现状的基础上，深度融合轨道交通业务系统，构建从边界防护、流量检测审计、主机终端安全、持续运维安全的纵深防御技术体系。在不破坏原有网络结构的情况下，轨道交通解决方案能切实有效地保护系统安全，防止木马、蠕虫、黑客等各种威胁和攻击，保障轨道交通安全稳定运行。

1. 实现了五大功能

通过项目实施，为信号系统解决了一系列安全问题，建立了工控安全防护体系。

（1）入侵检测：对网络的当前和历史行为与事件进行工业控制安全入侵分析，对多种黑客攻击和恶意流量进行实时检测及报警，提供对应的防护修护策略。

（2）工业协议深度解析：目前已经支持的工控协议深度解析是 GOOSE、SV、MMS、IEC104、DNP3、OPC、S7、Modbus/TCP、Profinet、Ethernet/IP等协议。

（3）访问控制：对数据流量进行管控，通过端口、地址、协议等方式对数据流量进行筛选，保证流量的合法性。

（4）实时报警：所有部署的安全设备都能由安全管理平台统一控制配置、管理。对于保护终端所产生的安全事件和平台系统事件进行行为关联性追踪，找到引起当前结果事件的源头事件。

（5）流量审计：对工控网络中存在的所有活动提供协议审计、行为审计、内容审计、流量审计，生成完整记录便于事件追溯。基于工业协议的深度包解析白名单和黑名单的工控异常行为审计，协助用户发现网络中存在的违规下发的控制操作。

2. 开展了四种防护

以适度风险为核心，以重点保护为原则，从业务的角度出发，重点保护重要的业务系统。从网络安全、主机安全、数据安全及应用安全四个方面对轨道交通信号系统开展安全防护。

（1）网络安全：网络结构安全是分析黑客的攻击路径，在网络通路上查找风险点，为切断攻击路径的防护方案做准备。

（2）数据安全：对流量的实时监控和记录，发现高级持续威胁，有效应对目标性强的攻击。定期的评估检查，不符合法律规范要求，掌握自身系统的风险。

（3）主机安全：主机、服务器自身的脆弱性成为黑客攻击得手的关键点，首先查找自身的弱点，然后有针对性地加强防护，才能做到事半功倍。

（4）运维安全：建立信号系统的信息安全管理体系，对安全防护设备的综合管理和运维，避免各设备单打独斗，形成安全合力。

第十六章

金融行业：安全主机自适应安全解决方案

随着网络与信息技术的发展和互联网的广泛普及和应用，信息安全、网络安全的重要性也在不断提升，针对金融、能源等关键信息基础设施的网络攻击与数据窃取事件层出不穷。2017 年 5 月爆发的"WannaCry"勒索病毒事件，通过将系统中数据信息加密，使数据变得不可用，借机勒索钱财。该病毒席卷近 150 个国家和地区，金融行业成为网络攻击的重灾区之一。当前，涉及金融行业关键信息基础设施的设备和系统漏洞越来越多的曝光，无形中助推了攻击者采取更加隐蔽、更加多样的入侵方式实施网络攻击，如上传 webshell、反弹 shell、提权、安装 rootkit 后门等。对于金融关键信息基础设施运行者而言，原来采取简单安全机制的防护策略和手段，已经无法抵御采取主机系统漏洞利用、恶意代码植入、恶意程序植入、网站后门、网页挂马等方式的网络入侵了。面对激增的安全风险和威胁，金融行业关键信息基础设施运营者亟须正视当前网络安全现状，厘清薄弱环节，在总结和优化安全策略的基础上，强化网络安全体系化建设，筑牢金融关键信息基础设施网络安全屏障。

一、金融行业网络与信息安全现状

随着以云计算、大数据、人工智能等新技术为代表的新一代信息技术革命的推进，金融机构在消化技术红利的同时，客户、合作伙伴与金融机构之间的界限也越来越模糊，用户、负载、数据、网络和设备无处不在，金融机构面临的威胁越发多元化、复杂化。事件型漏洞和高危零日漏洞威胁持续走高，网络攻击的种类和方式不断增多、规模不断扩大，隐蔽性更强的 APT（Advanced Persistent Threat，高级长期威胁）攻击已成为常态。

（一）资产变更较为频繁，安全需求突出

随着金融行业业务规模与生产环境的变化和发展，开发人员快速的代码迭代和应用上线变更导致资产变更频繁，资产安全问题成了首先需要解决的问题。如何快速、清晰地统计服务器内部的资产信息，将这些资产对应的安全问题进行分类和划分，从而在安全问题出现后对相应资产中的安全隐患进行快速定位和处置，这是金融行业资产安全方面需要解决的首要问题。如何确保资产"看得全，厘得清，查得到"，并在发生安全事件时获得全面、及时的资产数据支持，从而缩短排查问题的时间周期、将损失降到最低，这是当前金融行业资产保护和安全防护亟须解决的重点问题。

（二）过分依赖边界防御，技术手段不足

当前，金融行业网络安全体系建设，采取的是传统的基于边界检测防护体系进行安全手段建设的思路，这种方式难以有效应对日益复杂的网络安全风险形势，特别是针对 APT 攻击、勒索病毒等高级威胁，传统的以"签名检测"为核心手段的防护体系越发显得无力。大量利用零日、鱼叉、水坑等相关技术发起的高级持续性威胁攻击活动，均具备绕过 IDS、IPS、WAF 的能力。与此同时，由于新型病毒特征库更新缓慢，一旦内网遭病毒感染，在整体网络缺乏内部检测和快速响应的有效手段的情况下，病毒可以绕过网关设备而感染整个内网。因此，在现有防护体系的基础上，建设集资产清点、风险分析、入侵检测等于一体的安全监测与防护体系，已成为金融行业关键信息基础设施防护体系建设的迫切需求。

（三）系统漏洞普遍存在，安全风险巨大

金融行业关键信息基础设施所采用的软硬件较为丰富多元，一些硬件所具有的固化指令、操作系统、应用程序等自身的固有缺陷或因使用不当造成的配置缺陷等均可能被利用，进而对系统实施入侵或攻击。尤其是近年来，微软 MS17010 漏洞、Struts2 命令执行漏洞等严重的系统漏洞频繁被曝光，

造成的安全风险和危害也日趋严重（见表 16-1）。攻击者往往利用这些漏洞进行大规模网络入侵，比如方程式泄露的漏洞被黑客作为勒索蠕虫病毒大规模的传播。2017 年 5 月，利用微软 MS17010 漏洞实施的勒索病毒攻击在我国大范围集中爆发，金融行业也在受害之列。

表 16-1　近年来被曝光的影响范围广泛的漏洞一览

年份	漏洞名称	主要影响
2017 年	MS17010 smb 命令执行漏洞	勒索病毒大规模传播
2016 年	Struts2 命令执行漏洞	大量服务器沦陷
2015 年	ImageMagick 漏洞	互联网图像处理服务器几乎全部沦陷
2015 年	Struts2 命令执行漏洞	数千万个服务器被黑客攻击利用
2014 年	"心脏出血" 漏洞	几亿条互联网用户数据信息被泄露

对漏洞的修复和对攻击者的防御本质上是一个整体，忽视任何一面都会成为攻击的切入点，如何实现双管齐下、两者兼顾，合理、科学、有效地部署整体化解决方案，是当前金融行业实现安全防护的重要内容。

二、安全解决方案系统架构

建立全面的主机入侵检测体系，能够扩大主机安全日志收集、分析、存储的范围，检测各类入侵攻击行为，提升安全风险发现能力，提高安全事件实时处置水平。目前，国内主机安全平台均基于 Agent 理念，改变传统专注防御手段的被动模式，为主机系统添加强大的实时监控和响应能力，帮助企业有效预测风险、精准感知威胁、提升响应效率。

主机自适应安全平台可以覆盖各类规模数量工作负载（服务器、虚拟机、容器等）的 IT 架构环境，同时支持私有化部署。核心架构主要由 Agent、Engine、Console 三部分构成（见图 16-1），为产品服务提供基础的、灵活的、稳固的核心能力支持。

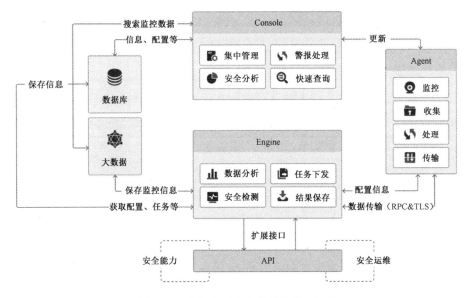

图 16-1　主机自适应安全平台核心架构

（一）Agent——主机探针

Agent 的一条命令就能在主机上完成安装，具有运行稳定、消耗低的特点，主要具有主机信息收集、监控等功能，实时监控系统进程、网络连接等并生成日志。

（二）Engine——安全引擎

Engine 作为核心平台的信息处理中枢，支持横向扩展分布式部署，能够持续监测并分析 Agent 端收集到的信息并进行保存。同时，Engine 可以从各个维度的信息中发现漏洞、弱密码等安全风险和 Webshell 写入行为、异常登录行为、异常网络连接行为、异常命令调用行为等，从而实现对入侵行为的实时预警。

（三）Console——控制中心

Console 以 Web 控制台的形式和用户交互，清晰展示各项安全检测和分析结果，并对重大威胁进行实时告警，提供集中管理的安全工具，方便用户进行系统配置、系统管理、安全响应等相关操作。

三、安全解决方案核心功能

主机自适应安全平台通过对主机信息和行为进行持续监控与分析，能够快速、精准地发现安全威胁和入侵事件，并提供灵活高效的问题解决方案，将自适应安全理念真正落地，为用户提供下一代安全检测和响应能力。

该平台采用模块化的组织形式，实现各功能的智能集成和协同联动（见图 16-2）："资产清点"可主动识别系统内部资产情况，并与风险和入侵事件自动关联，提供灵活高效的回溯能力；"风险发现"可主动、精准地发现系统中存在的安全风险，提供持续的风险监测和分析能力；"入侵检测"可实时发现入侵事件，提供快速防御和响应能力；"合规基线"构建了由国内网络安全等级保护要求和互联网安全中心（Center for Internet Security，CIS）控制要求组成的基准要求，帮助用户快速进行企业内部风险自测，发现问题并及时修复，以满足监管部门的安全要求；"病毒查杀"结合多个病毒检测引擎，提供多角度分析结果及相应的病毒处理能力。此外，运行在底层的核心平台架构是下一代主机安全能力引擎，其插件化的构建方式不仅具备灵活的扩展能力，还能实现各功能模块之间无缝联动；同时，其分布式的部署方式能够应对客户大量任务下发，以及大型攻击来临时的海量数据分析处理并始终保持稳固的性能。

图 16-2　主机自适应安全平台功能架构

（一）资产清点

资产是企业信息建设的核心，自适应安全平台具有自动化、实时分析清点主机内部资产的特点，帮助用户从安全角度自动化构建细粒度资产信息，15s 完成资产清点，支持对业务层的资产信息进行精准识别和动态感知，让资产实时清晰可见，并与风险和入侵事件自动关联，提供灵活高效的事件回溯能力，做好安全建设第一步。

（二）风险发现

自适应安全平台能够有效地检测系统漏洞、弱口令、不合规设置等风险点，并针对不同的风险做出精准的分析，提供精确的修复建议。该平台从"识别、分析、处置、验证"全流程对风险进行管理，帮助用户精准发现内部风险，快速定位问题并有效解决安全风险，提供详细的资产信息、风险信息以供分析和响应。风险发现平均漏洞反应时间小于 24h，大大提高了安全体系的执行，有效缩减了 90%的系统攻击面，提升了安全能力和水平。

（三）入侵检测

通过多锚点的检测能力，入侵检测能够在 15s 内进行入侵告警，做到全覆盖、实时、准确地感知入侵事件，缩短黑客可操作的时间，尽量降低损失。入侵检测在发现失陷主机时，能够提供对入侵事件的快速防御和响应手段。截至目前，入侵检测已经覆盖超过 100 多个入侵场景。

（四）合规基线

自适应安全平台帮助金融行业企业快速进行内部基于主机侧的合规风险自测，能够满足监管部门的安全要求。该平台构建了由国内网络安全等级保护制度 2.0 要求和互联网安全中心（CIS）控制要求组成的基线要求，涵盖多个版本的主流操作系统、Web 应用、数据库等。截至目前，不断丰富的检查清单已超过 1 500 项，系统内置基线超过 100 项。同时，该平台支持用户自定义基线标准，提供定制化检查标准。

（五）病毒查杀

自适应安全平台结合多个病毒检测引擎，能够实时、准确地发现主机上的病毒进程，并提供多角度分析结果及相应的病毒处理能力。

四、安全解决方案应用效果

主机自适应安全平台具备与第三方平台对接的能力，能够支持 API 接口的对接并与其他产品进行集成。该平台具备以下特点：一是较强的稳定性，能够应对万台以上 Agent 同时在线管理且可用率达 99.99%；二是较高的安全性，已通过国家软件测评中心的安全性检测；三是较好的兼容性，客户端 Agent 程序支持主流 Linux 操作系统、Windows 操作系统，以及 AIX、Solaris 小机系统。

主机自适应安全平台能实现自动化便捷使用，系统客户端为轻量级 Agent，一条命令快速安装，安装完毕后自动化进行所有检测，无须额外配置系统参数。同时，该平台能够实现安全风险统一管理，做到实时掌握系统风险情况、跟踪风险变化，将系统风险长期保持在稳定可控水平。总体来看，该平台当前应用效果体现在以下几个方面。

（一）实现灵活扩展

主机自适应安全平台实现了独立部署数据保密性，具有稳定的软件系统，充分保证能够满足金融行业的运行可靠性和灵活性、扩展性要求。

（二）降成本，提效率

主机自适应安全平台可提供精准的检测结果，减少因误报消耗的人力成本，并为检测结果提供命令级的修复建议与修复影响。除发现漏洞外，平台还会清晰地生成漏洞危害、修复建议、修复影响等内容，减少安全人员的工作量，真正实现降低成本、提升效率。

（三）注重基线管理

主机自适应安全平台能够对当前主机系统的基线进行统一检查，实时列出检查结果。通过利用 Agent 进行自动基线安全检查并提供安全基线的详细检测结果与命令级修复建议，帮助安全人员有效地进行安全基线管理。

（四）审计实时记录

主机自适应安全平台能够实时监测系统内部操作命令，监测异常操作并实时报警，同时支持命令监测自定义，可根据真实业务场景定制监测规则，发现系统内部 APT 攻击引起的异常行为。

综上所述，主机自适应安全平台从内部安全管理检测和防护的视角出发，检测金融机构内部资产的实时变化，寻求最佳"安全—成本"平衡点，提供"标本兼治"的解决方案，实现在复杂和变化的环境下有效抵御高等级的攻击，从而为金融行业企业提供从资产清点、风险发现、入侵检测、合规基线、病毒查杀五个层面的联动安全解决机制。目前，除金融行业外，主机自适应安全平台还广泛应用于政务、电信等关键信息基础设施行业领域。

第十七章

国防科技工业行业：国防科技工业工控安全防护解决方案

一、概述

在工业互联网时代快速发展的背景下，国防科技工业行业工控安全面临的安全漏洞不断增多且攻击手段复杂多样，而工控系统安全发展速度却远远落后于建设速度。因此，应用单位必须着力提高工控系统安全应急处置能力，杜绝网络威胁攻击和远程控制失效的情况。

随着信息化和工业化高层次的深度结合、工业互联网创新发展行动计划的深入推进，越来越多的新型技术被应用于国防科技工业行业，极大地提升了国防科技工业企业的研发、生产及制造能力，但也给工控系统带来了新的安全隐患，工控系统正面临着前所未有的安全威胁。国防科技工业作为国家战略性产业，是国家安全和国防建设的脊梁，也是国家科技创新体系和先进制造业的主要组成部分。国防科技工业肩负着富国强军的神圣使命，更应该高度重视工控系统安全问题。

二、行业防护需求分析

工控即工业自动化控制，主要利用电子电气、机械、软件组合实现。具体是指使用计算机技术、微电子技术、电气手段，使工厂的生产和制造过程更加自动化、效率化、精确化，并具有可控性及可视性。

（一）国防科技工业行业工控系统的特点

工控系统构成复杂，主要包括过程控制系统、数据采集与监视控制系统、分布式控制系统、程序逻辑控制系统和其他控制系统。过程控制系统用于保障生产过程中的参量为被控制量，使之接近给定值或保持在给定范围内；数据采集与监视控制系统可以对现场的运行设备进行监视和控制，以实现数据采集、设备控制、测量、参数调节及各类信号报警等各项功能；分布式控制系统是由过程控制级和过程监控级组成的以通信网络为纽带的多级计算机系统，其主要作用是分散控制、集中操作、分级管理、配置灵活及组态方便；程序逻辑控制系统是专为工业生产设计的一种数字运算操作的电子装置，采用一类可编程的存储器，用于其内部存储程序，执行逻辑运算、顺序控制、定时、计数与算术操作等面向用户的指令，并通过数字或模拟式输入/输出控制各种类型的机械或生产过程；数控系统主要用于数字化控制精密机械加工、编制加工程序；远程终端单元负责对现场信号、工业设备的监测和控制。

由于行业自身的特殊性及其管理、技术等因素的限制，国防科技工业行业工控系统存在较多的安全风险。国防科技工业行业工控系统涉及生产制造、体系仿真、测试试验及生产辅助等多个方面的国防科研生产任务，在工控网边界、数据传输安全、工控设备物理安全、管理及审计等方面都具有特殊性，维护工控系统安全的任务非常艰巨，意义非常重大。

我国《网络安全法》明确了"国家实行网络安全等级保护制度""关键信息基础设施，在网络安全等级保护制度的基础上，实行重点保护"等内容，为网络安全等级保护工作赋予了新的内涵。为适应网络安全建设的需求，规范网络安全规划、设计与建设，依据《中华人民共和国网络安全法》、工业和信息化部《工业控制系统信息安全防护指南》《信息安全技术 网络安全等级保护基本要求》《物联网系统建设规范》等文件，结合各业务实际情况，最大限度地降低生产安全风险的发生次数，按等级保护相关要求进行规划建设。

（二）工控网边界风险

国防科技工业企业工控网为非密网，一般采用与涉密网物理隔离的方式，主要存在以下问题及安全风险。

（1）信息流转烦琐：工控网内的业务应用系统与涉密网之间主要依靠"三合一"导入导出设备来进行数据交换，交换流程烦琐且效率低下。

（2）管理成本高：工控网络与涉密网之间物理隔离，两网之间信息交换数据量不断增加，通过"三合一"导入导出设备操作日益频繁，人工管理成本不断提升，安全保密风险也不断增大。

（3）信息无法实时同步：在生产过程中，部分加工任务的实时性要求较高，采用"三合一"方式进行数据交换，加工状态不能及时更新，科研生产人员和决策层不能及时把控生产任务。

（4）缺乏防病毒及入侵检测机制：工控网边界缺乏防病毒及入侵检测机制，工控设备大多采用封闭系统，无法安装杀毒软件，一旦病毒进入工控网，就会给工控设备带来严重安全隐患，甚至发生严重事故。

（三）数据传输安全风险

控网数据通信大多采用标准协议，应用于国防科技工业行业缺乏安全性，主要风险有以下三个方面。

（1）泄密风险。国防科技工业行业工控系统在控制指令、加工文件等数据传输过程中，大多采用国际标准的专用通信协议，此类协议大部分以明文方式进行传输，存在重要加工文件、控制指令被窃取的风险。

（2）缺乏访问控制机制。工控网设备之间缺乏有效的身份鉴别及访问控制机制，对数据来源没有可信性认证，存在被外来设备入侵的风险。

（3）缺乏对传输数据的控制。缺乏对工控网内数据筛查、控制机制，无法识别并阻断非法指令、非法文件的传输。

（四）工控设备物理安全风险

工控设备的外部接口复杂、难以监管，主要有以下三个方面。

（1）接口安全：工控设备接口丰富，常用的有网口、串口及 USB 接口，有的设备同时存在多种接口，增加了工控设备防护难度，尤其是 USB 存储介质不受控，极易导致工控设备感染恶意代码，或者造成泄密隐患。

（2）维修管理：部分进口工控设备需要联网进行故障诊断，外来维修人员因技术保密需要使用自带的计算机进行诊断维修，存在泄密隐患。

（3）无线模块：外购工控设备大多带有无线模块，如果不拆除就会带来安全隐患。

（五）管理及审计风险

目前，国防科技工业行业的工控网管理及审计制度大多不够完善，主要有以下四个方面。

（1）管理制度：国防科技工业企业普遍对工控网及相关设备管理不够完善，没有体系化的管理流程。

（2）培训体系：缺乏对相关人员系统化的安全培训，操作人员不规范操作问题时有发生。

（3）审计记录：缺乏对相关人员的设备使用、维修操作、服务器配置等进行统一审计，发生安全事件无证可循；对设备的日志缺乏统一管理，使得工控系统事件不能实现关联分析，不利于威胁防范和事后追查处理。

（4）缺乏备份机制：缺乏统一的应急响应机制及备份策略，一旦发生故障，就存在重要数据覆灭的风险。

为了提高和加强企业内部网络系统信息安全的安全防护级别，首先要根据实际情况识别出安全风险，包括新型的 APT（Advanced Persistent Threat，高级长期威胁）攻击手段，对可移动设备缺乏有效的病毒防护手段，缺少对网络中异常流量行为、事件追溯等审计措施，生产网和办公网之间缺乏边界访问控制措施，生产物联网的生产视频数据传输存在安全隐患等风险，针对这些风险分析，需要制定合理有效的安全防护体系。

三、工控安全防护解决方案

下面以贵州某军工企业工控安全建设为例进行介绍。

（一）建设要求

依据《信息安全技术 网络安全等级保护基本要求》（GB/T 22239—2019）、《信息安全技术 网络安全等级保护安全设计技术要求》（GB/T 25070—2019）的相关要求，按照"分层分域、区域隔离、综合防护"的等级保护基本原则，进行网络安全防护设计。同时，依照等级保护的基本原则进行分层，并使用安全防护产品进行安全域及不同层级的隔离安全防护设计。

安全防护网络拓扑图如图 17-1 所示。

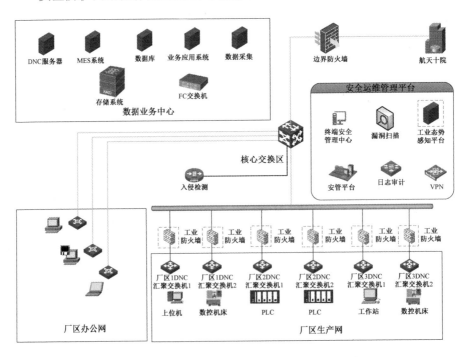

图 17-1 安全防护网络拓扑图

（二）建设解决方案

1. 加强工控网边界防护

要在工控网络与涉密网络之间建立隔离安全域，并部署单向数据安全传输设备和相关代理服务，以实现工控网与涉密网之间的数据安全交换。

（1）所采用的单向信息安全交换系统及设备应满足国家保密标准的相关要求。

（2）在信息安全交换系统及设备中对上行和下行传输数据进行基于密标的检测和管控，对下行数据进行审计以防止高密低流，同时对传输数据进行审计及完整性校验。

（3）基于黑名单、白名单机制，对上行和下行的传输数据进行类型、内容、防病毒及入侵检查，支持异常信息报警，进行安全审计。

（4）单向信息安全交换系统及设备应采用私有协议，并加密传输。

2. 加强工控网数据防护

（1）划分安全域：域间采取隔离防护措施，设置访问控制策略，在工控设备上线前进行必要的安全检测。

（2）身份鉴别：通过设备的 IP、MAC 地址等信息建立可信主机白名单，非白名单内的设备不允许通信。

（3）文件防护：解析工控网文件传输协议，通过文件类型、文件内容、文件大小等特征对传输文件合法性进行判别，杜绝木马、病毒等非法文件在工控网内的传播，同时防止涉密文件外泄。

（4）控制指令防护：解析传输数据中的控制指令，建立控制指令黑名单机制，发现黑名单内的指令时进行拦截并记录日志，以保护设备运行安全。

3. 加强工控设备物理防护

（1）端口防护：通过专用防护设备对工控设备的网口、串口及 USB 等接口进行监控授权，对于数据传输端口要对其传输的文件、指令等数据进行筛查，发现非法数据及时阻断并上报日志，对于其他闲置端口监管其状态，防止被不法分子利用。

（2）操作/维修：对工控设备的操作、维修进行统一记录并生成日志文件，便于后期审计，如果是外来人员操作需要本单位相关人员全程陪同。

（3）无线模块：在不影响设备使用的情况下，应当拆除无线模块；对于功能需要而无法拆卸的情况，应当采用无线信号屏蔽、无线信号干扰及无线信号监测等方式。如果采用安全无线管控系统，应避免无线信号传递信息到防护区以外。

（4）对工控网中U盘、便携式计算机等外部连接设备进行统一管理，并定期进行杀毒等安全监测。

4. 规范管理及审计制度

（1）制定工控设备管理制度：针对工控设备全生命周期各个环节的安全风险，建立体系化的管理流程，重点防范外部非授权介质、维修设备（或软件）等不安全因素与工控设备直接或间接相连接，以形成攻击点或攻击通道，保障工控设备本体的安全。

（2）制定工控设备备份制度：针对工控设备备份及备份数据建立体系化的管理流程，确保工控设备关键参数及时备份，备份数据管理得当。

（3）建立完善的培训体系：对涉密人员、系统管理人员、网络运维人员进行培训，并监督其日常工作的执行情况。

（4）联网设备加强管理：将光纤收发器、串口转换器等联网设备放置在工控设备电柜中，工控设备电柜钥匙指定专人管理，以降低泄密风险。

（5）建立集中管控及审计制度：对工控系统设备进行集中管理、状态监控，并对运行日志、报警日志、操作记录及维修记录等信息进行集中储存管理，并进行集中分析与展现。

由于该企业3个厂区规模较大，数控机床及上位机数量较多，数据转发较大，每个厂区投入使用两台 DNC 汇聚交换机，DNC 汇聚交换机有独立的上行链路和核心交换机进行互连，因此在每个厂区的 DNC 汇聚交换机边界部署一台工业防火墙进行安全防护；另外在数据中心部署一套态势感知平台，对其工控网形成安全监控的统一管控，安全威胁趋势、态势的统一呈现。

该企业的设备信息表如表 17-1 所示，由于该企业属于涉密企业，所以厂区名称分别用厂区+数字进行命名。

表 17-1　设备信息表

设备名称	用途
工业防火墙	厂区 1 两台 DNC 汇聚交换机到核心交换机之间串联，作用于边界安全防护
工业防火墙	厂区 2 两台 DNC 汇聚交换机到核心交换机之间串联，作用于边界安全防护
工业防火墙	厂区 3 两台 DNC 汇聚交换机到核心交换机之间串联，作用于边界安全防护
工业态势感知平台	以旁路形式部署于整个工控网核心交换机，便于呈现工控网安全的态势

5. IP 地址及接口规划

考虑到企业生产作业区为实时工作状态，在企业网络不发生变化的情况下，本次工业防火墙部署均为二层转发并开启安全策略对其进行安全防护，不涉及 IP 地址规划，便于企业内部人员进行维护时，统一定义工业防火墙 ETH0、ETH1 两个接口进行数据转发，ETH0 为上行接口、ETH1 为下行接口，其余接口不进行数据转发。工业态势感知平台接入企业工控核心网络，根据用户提供 IP 进行配置，保证态势感知平台于整个工控网、办公网网络可达即可。

6. 设备远程管理

6 台工业防火墙 MGMT（管理口）接入用户的管理交换机，并按其管理 VLAN 的 IP 地址网段进行 IP、子网掩码、网关的统一修改。

（三）关键技术

1. 风险隔离技术

平台采用安全域隔离模式部署，每部防护终端均做到自身域的安全隔离。

控制中心在发现某一防护终端域内产生风险时，会自动将其通信隔离，保护其他防护域不受风险侵袭。

2. 多方面应用防护技术

平台支持 OPC DA/UA、Modbus TCP、IEC61850-MMS、IEC104、DNP3、S7comm、PROFINET 等常见的工业通信协议的深度检测、指令、功能码的控制。系统可通过导入协议分析模块来支持更多的工业通信协议的控制。系统也可对特定的功能码或通信内容做白名单的内容过滤。采用高性能的可扩充的协议分析算法，深度识别、解析大量工业专用协议，并依据不同的业务场景、不同的协议类型，制定相应的深度控制参数。例如，典型的 Modbus 协议，管理员可轻松地在界面上定制相应的信令控制规则，控制内容包括功能码、地址范围、线圈值域等。

3. Dos 攻击防护技术

具备 Dos 攻击防护功能，可以抵御多种 Dos 拒绝服务攻击，如 SYN Flood、TearDrop、Land 攻击、超大 ICMP 数据攻击、ICMP Flood 攻击，网络风暴限制等保障业务系统免受外部攻击、针对现场控制层的攻击可有效拦截异常指令，如 PLC 异常停止指令等。

（四）创新点

1. 高安全性

平台所有的运行库及组件全部定制化，去除了非本系统所需的多余功能。系统采用符合工业现场标准的硬件平台，宽温、防尘、被动散热、低功耗等多种设计更适合工业现场网络环境。系统对通信内容进行完全控制，只允许策略里明确允许的协议行为，除此之外的行为一律丢弃，并通过控制中心给予提示或告警。

2. 高便利性

防护终端采用全透明的即插即用模式接入，在系统接入后会自动到控制中心进行注册，并通过控制中心获得防护策略后执行防护工作。为管理员省去了大量的现场部署和配置时间。系统内置的典型策略防护模板也为管理员提供了更为简便的防护策略定制功能，将专业的策略防护功能转变为简便的选择模式。

四、客户价值

（1）抵御黑客、病毒、恶意代码等通过各种形式轨道交通综合监控系统发起的恶意攻击和破坏，以及其他非法操作。防止工控网络的瘫痪和失控，以及由此导致的网络安全事故。安全防护水平的加强，有效地提升了客户的信息化总体的防护水平。

（2）利用工业防火墙、态势感知系统网络边界安全防护，进行严格的访问控制、恶意入侵告警、安全审计。通过有效技术防范措施，提高了信息安全应急处置水平。

（3）通过网络安全管理体系结合网络安全产品进行综合网络安全防护，从人员的安全意识培养出发，辅以安全管理制度，形成符合轨道交通行业的网络安全防护的坚固堡垒。采取有效防护策略，可达到风险最小、投资回报最优，保证业务稳定运行。

（4）国防科技工业行业工控系统安全是关系国家安全的重大战略问题，随着安全问题逐渐暴露，国防科技工业行业工控系统的安全防护刻不容缓。国防科技工业企业应该以建设国防事业的标准和力度发展工控安全产业，建立完备的工控网络安全体系，切实提高国防科技工业行业工控系统的防护水平，筑牢网络安全屏障，推进网络强国建设遵循"分层分域、区域隔离、综合防护"的等级保护基本防护原则。

第十八章

电子政务行业："兵团政务云"安全建设案例

一、电子政务行业概况

（一）行业背景概述

2021 年 4 月 27 日，经国务院第 133 次常务会议通过，2021 年 7 月 30 日，国务院总理李克强签署中华人民共和国国务院令第 745 号，公布《关键信息基础设施安全保护条例》，自 2021 年 9 月 1 日起施行。"关键信息基础设施"是指公共通信和信息服务、能源、交通、水利、金融、公共服务、电子政务、国防科技工业等重要行业和领域的，以及其他一旦遭到破坏、丧失功能或数据泄露，可能严重危害国家安全、国计民生、公共利益的重要网络设施、信息系统等。

政府及事业单位一直是我国信息化的先行者，政府网络的建设已经比较完善。随着电子政务建设的进一步深入，政府信息化建设重点变化明显，电子政务业务系统的受重视程度继续加强；而办公自动化、信息安全和政府门户网站建设的受重视程度则显著加强。电子政务云平台的搭建将有助于政府电子政务从粗放式、离散化的建设模式向集约化、整体化的可持续发展模式转变，使政府管理服务从各自为政、相互封闭的运作方式向跨部门跨区域的协同互动和资源共享转变。

（二）行业安全目标

电子政务云的网络安全等级保护建设工作的总体目标是"遵循国家网络安全等级保护有关法规规定和标准规范，通过全面开展网络安全等级保护定级备案、建设整改和等级测评工作，进一步实现对整个新建云平台的信息系统安全管理体系和技术防护体系，增强网络安全保护意识，明确网络安全保障重点，落实网络安全责任，切实提高系统网络安全防护能力，为整个云平台的顺利建设和信息化健康发展提供可靠保障"。具体目标如下。

（1）体系建设，实现按需防御。通过体系设计制定等级方案，进行安全技术体系、安全管理体系和安全运维体系建设，实现按需防御。

（2）安全运维，确保持续安全。通过安全监控、安全加固等运维手段，从事前、事中、事后三个方面进行安全运行维护，实现持续性的按需防御的安全需求。

（3）合规性建设，提升政务云平台安全防护能力，保障系统网络安全，同时满足国家等级保护的合规性要求，为信息化工作的推进保驾护航。

（三）行业防护范围

安全设计范围覆盖电子政务云的安全对象，主要包括以下两方面。

（1）云租户安全：虚拟化环境中的虚拟化平台及其相关虚拟化网络、虚拟化主机的安全防护。

（2）云平台安全：虚拟化环境以外的网络接入，核心交换，计算存储备份环境。

（四）行业建设依据

电子政务行业建设依据主要包括：

（1）《中华人民共和国网络安全法》；

（2）《国家信息化领导小组关于加强信息安全保障工作的意见》（中办发〔2003〕27号）；

（3）《关于加强国家电子政务工程建设项目信息安全风险评估工作的通知》（发改高技〔2008〕2071号）；

（4）《信息安全技术 网络安全等级保护基本要求 第 1 部分 安全通用要求》（GB/T 22239—2019）；

（5）《信息安全技术 网络安全等级保护基本要求 第 2 部分 云计算安全扩展安全要求》（GB/T 22239—2019）；

（6）《国家政务服务平台网络安全保障要求》（C0116—2018）；

（7）《全国一体化在线政务服务平台应急保障要求》（C0117—2018）；

（5）《政务云安全要求》（GW0013—2017）。

（五）行业安全问题

长期以来，电子政务普遍存在各自为政、资源分散等问题。尽管信息难以共享的根源在于电子政务机制问题，但云计算能从技术上降低信息共享和业务协同的难度。通过电子政务云平台，政府部门可以共用相应的基础架构，实现政务系统之间的软硬件共享，提高电子政务信息共享的效率，扩大信息共享范围；软硬件资源和信息资源的共享将有利于促进各部门内部与部门之间的业务系统的整合，为政府部门业务协同创造条件。

1. 云安全风险隐患

在云架构下，传统的保护模式如何建立层次型的防护策略，如何保护共享虚拟化环境下的云平台建设中需要重点考虑的环节；政务云将实现基于云的数据存储和集中管理，必须采用有效措施防止外部入侵和内部用户滥用权限；在网络安全保障体系实现时仍然需要满足国家网络安全等级保护政策要求，同时需要解决网络安全等级保护政策在云计算技术体系下如何落地的重要课题。

政务云平台的安全建设需满足等级保护三级基本要求的标准，即需要建设安全技术、管理、运维体系，实现可信、可控、可管的目标。但是目前在云计算环境下的等级保护标准尚未出台，可能会面临信息系统可信、可控、可管的巨大挑战，如图 18-1 所示。

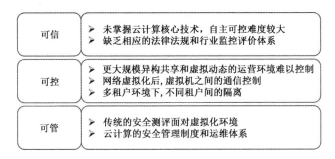

图 18-1　政务云平台安全挑战

2. 虚拟化风险隐患

政务云计算平台引入了虚拟化技术，实现了数据资源、服务资源、平台资源的云共享，计算、网络、存储三类资源是云计算平台所依赖的重要的系统资源，平台的可用性（Availability）、可靠性（Reliability）、数据安全性、运维管理能力是安全建设的重要指标。

基于虚拟化技术的云平台带来了许多优势，如计算资源按需分配、计算资源利用效率最大化等。但是，在引入优势的同时，也会带来许多新的安全风险。因此，对于政务云云平台的网络安全风险分析也应根据实际情况做出调整，考虑虚拟化平台、虚拟化网络、虚拟化主机的安全风险。同时，为了满足等级保护的合规性要求，需要结合最新等级保护三级的基本要求中关于安全技术体系的安全需求。

（1）虚拟化平台自身安全风险：虚拟化平台自身也存在安全漏洞，虚拟主机可能会被作为跳板，通过虚拟化网络攻击虚拟化平台的管理接口，导致基于虚拟化平台的各类业务均出现不可用或信息泄露的情况。

（2）虚拟资源池内恶意竞争风险：处于虚拟资源池内的多虚拟主机会共享统一硬件环境，经常会出现恶意抢占资源的情况，影响了平台资源的可用性，进而影响了平台的服务质量。

（3）多租户混用安全风险：各租户业务系统有着不同的安全等级、访问控制要求、安全保障机制、安全防护策略和需求，高安全等级要求的业务系统无法得到应有的安全保障，导致越权访问、数据泄露。

（4）虚拟机安全审计风险：虚拟机操作人员各异，安全意识和安全防范措施参差不齐，缺乏安全审计会导致某些虚拟机感染病毒后进行非法操作，甚至可能利用已有漏洞获得更高权限，从而实施各种攻击。

3. 安全管理风险隐患

在云计算环境下，应用系统和硬件服务器不再是一一绑定的关系，安全管理职责发生了变化，失去了对基础设施和应用的绝对管理权和控制权。另外，政务云系统的管理层面发生了变化，政务云的云环境运维部门负责管理基础设施，而应用系统因为租户众多，使得应用系统的维护者众多。

电子政务云安全管理风险主要包括安全组织建设风险、人员管理风险、安全策略风险、安全审计风险、安全运维风险，此外，还包括一些传统的安全运维风险，如环境与资产、操作与运维、业务连续性、监督和检查、第三方安全服务等风险。

4. 数据安全保障复杂

（1）政务云平台数据存储量大。如何保障所有数据冗余备份，如何保障所有数据灾备恢复等，这就需要复杂、全面的数据防护措施。

（2）政务云平台数据集中存储。如何保障各部门数据的独立性、隐私性、机密性，这就需要严格的数据安全隔离措施。

（3）政务云平台数据交互复杂。如何保障数据的一致性，这就需要复杂的数据安全交互措施和数据安全操作措施。

5. 平台标准规范不统一

云计算作为一项新技术、一种新业态，尚处于快速发展阶段，国内外都还没有形成统一的行业标准和规范。各厂商在开发云平台时，都是按照自己的系统架构、技术规范等去实现云平台的，标准规范各不相同，导致云服务的多样性及资源平台的异构性，为不同云平台之间及云平台与第三方软件之间的互连互通带来了巨大挑战。在进行云平台整合时，不同政务部门使用的可能是不同厂商的云平台，可能会由于不同云平台间标准规范的不同而整合困难或无法整合。

6. 安全运维管理整合问题

在电子政务基础设施进行整合后,电子政务基础设施规模将进一步扩大,系统变得更复杂,故障点增多、故障率增大。同时,依托基础设施部署的应用系统增多、业务协同增多、系统联动增多,一旦出现故障,就会导致故障的影响面大、涉及面广,从而要求故障能得到快速响应处理,对运维团队提出了极高的要求。

在传统电子政务基础设施架构模式下,网络、存储、服务器等资源彼此独立,采用垂直运维模式,运维管理界面清晰,网络运维管理由网络技术人员负责,存储、服务器等运维管理也由相应的技术人员负责。云平台作为一个集成系统,同时集成了网络、存储、服务器、安全设备和应用系统等软硬件资源,各软硬件之间彼此联系、共同联动,运维管理界面难以划分,给运维管理职责确定带来很大困难。

(六) 行业安全建设

1. 加强电子政务云顶层设计

在电子政务基础设施建设的过程中,由于缺乏顶层设计,各地、各单位各自为政,很多设施分散、重复建设,既加重了财政压力又限制了电子政务持续推进发展。加强电子政务基础设施发展顶层设计,加强统筹协调与管理能力,从全局角度出发,对电子政务基础设施发展的各方面、各层次、各要素进行统筹规划和布局,对构建电子政务基础设施科学发展的蓝图具有重要的指导意义,明确电子政务基础设施发展模式,为分散建设的模式转变为协同、集约建设模式提供指导方向。加强顶层设计,统筹电子政务基础设施发展中整体与局部、行业与地方、统一与分散、管理与服务的关系,将推进电子政务基础设施全面协调发展。进行电子政务基础设施整合发展,建立电子政务基础设施集约化建设和管理模式,基于现行行政体制,将涉及诸多部门的利益,这就不可避免地会遇到很多阻力。相关部门必须制定相关政策,确立电子政务基础设施集约化建设模式,明确电子政务基础设施整合发展路径,为电子政务基础设施整合提供政策支持,使整合工作有理有据、有文可依。为统一电子政务网络平台建设,国家必须制定相关政策,按照政策要求,依据"统一规划、统一部署、加强协调、稳步推进"的原则,建成统一的电子政务网络平台体系。目前,我国还没有制定机房整合集约发展和云平台整合集约发展的相关政策,给机房、云平台整合集约发展推进工作造成了很大困难。制定相关政策,能有效促进电子政务基础设施整合集约发展。

2. 电子政务云安全技术体系

电子政务云安全技术体系的设计需要参照《信息安全技术 网络安全等级保护基本要求》《信息安全技术 云计算服务安全能力要求》《信息安全技术 政府网站云计算服务安全指南》等。《信息安全技术 政府网站云计算服务安全指南》面向政府部门,提出了使用云计算服务时的信息安全管理要求。《信息安全技术 云计算服务安全能力要求》面向云服务商,提出了云服务商在为政府部门提供服务时应该具备的信息安全能力要求。政务云将通过构建三大体系形成安全能力,即在通过构建安全技术支撑体系、安全管理体系和安全服务体系的基础上,建立政务云安全服务体系,为云平台提供预防、检测、防护和响应安全能力。

电子政务云安全保障体系在总体安全策略的指导下,以安全风险可控为核心,以用户面临的实际安全风险为导向,充分借鉴 Gartner 自适应网络安全防御体系的思想,通过一个中心,三大体系,三重防护建立总体网络安全保障体系,实现信息系统安全的可视、可管、可控、可持续、可落地。电子政务云安全保障体系如图 18-2 所示。

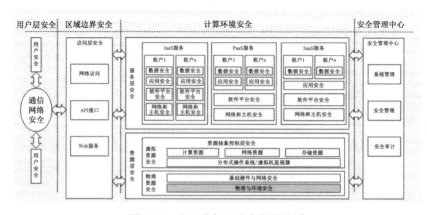

图 18-2 电子政务云安全保障体系

二、电子政务行业安全建设案例

（一）"兵团政务云"安全建设案例概述

某数字兵团工程全面贯彻习近平新时代中国特色社会主义思想和党的十九大精神，立足于新的时代条件和兵团发展要求，通过信息化手段提升政府内部管理能力、转变社会治理方式、优化公共服务体验，推进兵团治理体系和治理能力现代化发展、实现兵团数字化转型的核心工程，将兵团云整体规划为构建兵团数字政府统一基础框架。某"兵团政务云"安全建设拓扑图如图 18-3 所示。

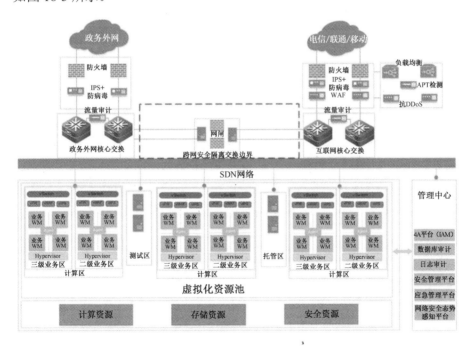

图 18-3　某"兵团政务云"安全建设拓扑图

"数字兵团"建设旨在采用云计算、大数据等先进技术手段，通过创新的"互联网+"思维，实现兵团基础设施集约共享、部门数据资源纵横贯通、决策支撑科学智慧、社会治理精准有效、公共服务便捷高效、安全保障可管可控，打造兵团数字化、智能化、现代化新型治理运行模式。基于云计算、移动互联网等技术打造的某兵团政务云平台，不仅能满足政府对政务云的需求，也为促进该地区云计算产业的发展提供了公共基础服务。通过建设政务云平台，构建横跨部门、纵跨层级的无缝隙的信息资源共享，带动前后台资源整合，实现数据汇聚，运用大数据分析技术，积极开展公共数据挖掘工作，探索数据信息的规律性、前瞻性、导向性，为政府决策提供支持，并能更好地循"数"治理、依"数"服务。建立政府数据开放共享原则，共享数据资源，保障人们对公共数据的利用权，为大众创业、万众创新提供新支撑。

（二）"兵团政务云"总体设计思路

"兵团政务云"采用"刚需+合规"的设计思路，充分考虑电子政务云面临的安全风险，依据国家网络安全相关政策和标准，坚持管理和技术并重的原则，将技术和管理措施有机的结合，建立政务云综合防护体系，提高系统的整体安全防护水平。政务云平台网络安全保障体系，通过"1341"的设计思想进行设计。"兵团政务云"总体设计思路如图 18-4 所示。

（1）一个体系：以电子政务云平台业务安全为核心，以安全平台为支撑，从安全风险角度考虑，建立符合政务云平台业务的安全基线，通过构建纵深防御体系、内部行为分析、外部情报接入、安全能力接入与资源池化、服务链管理与策略编排等能力，构建政务云平台的下一代安全防御体系。

（2）三道防线：结合纵深防御的思想，从安全计算环境、安全区域边界、安全通信网络三个层次，从政务云平台实际业务出发，构建统一安全策略和防护机制，实现核心业务系统和关键业务数据的风险可控。

（3）四个安全能力：充分借鉴 Gartner 自适应安全防御体系框架，结合业务和数据安全需求，实现预测、防御、检测、响应四种安全能力，实现政务云平台信息系统的可管、可控、可视及可持续。

① 预测能力：通过运用大数据技术对内部的安全数据和外部的威胁情报进行主动探索分析和评估，具体包括行为建模与分析、安全基线与态势分

析，能够提早发现问题，甚至遇见可能侵袭的威胁，随之调整安全防护策略来应对。

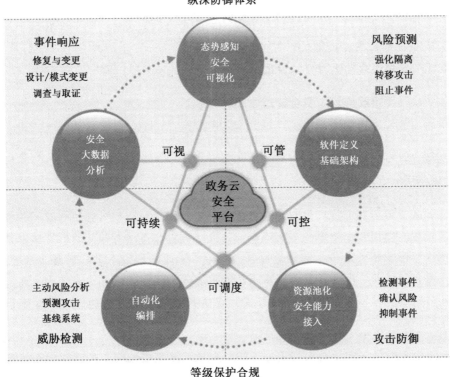

纵深防御体系

事件响应
修复与变更
设计/模式变更
调查与取证

态势感知
安全
可视化

风险预测
强化隔离
转移攻击
阻止事件

安全
大数据
分析

可视　可管

软件定义
基础架构

政务云
安全
平台

可持续　可控

主动风险分析
预测攻击
基线系统
威胁检测

自动化
编排

可调度

资源池化
安全能力
接入

检测事件
确认风险
抑制事件

攻击防御

等级保护合规

图 18-4　"兵团政务云"总体设计思路

② 防御能力：采用加固和隔离系统降低攻击面的方法来限制黑客接触系统、发现漏洞和执行恶意代码的能力，并通过转移攻击的手段使攻击者难以定位真正的系统核心及可利用漏洞。

③ 检测能力：通过对业务、数据和基础设施的全面检测，结合现有的安全策略提出整改建议，并进行持续监控，结合外部安全情况快速发现安全漏洞并进行响应。

④ 响应能力：与网络运维系统进行对接，实现安全策略的快速调整，在

出现安全漏洞的短时间内，能够将被感染的系统和账户进行隔离，通过回顾、分析事件的完整过程，利用持续监控所获取的数据解决相应安全问题。

（4）一个安全能力中心：通过规范的接口，融合第三方安全能力，从安全监视、安全管理、安全治理和安全控制四个方面来设计，使安全管理工作形成监、管、治、控四位一体的管理机制，以统一安全策略驱动安全资源，实现安全体系软件化、自动化和随需而变，实现安全管理工作的闭环管理模式。

1."兵团政务云"安全管理体系

安全管理体系从五个层面进行开展，包含安全管理制度、安全管理机构、安全人员管理、系统建设管理、系统运维管理。安全管理体系由三大要素组成：组织、人员和策略。

仅有安全技术防护，而无严格的安全管理相配合，是难以保障整个系统稳定安全运行的。应该在安全建设、运行、维护、管理方面都要重视安全管理，严格按制度办事，明确责任权力，规范操作，加强人员、设备的管理，以及人员培训，提高安全管理水平，同时加强对紧急事件的应对能力，通过预防措施和恢复控制相结合的方式，将由意外事故所引起的破坏减小至可接受程度。

电子政务云根据政务云现有的组织机构框架，借鉴已有的网络安全管理制度，并依据其他类似大型项目的丰富经验，采用先进成熟的理念，明确网络安全工作在整个信息化工作中的地位、目标、原则及策略，并协助政务云梳理安全组织架构和安全职责，完善安全策略，真正形成一套切实可行、具有指导意义且符合实际需求的网络安全管理体系，包括安全策略、安全标准规范、安全管理制度和日常管理操作规程等。

2."兵团政务云"安全技术体系

安全技术体系建设的基本思路是：以保护信息系统为核心，严格参考等级保护的思路和标准，从多个层面进行建设，满足政务云平台在物理层面、网络层面、系统层面、应用层面和管理层面的安全需求，建成后的保障体系将充分符合国家标准，能够为政务云业务的开展提供有力保障。

1）划分安全域的控制体系

电子政务云网络安全保障体系，在总体架构上将按照划分安全域的思路进行，参考 IATF（International Automotive Task Force，国际汽车工作组）网络安全技术框架，将电子政务云平台从结构上划分为不同的安全区域。电子政务云平台安全域划分如图 18-5 所示。

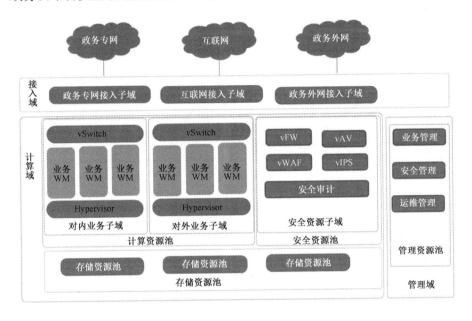

图 18-5　电子政务云平台安全域划分

2）构建纵深的防御体系

针对电子政务云平台的通信网络、区域边界、计算环境，综合采用身份认证、访问控制、安全审计、数据加密等多种技术和措施，实现政务云业务应用的可用性、完整性和保密性保护，并合理利用联动措施，从外到内形成一个纵深的安全防御体系，保障信息系统整体的安全保护能力。

3）实现集中的安全管理

通过集中的安全管理平台，实现对信息资产、安全事件等的统一分析与监管，通过关联分析技术，使管理人员能够迅速发现问题，定位问题，有效应对安全事件。

3."兵团政务云"安全运维体系

要满足电子政务云安全运维需求，需要通过技术手段监测电子政务云信息安全风险和威胁，完成信息上报，并采取应急处置措施。为解决目前存在的安全运维问题，需要一套包含安全运维的整体解决方案，在建设完善的安全管理、技术和运维体系的基础上，持续推进安全运维工作，以达成安全建设的总体目标。"兵团政务云"安全运维方案总体框架如图 18-6 所示。

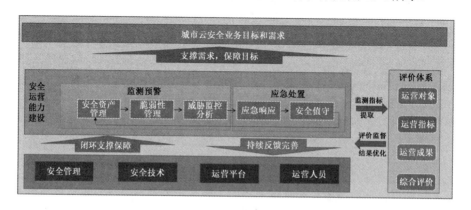

图 18-6 "兵团政务云"安全运维方案总体框架

安全运维支撑体系通过安全管理、安全技术、运营平台和运营人员体系来支撑安全运维活动，通过安全运维活动掌控整个电子政务云网络内的安全现状和态势，并持续发现和解决安全问题，实现安全价值；同时，安全运维活动又可通过运营实践情况来发现底层支撑体系存在的问题和不足，并反馈改进建议，促进支撑体系的持续完善。

第十九章

电子政务行业：网络安全协调指挥平台

一、概述

（一）行业背景现状

在党和国家的领导下，电子政务行业高度重视网络与信息安全建设，制定了系列网络安全制度；明确了有关部门的网络安全职责，网络安全管理体制和工作机制进一步完善；网络安全技术研究和产业化取得一定进展，网络安全基础设施建设步伐加快。

行业单位均有重要信息基础设施数千余个，这些网站、信息系统、工控设备、网络流量无时无刻不在面临着来自各个方面的安全威胁；由于安全威胁的多样性，仅靠单一系统或人工根本无法实现全面的监控和指挥调度。

（二）行业安全问题

1. 基础设施情况掌握不足

随着应用的更新迭代和网络规模的变化，行业单位对所辖区域内的资产和应用存在掌握不完全的情况，无法清晰地知道资产的开放端口、开放服务、操作系统类型、设备类型、厂商、型号等信息，更无法了解到对应的安全状态。

2. 缺少海量数据及大数据分析技术支撑

大数据分析技术在各个行业中都已经具备了有效应用，在信息安全领域，通过对大数据的分析技术，可以改变当前"黑客主动攻击、企业被动防御"的恶劣环境，这需要系统有海量的安全数据积累，拥有对安全大数据中的数据挖掘及安全可视化等技术，将挖掘出来的重要信息联动到当前的安全防护体系中来。

3. 安全分析技术手段不足

在过去的系统建设中，更多地考虑从数据中直接得出结果。在实际业务场景中，应该由安全分析人员综合各类系统、工具所产生的结果进行深度分析和综合研判，过去这类帮助安全分析人员进行分析的工具或产品严重缺失，造成过度依赖于专家力量，无法形成阶梯化的团队力量，难以保障整个业务安全、稳定、健康发展。

4. 第三方情报数据不足

在过去的业务工作中，更多地依赖黑 IP/域名去发现，这些信息往往来自行业内部的自主发现，外部威胁情报严重不足。不仅如此，业务工作中的分析、溯源等，目前依然依赖本地采集的数据，大部分集中在流量数据中，而威胁方基本都存活在互联网世界中，缺乏第三方情报数据，包括 DNS、Whois、URL、样本 MD5 等多种互联网数据，只能造成业务工作处于被动局面。

（三）行业安全防护目标及措施

网络安全协调指挥平台建设项目按照"统筹协调、上下联动、数据共享、安全高效"的总体部署，全面提升网络安全运行"监测发现、分析研判、通报预警、应急处置、事件分析、追踪溯源、情报信息、指挥调度"等能力，推进形成"上下级三级联动、相关单位协同共享"的系统技术体系。

建设实施信创信息化项目，是深入贯彻习近平总书记重要批示精神和党中央对于党政机关安可替代工程决策部署的重大举措，是促进我国信息技术自主研发、带动民族信息产业发展的迫切需要，对于加强党政机关信息化建设、加快推进党政机关安全可靠应用工作具有示范表率作用，在信息化建设中居于特殊的重要地位，社会效益巨大。

二、案例分析

为全面、实时掌握网络空间态势和趋势，准确把握安全威胁、风险和隐患，针对防范能力弱、预警监测手段低、业务数据缺乏链条式管理机制、核心技术受制于人等痛点，山东省某单位根据国家信息安全自主可控的建设相关规定建设网络安全协调指挥平台。

本案例采用的是国产化适配项目，网络安全协调指挥平台部署在国产化服务器上，其他采集探针也是国产化设备，采用软件平台搭配入侵检测探针，并配置专业的安全服务及运维团队，具备全维度态势感知、成熟的通报处置流程、可视化建模分析、多元数据采集汇聚等特点。

根据网络安全实际情况所建设的网络安全协调指挥平台能够在满足客户应急指挥体系要求的同时增强网络安全态势分析能力，实现与部门、第三方企业之间的数据共享和业务协同。同时，促进信息技术自主研发能力提升和信息产业的高速发展，并推动上下游产业的联动发展。

（一）存在问题

1. 防范能力较弱

需要加强对重要信息基础设施防范高级威胁网络攻击的能力，该单位还没有建立相应的网络安全监测技术手段，安全防御手段处于被动防御，所以必须提升网络空间风险防控能力。

2. 缺乏预警监测手段

在数据采集方面不够全面立体，需要对整体网络安全威胁态势的监测感知能力进行优化和加强。

3. 无法实行共享

对网络攻击的处置缺乏协同联动，涉网安全职能部门"各自为战"，没有形成合力，无法把大量网络安全信息共同通报预警。

4. 存在数据过期、缺失问题

该单位当前所掌握的网络安全相关数据，存在部分数据内容过期，重要数据缺失；数据内容割裂，关联性差，无法建立完整链条，无法直接支撑整体工作的问题。

5. 尚未建立协同指挥平台

该单位承担着国家重大活动网络安保任务，但尚未建立有效的协同指挥平台，影响重大活动期间网络安保的指挥调度、分析研判、核查调查、通报处置、资源调配等工作的顺利、高效开展。

6. 核心技术受制于人

承载业务信息系统数据的 CPU、操作系统、数据库等基础软硬件过多依赖于国外产品，为满足业务应用发展和改革的需要，势必要加快推进国产自主可控替代计划，构建安全可控的信息技术体系。

（二）方案设计

1. 架构设计

网络安全协调指挥平台总体架构由五部分构成，包含态势应用子系统、大数据建模分析子系统、数据中心子系统、数据汇聚子系统及采集探针。

态势应用子系统负责提供多种态势感知应用功能模块，通过对探针全要素数据的收集，根据平台建模分析结果为不同角色的人员提供可视化态势分析结果展示。大数据建模分析子系统负责提供数据建模分析功能模块。数据中心子系统负责提供多种数据存储检索引擎进行数据存储。数据汇聚子系统负责对接采集探针收集数据并加载到数据中心。采集探针负责对网络安全数据进行采集。系统从支撑单位获取情报、研判、响应处置等服务。

2. 主要功能

1）安全态势

通过对探针全要素数据的收集，根据平台建模分析结果为不同角色的人员提供可视化态势分析结果，提供综合态势、威胁态势、通报处置和单位态势等功能。综合态势功能依托网络安全数据，为用户提供重点关注对象的网络安全事件态势分析和可视化展现；威胁态势功能从来源、总量、趋势、热点等多维度对攻击威胁进行态势分析和地图展示；通报处置功能针对当前总体风险威胁情报的处置，通过支撑团队、开展量、热点单位、最新通报项等维度进行态势呈现；单位态势功能则是为各单位用户提供单位态势分析功能，帮助用户了解本单位的重点基础设施情况。

2）安全分析

安全分析模块包含网站监控、攻击分析、追踪溯源、应用场景、资产态势和脆弱性态势数据一键检索、数据漫游分析等功能。网络监控功能从重要业务系统的角度对被保护业务系统进行态势分析展示；攻击分析功能主要从实时攻击角度对被保护网络进行安全态势分析展示；追踪溯源功能根据已知攻击线索分析日志拓展新线索，对被保护网络中的安全事件进行线索溯源，对追溯相关的安全事件相关属性进行全面深刻画像分析和类别关联分析；应用场景功能中内置了丰富的安全应用场景，帮助从各个场景多角度地进行深入的安全分析；资产态势功能从资产总体情况、告警类型、安全事件影响范围等多维度对全网安全状态进行分析；脆弱性态势功能从脆弱性资产分布、脆弱性排名、实时脆弱性情况等维度对全网安全情况进行分析展示。

3）安全运营

安全运营模块提供工作台和基础信息库，并包含协同处置、安全监测、应急联动和报表管理功能。工作台为每个用户提供运营操作桌面，将重要和经常关注的信息在桌面进行集中展示；基础信息库包含单位、网站、IP、重要基础设施等信息，为平台的相关工作提供依据、支持；协同处理功能规范告警事件的处置流程，确定事件影响范围及严重程度，结合安全服务专家的专业技术能力对告警事件进行研判，及时通报风险隐患，实现通报的全生命周期管控；安全监测分为主动监测和被动监测，通过 Syslog、REST、FTP、JDBC 等多种方式接入监测数据，或通过联动扫描设备主动发起监测任务，实时监测各类安全事件，对安全事件进行"标准化、归一化、标签化"处置，为应急处置、指挥调度、追踪溯源等提供数据支撑；应急联动功能将多层次、多方位的安全问题纳入统一的指挥调度系统，进行集中管控，设定合理应急计划，组建专业应急团队，通过多方力量的协同联动，高效利用资源，配备成熟、一体化的安全服务，为重保期间提供全方位应急保障；报表管理功能提供内容丰富、格式多样的业务报表。

4）指挥调度

指挥调度模块包含重保任务和态势纵览两项内容。应急处置功能支持由平台发送指令通知事发单位启动应急预案进行应急处置并保全入侵证据，并支持人员管理、应急预案库、信息同步等功能；专项指挥功能支持针对重大活动建立安保任务和专项保障计划。

（三）方案实现

1. 方案部署

本项目建设专网和外网两张网，网络间做物理隔离，分别进行等级保护三级建设，按照相关标准实现两套网络的信息安全可控交互。鉴于网络安全协调指挥平台部分数据获取的隐蔽性和数据本身的敏感性，平台主体的分析与存储等资源节点选择专网区为网络搭建环境。其他采集设备在互联网区搭建，实现本地互联网上的安全数据采集，并将采集分析结果通过安全隔离与信息交换系统导入指挥专网区平台数据中心。

外网区部署网络安全协调指挥平台的部分组件数据采集系统，收集某大数据中心服务域和公共服务域的流量数据、其他部门的流量数据、第三方威胁情报、网站监控、资产数据等相关数据，其他重点单位有流量检测探针，根据网络安全协调指挥平台数据收集标准利用相关探针。对互联网区进行网络安全等级保护三级建设。

专网区通过省配加密机，上联指挥专网，下联指挥专网。在市级指挥专网区部署网络安全协调指挥平台的部分组件，对采集探针的数据及互联网区平台组件回传的相关数据进行统一的处理、分析、存储、应用，并部署相应的网络安全产品，对互联网区进行网络安全等级保护三级建设。

2. 实施效果

本方案的落地覆盖市专网区和外网区两个网络系统，配置了防火墙、入侵检测、堡垒机、漏扫等多类网络安全软硬件产品，投入资金 460 余万元，历时 10 个月。网络安全协调指挥平台项目的落地满足了客户建设网络系统指挥专网、视频会议系统、网络安全协调指挥平台，以及市县三级互联网应急指挥体系要求。同时，平台增强网络安全态势分析能力，帮助用户实时掌握全市重要系统网络安全态势、安全问题与各单位的安全水平，宏观把握市网络安全状态。

（四）技术先进性

1. 技术特点

1）全维度进行态势感知

系统可从综合态势、威胁、通报、指挥调度、常见应用场景、应急处置等多个通用维度进行态势分析展示，并支持从资产、脆弱性、攻击、追踪溯源等多个专项维度进行专项态势展示，能够通过系统定制、开发、扩展出自定义态势。

2）成熟的通报处置流程

支持灵活的、面向终端用户的预警通报能力，可制定通报下发、用户确认、处置反馈、通报归档等一系列流程规范，实现针对通知通报工作的闭环化处理流程。

3）可视化建模分析

提供可视化建模界面，供用户基于算子库定义数据分析模型，同时，产品内置丰富的算子库，包括输入类、输出类、流程控制类、机器学习类等多种类型的算子。利用可视化建模功能，用户可灵活、快速地完成各类复杂模型的构建、测试、优化、交付等工作。

4）多元数据采集汇聚

系统可通过数据汇聚子系统收集多类安全事件源产生的日志信息，如安全设备、网络设备、操作系统及应用系统等。目前，支持的汇聚对接方式有

Syslog、文件共享、数据库表、消息总线、API 等。

5）平台性能保障拓展性

数据解析性能帮助平台对接入的日志和流量数据进行统一的解析和规范化处理，将原始化日志转化为标准化、结构化日志，并将日志数据结构中所引用的各类字段进行集中管理，从而保证字段语义统一。

数据过滤性能帮助平台在数据解析前进行字符串过滤，以筛选不必要的日志，降低数据解析的性能压力；数据分析建模引擎提供对并行计算框架和数据访问接口的统一驱动，支持任务调度执行。数据结构解析功能和数据分析性能支持分布式拓展，可充分保证系统后续的拓展性。

6）拓展并行加载能力

采用基于集群结构感知技术提高数据的加载性能，结合 Share-Nothing 的系统架构，实现了集群的并行加载，使数据节点之间相互独立，集群的存储能力和计算能力能够线性拓展，最小集群整体处理性能达到不低于 3W 条/s，省局级平台能够处理 8Gbps 网络混合流量，一级平台可处理 13Gbps 网络混合流量，在集群情况下支持亿级数据查询呈现不超过 5s。

2. 核心优势

这个项目基于国产自主可控软硬件产品和云计算技术，一方面可促进国产 CPU 芯片、操作系统、国产密码等安全可靠的核心技术与云计算、大数据等新技术的深度融合，另一方面可提高党政机关安可替代过程中信息资源整合和集约建设水平，是落实党中央关于党政机关安可替代重要举措的具体技术保障。

同时，网络安全协调指挥平台部署在国产化服务器上，其他采集探针也是国产化设备，采用软件平台搭配入侵检测探针，并配置专业的安全服务及运维团队，另外还有现场研发技术团队对网络安全协调指挥平台的二次定制化开发，方便后期对平台的完善和应用。

（五）应用示范性

1. 推广价值

本方案应用在山东省某市单位的网络安全协调指挥平台的建设落地中，帮助客户在增强自身态势分析能力的同时，加强和上下级单位、某大数据中心及其他第三方单位之间的数据共享和工作协同。本方案适应当前高速发展的业务数据共享趋势，能够在同类的应用场景下进行规模性的推广。

2. 示范意义

网络安全协调指挥平台建设实施信创项目，响应国家对于信息技术自主研发和带动民族信息产业发展的号召，对于加强党政机关信息化建设、加快推进党政机关安全可靠应用工作具有示范表率作用。同时，能够有效推动国内信创领域上下游联动，促进产业整体发展和产能提升。本方案所产生的技术成果及经济社会效益对于其他应用领域中自主可控信息技术的研究和国产化产品的替代起到了标杆性的示范作用。

3. 产品带动性

1）经济效益

依托平台功能，实现网上通报及预警，有效减少了传统通信、交通、人力、印刷、管理等方面的经费支出，大大降低了各类资源的消耗，节约了社会资源和行政成本，提高了信息利用率和时效性。

2）社会效益

实时掌握全市重要系统网络安全态势、安全问题与各单位的安全水平，宏观把握全市网络安全状态，有针对性地研判预警，提升全市网络安全防护水平，为政府数字化转型提供网络安全坚实屏障。

平台针对涉查系统进行定期及不定期的巡视检查，借助线上监测加线下检查形成监管合力，并通过督导、考核机制，实现以查代促、以查促改、以查促管、以查促防，逐步提高全市单位网络安全意识，提升党政机关单位信息安全建设水平。

网络安全协调指挥平台建设实施信创项目，促进了我国信息技术自主研发、带动民族信息产业发展的迫切需要，对于加强党政机关信息化建设、加快推进党政机关安全可靠应用工作具有示范表率作用，在市信息化建设中居于特殊的重要地位，能够有效促进信息技术自主研发能力提升和信息产业快速发展。依据安全可靠应用集成服务企业和产品名录的内容，推动国内国产化领域上下游联动，促进产业整体发展和产能提升。

反侵权盗版声明

电子工业出版社依法对本作品享有专有出版权。任何未经权利人书面许可，复制、销售或通过信息网络传播本作品的行为；歪曲、篡改、剽窃本作品的行为，均违反《中华人民共和国著作权法》，其行为人应承担相应的民事责任和行政责任，构成犯罪的，将被依法追究刑事责任。

为了维护市场秩序，保护权利人的合法权益，我社将依法查处和打击侵权盗版的单位和个人。欢迎社会各界人士积极举报侵权盗版行为，本社将奖励举报有功人员，并保证举报人的信息不被泄露。

举报电话：（010）88254396；（010）88258888

传　　真：（010）88254397

E-mail：　dbqq@phei.com.cn

通信地址：北京市万寿路 173 信箱

　　　　　电子工业出版社总编办公室

邮　　编：100036